U0566347

**BLUE BOOK**

智 库 成 果 出 版 与 传 播 平 台

驾培行业蓝皮书

**BLUE BOOK** OF CHINA'S DRIVER
TRAINING INDUSTRY

# 中国驾培行业发展报告
## （2024）

ANNUAL REPORT ON CHINA'S DRIVER TRAINING INDUSTRY

**(2024)**

组织编写 / 中国交通运输协会
参与编写 / 中国交通运输协会驾驶培训分会
木仓科技智慧驾培和道路交通安全研究院

社会科学文献出版社
SOCIAL SCIENCES ACADEMIC PRESS (CHINA)

**图书在版编目（CIP）数据**

中国驾培行业发展报告 . 2024／中国交通运输协会
组织编写. -- 北京：社会科学文献出版社，2024.5
（驾培行业蓝皮书）
ISBN 978-7-5228-3604-1

Ⅰ.①中⋯ Ⅱ.①中⋯ Ⅲ.①汽车驾驶员-培训-研
究报告-中国-2024 Ⅳ.①U471.3

中国国家版本馆 CIP 数据核字（2024）第 086048 号

驾培行业蓝皮书
# 中国驾培行业发展报告（2024）

组织编写／中国交通运输协会

出 版 人／冀祥德
责任编辑／陈凤玲　田　康　武广汉
责任印制／王京美

出　　　版／社会科学文献出版社·经济与管理分社（010）59367226
　　　　　　地址：北京市北三环中路甲 29 号院华龙大厦　邮编：100029
　　　　　　网址：www.ssap.com.cn
发　　　行／社会科学文献出版社（010）59367028
印　　　装／天津千鹤文化传播有限公司

规　　　格／开　本：787mm×1092mm　1/16
　　　　　　印　张：14.75　字　数：238 千字
版　　　次／2024 年 5 月第 1 版　2024 年 5 月第 1 次印刷
书　　　号／ISBN 978-7-5228-3604-1
定　　　价／168.00 元

读者服务电话：4008918866

# 《中国驾培行业发展报告（2024）》
# 编撰单位

**组织编写单位**　中国交通运输协会

**主要参编单位**　中国交通运输协会驾驶培训分会

　　　　　　　　木仓科技智慧驾培和道路交通安全研究院

**其他参编单位**　交通运输部科学研究院

　　　　　　　　中国交通通信信息中心

　　　　　　　　北京市交通委员会驾驶员培训管理处

　　　　　　　　山西省运输事业发展中心

　　　　　　　　吉林省运输管理局从业资格培训管理处

　　　　　　　　山东省济南市交通运输事业发展中心

　　　　　　　　山东省青岛市运输事业发展中心维修驾培处

　　　　　　　　四川省成都市交通运输综合行政执法总队

　　　　　　　　浙江省台州市公路与运输管理中心

　　　　　　　　湖北省黄冈市道路运输和物流事业发展中心

　　　　　　　　陕西省渭南市交通运输服务中心

　　　　　　　　湖南省长沙市机动车驾驶员培训管理服务中心

　　　　　　　　山东省日照市道路运输服务中心

　　　　　　　　山东省临沂市道路运输服务中心

　　　　　　　　河南省机动车驾驶员培训行业协会

　　　　　　　　贵州省道路运输协会驾驶培训分会

四川省道路运输协会机动车驾驶培训考试分会

北京市机动车驾驶人培训行业协会

江西省南昌市机动车驾驶员培训行业协会

北京海淀驾校

江西省南昌市白云驾校

四川省成都市长征驾校

广东驾来也科技有限公司

湖北省十堰市享运驾校有限责任公司

吉林省长春市兴隆驾校

江西省赣州市华坚驾校

湖北省襄阳市国安驾校

四川省成都市金驰驾校

# 《中国驾培行业发展报告（2024）》
# 编写委员会

主　任　胡亚东　中国交通运输协会会长，铁道部党组原成员、铁道部原副部长

副主任　李　刚　中国交通运输协会副会长兼秘书长，交通运输部政策研究室原主任，交通运输部原道路运输司司长

　　　　李　华　中国交通运输协会副会长兼驾驶培训分会会长，交通运输部公路局原局长

　　　　李志强　中国交通运输协会驾驶培训分会专家委员会主任，交通运输部安全与质量监督管理司原司长

　　　　张　伟　北京市交通委员会驾驶员培训管理处处长

　　　　宋艳斌　山西省运输事业发展中心驾驶员培训和从业资格部部长

　　　　高　雯　吉林省运输管理局从业资格培训管理处从业资格科科长

　　　　张燕晨　中国交通运输协会驾驶培训分会常务副会长，北京海淀驾校校长

　　　　宋宏伟　中国交通运输协会驾驶培训分会副会长，贵州省道路运输协会驾驶培训分会会长，贵阳市机动车驾驶培训行业协会会长，贵州吉源驾校校长

柳　实　中国交通运输协会驾驶培训分会专家委员会成员，北京警察学院教授

牛文江　中国交通通信信息中心国交信息股份有限公司总经理

安钟岩　中国交通运输协会驾驶培训分会副会长，北京市机动车驾驶人培训行业协会会长，北京丰顺驾校董事长

李　茜　中国交通运输协会驾驶培训分会副会长，河南省机动车驾驶员培训行业协会会长，驰诚（河南）驾培集团股份有限公司总经理

**编写组**

**主　编**　刘治国　梁江华

**副主编**　熊燕舞　王坤　冯晓乐

**成　员**　巩建国　孟兴凯　刘　畅　宋艳斌　张泽民
　　　　　刘长良　谢谷丰　田汝鹏　安道利　陈　燕
　　　　　董　强　顾　皓　邬　伟　周永川　李增剑
　　　　　李　政　颜　妍　徐学博　罗光明　王　莹
　　　　　张雅君　张　力　李　佳　刘　涛　李　丹
　　　　　林　钧　郗雪鹏　李治宏　陆海漫　游春霞
　　　　　张　雪　郝成宇　周　胜　申萌萌　刘斌凡
　　　　　陈祖豪　李　虎

# 主要编撰者简介

**刘治国**　中国交通运输协会驾驶培训分会秘书长，中国人民大学高级工商管理硕士。长期从事驾培相关领域研究，发表文章百余篇，在各地运管部门、驾培机构、道路运输协会及行业论坛举办专场讲座多次，出版《驾校教练员教学与服务指南》（主编）、《品牌"智"胜——新时期驾校如何立于不败之地》（专著）。

**梁江华**　毕业于哈尔滨工业大学，获计算机技术专业学士学位，拥有18年管理经验。现任木仓科技高级副总裁，驾考宝典驾校事业部总经理、驾校业务工作和日常管理核心负责人。

**熊燕舞**　中国交通运输协会驾驶培训分会副秘书长、交通运输部科学研究院高级工程师、交通运输科技传媒有限公司首席研究员。长期从事道路运输相关领域研究，发表交通运输方面文章千余篇，参编著作多部。

**王　坤**　毕业于南开大学，拥有15年金融领域从业经验，现任木仓科技高级副总裁、财务总监、董事会秘书，负责公司财务、法务、市场公关等工作。

**冯晓乐**　中国交通运输协会驾驶培训分会专家委员会执行主任，研究驾校运营管理多年，擅长驾校规范化管理、教练员管理和教学管理。出版《驾校教练员教学与服务指南》（副主编）、《争做中国好教练——驾校教练员的自我修养》（专著）。

# 前　言

截至 2023 年底，全国机动车驾驶人达 5.23 亿人，其中汽车驾驶人 4.86 亿人，全国持有驾照人数饱和率达 34.7%；全国机动车保有量达 4.35 亿辆，其中汽车 3.36 亿辆；2023 年全国新注册登记机动车 3480 万辆，新领证驾驶人 2429 万人。对此，机动车驾驶培训行业做出了不可磨灭的贡献，驾培同仁为中国汽车产业的高速发展提供了持续支撑，有力支持了"人享其行、物畅其流"交通新发展格局的构建，成为助力"交通强国建设"的生力军。

机动车驾驶员培训是培养安全文明驾驶员、夯实道路交通安全基础、筑牢道路交通安全的第一道防线，而交通安全承载着服务经济社会发展和保障改善民生的责任使命。

2024 年是《中华人民共和国道路交通安全法》实施 20 周年。20 年来，我国道路交通安全状况焕然一新。据统计，《道路交通安全法》实施以来，我国机动车驾驶人数量从 2004 年的 0.75 亿人增长到 2024 年 4 月 5.23 亿人，机动车保有量从 1.07 亿辆增长到 4.35 亿辆，公路通车里程从 187 万公里增长到 544 万公里，重特大交通事故由 2004 年的 55 起下降至 2023 年的 1 起。

我国机动车驾驶培训行业既传统又现代，从萌芽期发展至今，不过 40 余年的时间，当前驾培市场正在发生一场深刻的自我变革。

首先，学员的年轻化已成大趋势。目前，"00 后"已经成为最主要的学车群体，他们对网络新媒体、对科技产品、对教学服务的需求，都与之前老一代的学车群体有较大差异，显得更加个性化、多样化。

其次，驾培智能化逐步成为主方向。汽车驾驶模拟器、机器人教练、新能源车都越来越广泛地应用在驾培行业，极大地促进了培训效率的提升。目前，我国驾培行业的科技装备水平位居全球同业前列，在全世界范围内一枝独秀。

最后，营销数字化快速形成新风尚。当前，新媒体社群分化，短视频的

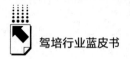

热度不减，网络直播时代已然来临，驾校和学员的链接以及获客方式发生了很大的转变。先知先觉的驾培机构与时俱进，正在分享数字经济的红利。

驾培行业作为传统行业，需要不断摆脱传统增长方式和发展路径，通过科技创新、制度创新、管理创新，创造出以高科技、高效能、高满意度为特征的高质量发展方式。

驾培行业高质量发展并不是空洞的口号。近十年来，通过不懈努力，驾培行业已形成以智慧驾培为代表的新质生产力内核。然而，要全面实现高质量发展，驾培行业还必须进一步全面深化改革，形成与之相适应的新型生产关系。从这个意义来看，新质生产力带来的既是发展命题，也是改革命题。具体而言，驾培行业要在以下诸多方面取得新突破。

第一，管理创新，不断提升教学服务水平和营销能力。企业是市场创新的主体，要尊重企业的首创精神，向管理要效益，培育优秀的教学服务团队，提升教练员的职业素养，增强驾培人的使命感、责任感，为社会培养更多高素质驾驶人；并广泛吸收现代管理理念，进行自我突破，打破惯性思维，通过各种管理方式和手段，不断提升教学服务质量与学员的满意度。

第二，制度创新，各方齐头并进强化行业治理。有效的市场一定是优胜劣汰的市场，口碑好的品牌驾校能够真正享受市场溢价。但有效市场离不开有为政府，驾培机构、行业协会要与行业管理部门一起，进行制度创新、推进标准建设、加强行业治理、强化行业自律，着力打通阻碍优良营商环境形成的堵点卡点，通过学时对接、第三方资金监管、驾培信用管理等一系列举措进一步规范市场，形成良性发展的态势。

第三，科技创新，主动升级进行数智化变革。驾培行业转型升级是科技创新推进新质生产力形成的重要载体。其原因在于，科技创新对生产力的推进作用并不是凭空实现的，它只有通过赋能产业发展才能转化为现实生产力。驾培市场越艰难，就越需要借助科技来解决问题、提质增效。不但行业管理部门要推进数字交通建设，着力提升行业治理能力，驾培机构也要通过信息化优化管理，引进新能源教练车、驾驶模拟器、机器人教练等进行智能化教学手段，通过开展短视频营销、全域营销进行品牌推广，最终实现数智化转型。

从发展趋势来看，驾培行业转型的总体方向是智能化、数字化、绿色化，这也是当前发展前景广阔的新兴产业、未来产业的基本特征，体现了生产力演化能级的跃迁。

近年来，在互联网，大数据、人工智能的赋能下，在政策引领下，在市场倒逼下，驾培行业加速转型升级，"品质驾培、智慧驾培、绿色驾培、平安驾培"成为行业创新发展的大方向。

2024年是新中国成立75周年，是实施"十四五"规划的关键一年，也是中国交通运输协会承前启后，继往开来，实现全方位、高质量发展至为重要的一年。过去的一年，协会以服务交通强国建设为己任，积极推动行业发展，取得了显著成绩。然而，面对新的发展形势，我们仍然面临着重大挑战和艰巨任务，需要立足行业实情、研究行业现状、引领行业发展。

自2017年编撰第一本驾培行业蓝皮书以来，这是中国交通运输协会连续第八年发布《中国驾培行业发展报告》。《中国驾培行业发展报告》不断扩大研究范围，深化研究领域，力图通过权威数据和典型事实反映我国驾培行业转型升级的进程，成为我国行业管理部门、研究机构、专家学者和广大驾培行业从业者了解中国驾培行业发展状况的重要参考，记录行业发展的历程，引领中国驾培行业夯实服务基础、创新经营管理模式、提高行业治理水平、提升教学服务价值。

希望《中国驾培行业发展报告（2024）》能够帮助驾培行业的从业人员开拓新思路、启迪新智慧、探索新路径。我们相信，只有通过深入研究和全面理解，我们才能更好地应对驾培市场未来的挑战，抓住蕴藏的机遇，推动我国驾培行业的进步和发展。

最后，衷心感谢交通运输部运输服务司、公安部道路交通安全研究中心、中国交通通信信息中心等单位对本报告的指导和支持；同时，向在"2024年全国驾培市场运行基本情况网络调查"中给予支持的单位和广大同仁致以诚挚的谢意；还要感谢为本蓝皮书付出辛勤努力的所有人员和机构，感谢他们对知识传播和行业进步的贡献；更要感谢读者对本蓝皮书的关注和支持，相信在大家的共同努力下，中国驾培行业一定能够迎来更加美好的明天！

《中国驾培行业发展报告（2024）》编写委员会
2024年4月18日

# 摘　要

《中国驾培行业发展报告（2024）》立足2023~2024年我国驾培行业的发展现状，分总报告、行业管理篇、市场发展篇和运营管理篇四大部分，用翔实的资料、数据、图表阐述了行业发展状况，指出了行业发展中存在的不足及面临的挑战，对我国驾培行业发展的未来进行了预判，并给出了相关建议或方案。

2023年全年和2024年初，随着驾培市场环境的变化，机动车驾驶人数量继续保持大幅增长，人工智能等技术正全面影响驾驶培训考试，驾培市场供求双方也发生着结构性改变，驾培行业加速洗牌，初步形成优胜劣汰的"马太效应"。与此同时，在行业管理部门和行业协会、行业上下游企业的共同推动下，驾培行业治理取得新的进展，行业标准、团体标准、地方标准填补空白，驾培机构加快向数智化转型升级。这些举措形成合力，促进了行业向高质量发展。

展望2024年，在市场总需求大幅下降的情况下，市场竞争加剧，两极分化加速。我国驾培行业将继续向智慧化、数字化、低碳化转型，科技创新和管理创新互动，新质生产力有望在行业落地生根，驾驶培训教学服务的总体质量将稳步提高。预测未来数年，我国驾培行业仍将处于"市场成熟前期"。

**关键词：** 驾培行业　驾培市场　新质生产力　智慧驾校

# 目　录 ⟍

## Ⅰ　总报告

## Ⅱ　行业管理篇

## Ⅲ　市场发展篇

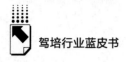
# Ⅳ　运营管理篇

皮书数据库阅读**使用指南**

# 总 报 告

## B.1
## 2023～2024年驾培行业发展状况

**摘　要：** 2023年全年和2024年初，随着市场环境的变化，机动车驾驶人数量继续保持大幅增长，人工智能等科学技术正全面影响驾驶培训与考试，驾培市场供求双方也发生着结构性改变，市场承压量价齐跌，驾培行业加速洗牌形成优胜劣汰的"马太效应"。与此同时，在行业管理部门和行业协会、行业上下游企业的共同推动下，驾培行业治理取得新的进展，行业标准、团体标准、地方标准填补空白；在政策和市场的推动下，驾培机构加快向数智化转型升级。这些举措形成合力，促进了行业向高质量发展。

**关键词：** 驾培行业　驾培市场　高质量发展　智慧驾培

当前，世界百年未有之大变局加速演进，世界之变、时代之变、历史之变、科技之变正以前所未有的方式展开，远远超越一时一事、一域一国之变，变局范围之宏阔、程度之深刻、影响之久远，都十分突出。

大环境影响着小气候。这些年，驾培行业的政策环境、经济环境、社会环境和技术环境都已经发生和正在发生着深刻的演变，驾培行业本身也发生着重大的变化。

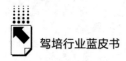

2024 年元旦后，中国交通运输协会驾驶培训分会在全国各地运输管理部门、地方行业协会、会员单位和广大驾培机构的支持下，面向全国开展了"2024 年全国驾培市场运行基本情况网络调查"，获得了第一手资料。

本文根据调查结果和相关部委、行业协会公布的数据，结合行业年度重大事件，以及部分地方管理部门发布的政策消息，系统地梳理与总结过去一年多驾培行业发展的主要成绩、经验和问题，包括国家层面和地方层面的法规政策调整、典型创新做法，供行业管理部门、驾培机构和社会投资者决策参考。

# 一 机动车与驾驶人数量增长情况

## （一）全国机动车与驾驶人数量增长情况

### 1. 汽车上牌数量稳定

2023 年，全国新注册登记机动车 3480 万辆，比 2022 年增加 1.6 万辆，增长 0.05%。其中，新注册登记汽车 2456 万辆，比 2022 年增加 133 万辆，增长 5.73%，自 2014 年以来已连续 10 年新注册登记量超过 2000 万辆。[①]

网上办理车辆和驾驶证业务 1.17 亿次，同比增长 21.44%。2023 年，各地公安交管部门积极推行补换领牌证等交管业务"足不出户"网上办，全国网上办理补换领驾驶证行驶证、发放临时号牌等业务 1.17 亿次，与 2022 年相比增加 2061 万次，增长 21.44%。

### 2. 新能源汽车增长喜人

截至 2023 年底，全国新能源汽车保有量达 2041 万辆，占汽车总量的 6.07%；其中纯电动汽车保有量 1552 万辆，占新能源汽车保有量的 76.04%。2023 年，新注册登记新能源汽车 743 万辆，占新注册登记汽车数量的 30.25%，与 2022 年相比增加 207 万辆，增长 38.76%；从 2019 年的 120 万辆到 2023 年的 743 万辆，呈高速增长态势。第一季度、第二季度、第三季度、第四季度新注册登记新能源汽车分别为 144.0 万辆、170.9 万辆、204.9 万辆、223.0 万辆。

---

① 本小节数据若无特殊说明，均来自公安部交通管理局。

### 3. 二手车增长潜力大

汽车转让登记数量持续增长，二手车交易市场活跃。2023年，全国公安交管部门共办理机动车转让登记业务3415万笔。其中，汽车转让登记业务3187万笔，占93.32%。公安部会同商务部等部门推出便利异地交易登记等系列改革措施，以更好地促进二手车流通。自2020年以来，全国二手汽车交易登记量已连续4年超过汽车新车上牌量。

### 4. 大城市的车市发展分化

中国车市发展以大城市为核心。超大城市和大型城市的车辆普及率相对较高，超过500万辆保有量的城市已经有5个，但其车市的扩张速度明显放缓。

100万~200万辆的城市51个，200万~300万辆的有18个，300万~500万辆的有20个城市，其中深圳、杭州、广州、天津4个限购，苏州、郑州、西安、武汉不限购；500万~600万辆的共有3个，限购1个；600万辆以上的是成都、北京。其中500万辆以上的5个城市两个限购，非限购成为主流。

### 5. 新领证驾驶人数减少

截至2023年底，全国机动车驾驶人数量达5.23亿人，其中汽车驾驶人4.86亿人，占驾驶人总数的92.92%。截至2022年底，全国机动车驾驶人达5.02亿人，其中汽车驾驶人4.64亿人。两相比较，汽车驾驶人增加2200万人。

2023年，全国新领证驾驶人2429万人，相比于2022年的2923万人，减少近500万人（见图1）。这里面，有存量资源消耗过快的因素，也有增量资源（适龄学员）出生人口减少的原因，当然，还有经济环境和支付能力的原因。这一数据，值得驾培同仁关注和深思。

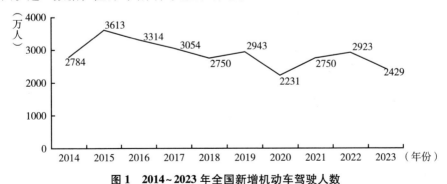

图1　2014~2023年全国新增机动车驾驶人数

数据来源：根据公安部交通管理局发布的数据整理。

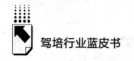

### （二）省域机动车与驾驶人数量增长情况——以宁夏为例

根据宁夏公安厅交通管理局车管科最新发布的统计数据，截至 2023 年 12 月，全区机动车保有量为 230.0 万辆，其中汽车 210.6 万辆；机动车驾驶人为 275.3 万人，其中汽车驾驶人 269 万人。

新注册登记机动车 17.3 万辆，新注册登记汽车 15.0 万辆。2023 年，全区新注册登记机动车 17.3 万辆，比 2022 年增加 4.6 万辆，增长 36.6%。其中，新注册登记汽车 15.0 万辆，比 2022 年增加 3.8 万辆，增长 33.2%。截至 2023 年 12 月，银川市汽车保有量为 132.5 万辆，是全国汽车保有量超过百万辆的 94 个城市之一。

新能源汽车保有量达 5.36 万辆，全年新注册登记 2.85 万辆。截至 2023 年 12 月，全区新能源汽车保有量达 5.36 万辆，占汽车总量的 2.54%；其中纯电动汽车保有量 2.64 万辆，占新能源汽车保有量的 49.34%。2023 年，新注册登记新能源汽车 2.85 万辆，占新注册登记汽车数量的 18.94%，与 2022 年相比增加 1.51 万辆，增长 127%。

机动车转让登记数量增长 67.7%，二手车交易持续活跃。2023 年，全区公安交管部门共办理机动车转让登记业务 37.9 万笔，与 2022 年相比增加 15.3 万笔，增长 67.7%。自 2017 年以来，全区二手车交易登记量已连续 7 年超过汽车新车上牌量。

机动车驾驶人数量达 275.3 万人，403 人取得 C6 驾驶证。截至 2023 年 12 月，全区机动车驾驶人数量达 275.3 万人，其中汽车驾驶人 269.0 万人，占驾驶人总数的 97.71%。2023 年，全区新领证驾驶人 15.2 万人，其中取得 C6 驾驶证的驾驶人数量达 403 人。

### （三）市域机动车与驾驶人数量增长情况——以兰州为例

据兰州市公安局交警支队车管所统计，截至 2023 年 12 月底，兰州市机动车保有量达 1316024 辆，与 2022 年同期相比增加 118454 辆，增长 9.89%。2023 年，兰州市新注册登记机动车 113591 辆，与 2022 年相比增加 34676 辆，增长 43.94%；摩托车新注册登记 15248 辆，与 2022 年相比增加 4415 辆，增长 40.76%。

截至 12 月底，兰州市汽车保有量达 1149654 辆。2023 年，兰州市新注册登记汽车 97753 辆，与 2022 年相比增加 31360 辆，增长 47.23%。其中，载客汽车新注册登记 86632 辆，与 2022 年相比增加 28366 辆，增长 48.68%；载货汽车新注册登记 10619 辆，与 2022 年相比增加 2965 辆，增长 38.74%。

截至 2023 年底，兰州市新能源汽车保有量达 43920 辆，占汽车总量的 3.82%，与 2022 年同期相比增加 19112 辆，增长 77.04%。其中，纯电动汽车保有量 25269 辆，占新能源汽车总量的 57.53%。2023 年，兰州市新注册登记新能源汽车 21380 辆，占新注册登记汽车总量的 21.87%，与 2022 年相比增加 11421 辆，增长 114.68%。

2023 年，兰州市公安交管部门共办理机动车转让登记业务 91952 笔。其中，汽车转让登记业务 84093 笔，占 91.45%。更好地便利群众企业办事，促进二手车流通。

截至 2023 年底，兰州市机动车驾驶人数量达 1557876 人，其中汽车驾驶人达 1497436 人，占驾驶人总数的 96.12%。新增"轻型牵引挂车"C6 准驾车型以来，已有 6535 人取得 C6 驾驶证。2023 年，全市新领证驾驶人（驾龄不满 1 年）数量达 59448 人，占兰州市机动车驾驶人总数的 3.82%，同比上升 1.6%。从驾驶人性别来看，男性驾驶人达 1067627 人，占 68.53%；女性驾驶人 490249 人，占 31.47%。从驾驶人年龄来看，26 ~ 50 岁的驾驶人 1053441 人，占 67.62%；51 ~ 60 岁的驾驶人 285006 人，占 18.29%。

## 二 驾培市场发展现状调查与分析

### （一）全国驾培机构基本情况

交通运输部中国交通通信信息中心驾驶培训工作组对驾驶培训数据交换与服务平台（以下简称"驾培平台"）的数据表明，截至 2024 年 2 月 29 日，驾培平台共收到 31 个省区市以及新疆生产建设兵团传输的驾驶员培训行业数据，累计收到 21077 家驾培机构信息。①

驾培机构总量较多的省份依次为：河南省、山东省、河北省（见图 2），驾培机构数分别为 2266 家（一类驾校 67 家、二类驾校 281 家、三类驾校 1918 家）、1498 家（一类驾校 245 家、二类驾校 386 家、三类驾校 867 家）、1219 家（一类驾校 137 家、二类驾校 367 家、三类驾校 715 家），占比分别为 10.75%、7.11%、5.78%。

———————————

① 由于吉林、新疆等地数据没有全部上传，数据还不是非常完备。

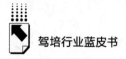

驾培行业蓝皮书

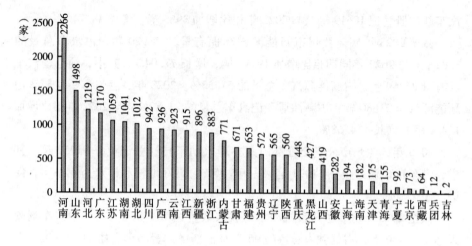

**图 2　全国各地驾培机构数量统计**

截至 2024 年 2 月，驾培平台共收到 87.75 万辆教练车信息，共收到 110.11 万名教练员信息。教练员总量较多的省份依次为：广东省、河南省、山东省（见图 3）。

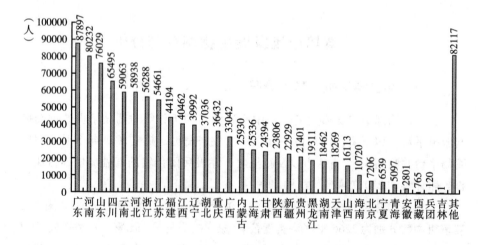

**图 3　全国各地教练员数量统计**

教练员年龄主要在 46~52 岁年龄段，其次是 36~42 岁，再者是 52~58 岁，占比分别为 21.57%、20.43%、15.91%（见图 4）。

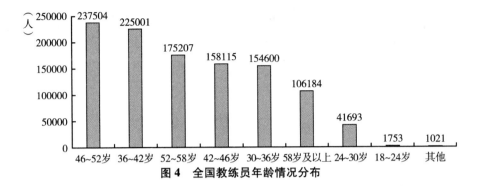

图4 全国教练员年龄情况分布

教练员主要的准驾车型为 C1，其次是 C2，再次是 B2，占比分别为 77.05%、19.00%、2.47%。

## （二）2023年全国驾校整体经营状况

### 1.50%以上的驾校陷入亏损

根据"2024 年全国驾培市场运行基本情况网络调查"第9题"2023 年驾校全年经营是否取得盈利?"的调查结果，有 54.90% 的驾校亏损，24.80% 的驾校盈利，20.29% 的驾校保本持平，大幅盈利的驾校只有 1.04%（如图5所示）。

进一步来看，第8题"贵驾校 2023 年经营利润与 2022 年相比，情况如何?"的调查结果显示，利润下跌的驾校有 75.36%，上升的只有 10.40%（如图6所示）。

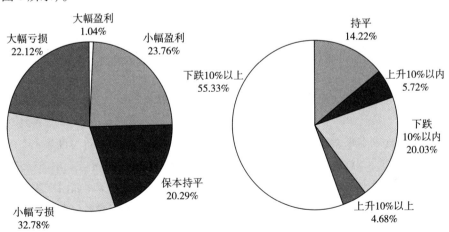

图5 2023 年驾校盈利情况分布          图6 2023 年驾校利润变化情况分布

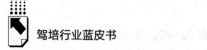

2023 年，驾培市场的主旋律还是"量价齐跌"。从招生价格来看，对于第 3 题"驾校 2023 年的学费与 2022 年相比，下降还是上升?"，选择下降的达到 58.98%，其中下降 20%以上的达到 16.74%，而上升的不到 16%（如图 7 所示）。

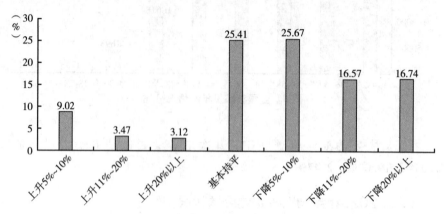

**图 7　2023 年驾校学费价格变化情况分布**

从招生数量来看，对于第 4 题"2023 年驾校招生的数量与 2022 年相比表现如何?"，回答驾校招生数量下降且利润下降的有 34.43%（如图 8 所示）。

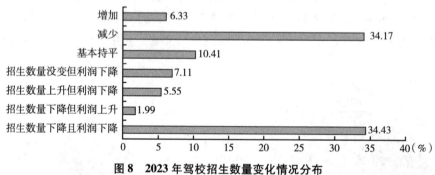

**图 8　2023 年驾校招生数量变化情况分布**

从经营成本来看，驾校的人工成本、油耗成本等都在不同程度攀升。对于第 10 题"相对 2022 年，2023 年贵驾校的经营成本变化情况?"，有 63.57% 的驾校经营成本出现了上升，其中增加 20%以上的有 11.80%（如图 9 所示）。

尽管驾培市场很卷，产能严重过剩，竞争异常激烈而残酷，但 2023 年，还是有 25%左右的驾校在盈利，实属难得。

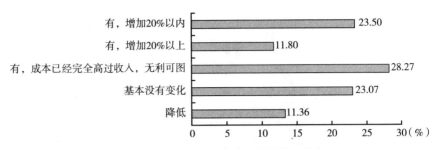

图9  2023年驾校经营成本变化情况分布

**2. 驾校经营管理者信心指数下降**

问卷的第21题为："2024年，您对当地以及全国驾培市场是否更有信心？"此题答卷总分值53798，平均值46.66，低于2023年的48.26。一般而言，信心指数值高于50，说明行业信心比较强；低于50说明行业经营者整体比较悲观和市场不景气。

2024年初，大家的信心为什么会下降？2023年初，疫情防控措施刚放开，大家对封闭了三年的市场重启充满了期待。然而，经历了2023年下半年的市场下滑，尤其是到了年终结账的时候，大家又面临一个现实和残酷的问题：驾校的收成没有达到预期。

对于问卷第1题"针对2023年您所在地区驾培市场的变化，您认为以下哪几个字最能代表您的整体感受？"，选择"迷茫无力"的占20.99%，其他同样偏负面的选项"量价齐跌"为46.40%。两者相加，总计为67.39%（如图10所示）。如此看来，驾培行业的经营管理者整体缺乏信心。

在问卷的第21题中，33%以上的经营管理者信心指数高于60；其中，16.74%的经营管理者信心指数高于80（如图11所示）。在问卷的第1题中，选择"量价齐升、量价平稳、价升量跌、价跌量升"等主观正面情绪的驾校经营管理者总共达到28.19%，其中选择"满怀希望"的有8.15%。

对于第13题"针对驾培市场的现状，2024年您对驾校的投资意向是什么？"，驾校投资人做出了自己的意向选择。其中，有12.06%选择了积极前进，计划兼并收购或托管驾校，增加场地或人员；28.71%选择收缩场地规模，裁员或减少教练车辆；8.93%选择关停转让驾校，或者转型做其他业务（如图12所示）。后两者都是对驾培市场信心不足的表现。

**3. 驾校退出的几率增大**

驾培行业的暴利传说已经久远，随着驾培行业快速的市场化，驾校从公

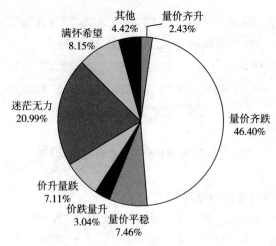

图 10　对 2023 年驾培市场变化的感受

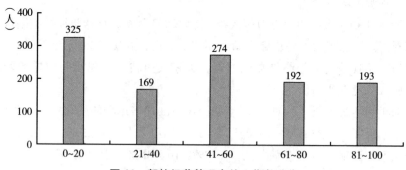

图 11　驾校经营管理者信心指数分布

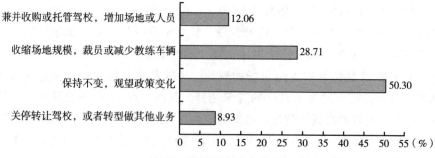

图 12　驾校投资意向分布

办到民营、从行政许可到备案管理，驾校的数量从几百家到几千家、从几千家到两万家，只用了不到40年的时间。

2010年底，全国驾校只有9492家；到2020年底，全国驾培机构的数量有20002家（如图13所示）。十年间，驾培机构增加了10000多家，数量惊人。尤其是自《关于推进机动车驾驶人培训考试制度改革的意见》（国办发〔2015〕88号文件）发布以来，驾校数量一度基本上每年以1000多家的速度增加，但到了2022年进入拐点，从2021年底的21012家，降到2022年底的20377家。

**图13　2013~2022年全国驾培机构数量**

数据来源：根据交通运输部发布的数据整理。

从总体来看，全国驾校的数量增加；但从行政县市来看，区域驾校的数量结构发生了很大的变化。每个年份，都有新开业的驾校，也有关门转让或以其他方式退出的驾校。但从目前的发展态势来看，退出的驾校数量越来越多。

第7题"相对2022年，2023年当地的驾校总数量是否有变动?"的调查结果显示，减少1%~10%的占比16.57%，减少10%以上的达到14.40%（如图14所示）。而2022年，这两个数字分别是13.42%和12.76%。

## （三）区域驾培市场供求状况

随着国家"放管服"改革政策的推进与落实，机动车驾驶员培训由行政许可改为备案管理，驾培行业迅速发展，驾培市场竞争激烈的经营态势日趋严峻，经营风险加剧。供大于求的矛盾已经凸显，一些驾校为了达到经营目标，实现利润最大化，争抢生源，价格竞争日趋加剧，驾校的利润空间逐步压缩，经营管理不善的驾校极易出现亏损甚至面临被淘汰的境地，服务和培

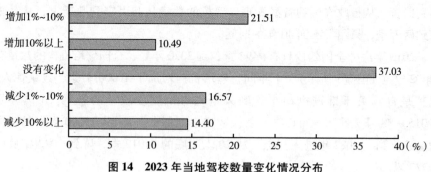

**图 14　2023 年当地驾校数量变化情况分布**

训质量也得不到有效保障。

为了提醒广大投资人和有意扩大规模的经营者，避免盲目投资带来经济损失，各地陆续发布机动车驾驶员培训市场投资风险提示，现摘录部分地区的预警分析信息。①

**1. 广州市机动车驾驶员培训市场供求信息**

截至 2023 年 12 月 31 日，广州市正常经营的普通机动车驾驶员培训机构有 161 家，机动车驾驶员培训教练场经营企业有 7 家。全市备案教练车 9804 辆，备案教练员 13555 人，备案教练场（包含经营性教练场）604 个，教练场总面积 467 万平方米。

（1）企业数量及分布。备案驾培机构 161 家，比 2022 年减少 7 家，降幅4.2%。驾培机构数量排名前三的辖区是天河区、增城区和白云区，分别有 28家、28 家和 26 家，合计占全市驾培机构总数的 50.9%（如图 15 所示）。

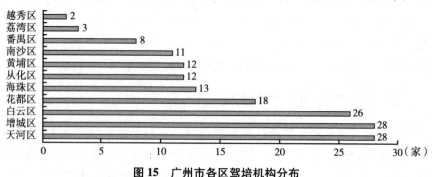

**图 15　广州市各区驾培机构分布**

---

① 本小节资料均来自当地公安交管部门公开发布的信息。

（2）教练场（含经营性教练场）。备案教练场604个、总面积467万平方米，同比2022年分别减少70个、92万平方米，降幅分别为10.4%和16.5%。

（3）教练车。备案教练车9804辆，比2022年减少547辆，降幅5.3%，平均车龄4.5年。小型汽车9685辆（其中小型手动挡汽车7225辆、小型自动挡汽车2460辆），占比98.8%。其他类型教练车119辆，占比1.2%。

（4）教练员。备案教练员13555名，比2022年减少1254名，降幅8.5%。男性教练11945名，占比88.1%；女性教练1610名，占比11.9%。教练员年龄结构方面，30岁及以下教练员1475名，占比10.9%；31~40岁教练员4895名，占比36.1%；41~50岁有4520名，占比33.3%；50岁以上有2665名，占比19.7%。

（5）学员。2023年广州市新备案学员共317546名，比2022年减少197973名，降幅38.4%。其中，男性学员170608人，占比53.7%；女性学员146938人，占比46.3%。学员年龄结构方面，18~22岁学员126865人，占比40.0%；23~30岁学员90763人，占比28.6%；31~40岁学员60284人，占比19.0%；40岁以上学员39634人，占比12.5%。

（6）市场供求关系。按照每辆教练车年度最大培训能力72人计算，2023年广州市驾培行业全年最大培训能力70.6万人，全年备案学员数量31.8万人，2023年产能利用率为45.0%。

**2. 滁州市驾培市场经营风险提示**

截至2023年底，滁州市共54家驾校，教练车保有量1783辆，教练员1682名。经测算，2023年滁州市驾校培训能力为12.62万人，但实际培训学员仅6.4万人，产能利用率仅为50.7%，驾培市场存在较严重的产能过剩和供大于求现象，过大的产能导致驾校间竞争十分激烈。此外，报名价格不高、压价竞争等现象普遍，驾校经营难度大。

经估算，2022年全市新增适龄驾考青年约4.5万人，2020~2021年分别为4.9万人、4.6万人，新增适龄青年呈减少趋势，难以充分发挥驾校的培训能力。此外，滁州市驾培行业供大于求的市场环境下，适龄人口驾驶证持证率达48.9%，综合年龄、性别、地区发展状况等因素考虑，持证率处于较高水平，驾培需求趋于稳定。

**3. 济南市机动车驾驶员培训市场风险预警**

截至2023年10月31日，济南全市机动车驾驶培训机构共计104家；其

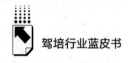

中，一级驾校 15 家、二级驾校 43 家、三级驾校 46 家。备案的各类型教练车共计 5651 辆，各类型教练员共计 5925 人，全市驾校训练场地 187 处，覆盖全市各区县，满足了群众就近学车需求。

**济南当地驾培行业供求情况分析**

一是市场供给能力方面。驾培机构培训能力按照每车每年培训量为 72 人计算，济南市驾培行业年理论培训能力为 40.7 万人（季度培训能力为 10.18 万人）。

二是市场需求方面。2023 年前三个季度，共计 12.09 万人报名学车，而理论培训能力为 30.5 万人，产能利用率仅为 39.6%，驾培机构产能已经严重过剩。

经测算，截至 2023 年 10 月底，驾培行业产能利用率仅为 35.6%，处于供大于求的状态。从近三年招生情况来看，机动车驾驶员培训需求浮动较大。综合全市新增常住人口数、行业培训能力、考试能力、驾驶员年度增长率和近三年招生量等多种因素分析，短期内驾培市场需求增长潜力有限，市场将长期处于供给大于需求状态。

**4. 安阳市机动车驾驶员培训行业预警公告**

截至 2023 年 4 月 30 日，全市共有各类驾培机构 134 家（分布区域：林州市 20 家，滑县 21 家，内黄县 15 家，安阳县 13 家，汤阴县 19 家，殷都区 19 家，龙安区 9 家，北关区 5 家，文峰区 13 家），其中一级驾校 4 家、二级 7 家、三级 123 家；全市各类车型教练车 3669 台、驾驶模拟器 610 台、教练员 4326 人，年培训能力 18 万人以上，完全满足社会对各类车型的培训需求。

根据调研和统计数据，从近年的报考学驾人数来看，驾培市场应学驾年龄段群体存量已基本消耗殆尽，现有市场以新增成年人为主，全市招生量下降明显。2019 年 112520 人，2020 年 88751 人，2021 年 92331 人，2022 年 67755 人。2020~2022 年有 50% 的驾校年招生不足 400 名学员，驾校普遍存在教练车闲置、教练员待岗现象，全市驾培市场目前已处于严重供大于求状态。

在招生量不足的同时培训价格竞争异常激烈。以小型车为例，培训成本为 2000~2300 元，目前培训收费最高不超 2500 元，大部分驾校收费不足 2000 元，最低收费 1280 元，70% 的驾校处于亏损运行状态。

**5. 淮南市机动车驾驶员培训市场投资风险提示**

截至 2023 年 9 月，全市共有驾校 32 所：按资质等级划分，一级驾校 8 所，二级 9 所，三级 15 所；按行政区域划分，田家庵区 6 所，大通区 5 所，凤台县 4 所，寿县 4 所，潘集区 4 所，谢家集区 6 所，八公山区 1 所，山南新区 2 所。全市教练车共计 1574 辆（其中新能源汽车 20 辆），年培训能力约为 14 万人。

近年来，随着驾培市场进一步开放，社会资金大批涌入驾培市场，全市驾校数量激增，由 2015 年的 14 所增加至目前的 32 所，年培训能力由 9 万人增加至 14 万人，而 2020~2022 年平均每年取得驾驶证人数约为 6 万人，淮南市驾培市场的培训能力已经超出培训需求。

**6. 张家港市2023年度驾培市场供需情况**

截至 2023 年底，张家港市备案机动车驾驶员培训机构 7 家，备案教练车 566 辆，备案教练员 611 名。2023 年，停业注销 1 家（智运驾校）。

从驾校类别来看，按照拥有车辆数 80 辆、40 辆、20 辆对应一级、二级、三级驾校的基线标准，张家港市有一级驾校 2 所、二级驾校 4 所、三级驾校 1 所。

2023 年，小型自动挡汽车（C2）教练车增速较快，合计新增、更新 20 辆，满足更多学员的学车需求。

2023 年，全市学员报名量 21934 人，结业学员 20540 人。

2023 年，张家港市学车人员中，男女学车比例基本持平；外地生源比例略有上升；适龄学驾人员或青年群体仍是学车的主力人群。

从培训能力来看，根据《中华人民共和国劳动法》《中华人民共和国道路运输条例》和《机动车驾驶培训教学与考试大纲》的规定，张家港市现有驾校的最大培训供给能力为 4.07 万人，实际开班学员为 2.19 万人，为最大培训供给能力的 53.81%。

**7. 吴江区机动车驾驶员培训市场供求信息**

截至 2023 年底，江苏省苏州市吴江区共有驾培企业 22 家，拥有教练车 920 辆（其中 C1、C2 车型 887 辆，C5 车型 1 辆，C6 车型 1 辆，D、E 车型 31 辆）。

截至 2023 年底，全区驾培企业中，教练车数 80 辆及以上的有 3 家，教练车数 40~79 辆的有 5 家。

截至 2023 年底，全区 22 家驾培企业均可提供"驾培资金托管"服务。

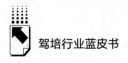

根据第三方数据，2023年结业学员的平均满意率为99.44%。

2023年，吴江区机动车驾驶员培训情况如下。（1）报名量和结业量。全区累计学员报名量35364人，同比增长10.69%；结业学员32317人，同比增长28.19%。（2）学员结构。2023年全区学驾人员中，本地户籍学员仅占28.57%，占比较低；从学员年龄段来看，18～35周岁学员占学员总数的77.98%。（3）单车培训情况。由于驾培企业及教练车数量整体呈供大于求的状态，单车培训人数近年来总体呈现下降态势，2023年单车开班人数为40人，单车结业人数为36人。

2023年，吴江区新增驾培企业2家，原有驾培企业停止招生待结束经营2家；教练车较2022年减少13辆，同时申请停运10辆。

**8.珠海市驾培行业经营情况**

截至2023年第三季度，珠海市具备小型汽车招生培训资质的驾培机构共58家，其中香洲区23家、金湾区16家、斗门区19家；已备案教练场161个、教练车2583辆、教练员3474名，培训能力约18.6万人/年。

《2023年上半年广东省机动车驾驶员培训市场预警机制与市场发展状况信息报告》显示，珠海市驾培机构2023年上半年新招学员29686人，驾培行业产能利用率仅为31.27%，处于橙色预警水平，供给严重过剩，市场竞争非常激烈，市场风险较大，在全省驾培行业投资风险预警中排名第二。

**珠海市部分驾培机构异常经营情况**

（1）南飞驾校已于5月29日申请终止经营，并将约700名学员打包委托三人行驾校教练员培训，三人行驾校提供担保责任。

（2）安顺康驾校因教练场地问题不符合备案条件，现已停止招生。

（3）2023年7月26日，珠海市中级人民法院做出（2023）粤04破申19号《民事裁定书》，裁定受理广东永晟集团有限公司对珠海市万里驾驶员培训有限公司的破产清算申请。

## （四）驾培市场主要变化情况分析

如果把目光聚焦到2023年，我们能感知到的变化主要体现在以下几个方面。

1. 学员群体更年轻，"驾二代"成为主要客户

驾培市场的学员分为增量客户和存量客户。存量客户主要指出生于2000年之前的学员，这部分客户越来越少；增量客户是指刚年满18岁的适龄学员。

当前，学员更新换代，出生于千禧一代的"00后"开始成为驾培市场的主要目标客户群体。

据统计，"00后"比"90后"总计少了5946万人。由于"00后"的总出生人口少于"90后"，驾培市场的总需求萎缩，2023年新领证驾驶人只有2429万人，比2022年减少约500万人，比2021年减少约300万人。

在产能严重过剩的情况下，市场竞争继续前置，生源的争夺从以前的大学生，转移到了高考生上来。但部分高考生由于年龄未满18岁，或者其他原因，考驾照可能还要等到上大学或工作以后，大学生还是驾培市场的关注重点。

"60后""70后""80后"想学车的基本上学完。如果称他们为"驾一代"，那作为其子辈的"00后"就是"驾二代"。大多数"驾二代"学车，都受"驾一代"的影响，甚至不少高考生都是在父母亲的督促或陪同下到驾校报名学车。

以2005年出生的人口为例，到2023年基本都年满18岁，符合法定学车年龄要求。据不完全统计，高考后学车的学员占到适龄人口的30%左右，一些地区甚至达到40%以上。

据驾培平台2024年2月各地报名学员年龄情况统计数据分析，学员年龄在18~24岁的居多，其次是24~30岁（见图16）。

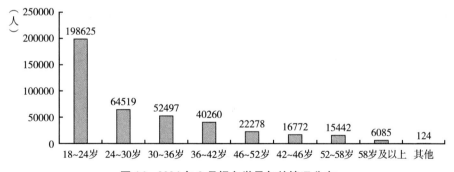

图16　2024年2月报名学员年龄情况分布

"2024年全国驾培市场运行基本情况网络调查"第14题"2023年，贵驾校学员的年龄主要集中在以下哪个区间？"的调查结果显示，18~22岁的学员占到42.76%（如图17所示）。

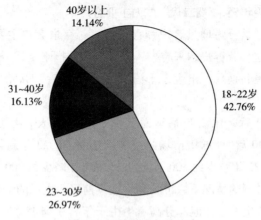

**图 17 驾校学员年龄分布**

"00后"的消费习惯不同于之前的"驾一代",他们更加有自主意识、维权意识,他们也是网络的原住民,对网络更加亲近和信任。这给驾培行业传统的营销渠道带来了冲击和挑战,也带来了转型和机遇。

2. 驾驶模拟器受欢迎,智慧驾培渐成气候

汽车驾驶模拟器是存在已久的一种辅助教学设备,一直在不断升级迭代。目前,互动型(Ⅱ型)汽车驾驶模拟器得到了广泛运用,使用动感型(Ⅲ型)驾驶模拟器的驾校也越来越多。

之前,由于国标强制要求驾校配备一定数量的驾驶模拟器,一些驾校因为要达标而被迫购置,验收后大多闲置不用。而今,随着驾驶模拟器技术的更新,其操作时间可以计算部分学时,有助于驾校降本增效,可近距离地服务学员,而成为驾校的市场竞争利器。大部分驾校通过开设智慧学车模拟门店,将之变成了营销功能强大的武器。反而是曾经热度很高的机器人教练,由于购置成本较高,其应用远不及驾驶模拟器。

**驾驶模拟器在贵阳驾校的逐步普及**

中铁二局贵阳驾驶培训有限公司(以下简称"贵阳驾校")成立于1980年,在贵阳地区设有多家分校,开展 A1、A2、A3、B1、B2、C1、C2、C5、C6、D、E、F 车型驾驶培训,年培训驾驶人员 2 万余人。

2016 年,贵阳驾校引进第一代中智智能模拟器,开始了对智能设备应用的探索。但只是将模拟器运用在传统的基础教学中,致使该设备没

有产生应有的效能。

2023 年，贵阳驾校采购了 39 台驾考宝典的智能模拟器，主要集中使用在总校培训部和花溪分校。使用模拟器后，下半年总校培训部科目二教练员的月人均毕业量提高了 6.92 人，科目三教练员的月人均毕业量提高了 4.12 人；同时，科目二合格率提升了 5.24 个百分点，科目三合格率提升了 3.17 个百分点。

2024 年，贵阳驾校计划再购买 60 台智能模拟器，向全校其他分校推广使用。

"2024 年全国驾培市场运行基本情况网络调查"第 17 题"2023 年，贵驾校对驾驶模拟器、机器人教练、数字化管理系统等应用的情况？"的调查结果显示，41.11%的驾校只使用了模拟器教学，1.47%的驾校只使用了机器人教练教学（如图 18 所示）。

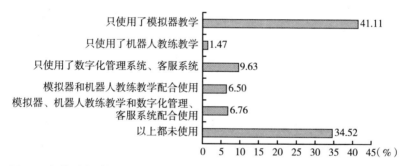

**图 18　驾校对驾驶模拟器、机器人教练、数字化管理系统等的应用情况分布**

目前，在"人工智能+"的大背景下，智慧物流、智慧高速公路、智慧医院、智慧机场、智慧校园等一系列创新型现象纷纷涌现。对于驾培行业，数字化、智慧化也是行业未来发展的主要方向。作为智慧化、数字化的典型代表，智慧驾培近年来成为驾培行业的热点词，各种智慧驾校的解决方案，驾驶模拟器、机器人教练等智能硬件，数字化管理系统等智慧平台支撑驾培行业转型升级，"无智能不驾培"已然成为一种行业发展趋势。

如图 18 所示，模拟器和机器人教练教学配合使用的驾校达到 6.50%，模拟器、机器人教练教学和数字化管理、客服系统配合使用的达到 6.76%。两者合计，达到 13.26%。

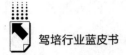

可以判断，智慧驾校应用已经呈现规模化趋势，驾培行业在政策的支持下积极地转变传统运营方式，VR、人工智能、5G物联互通等先进技术与驾驶培训需求相融合，是行业发展的大势所趋。虽然智慧驾培还处于初级发展阶段，但人工智能在驾培领域展现出的优势，预示着将来智慧驾培在驾培行业中的应用或许将更加广泛，并逐步迈向中高级发展阶段。

3.驾培市场继续两极分化，差距愈加明显

2023年，驾培市场两极分化纵深发展，强者愈强，弱者愈弱。区域市场的头部驾校，市场份额还在增加，一些地方已经达到50%，形成了领导者品牌。与此同时，头部驾校的利润也在增加。

对于问卷第8题"贵驾校2023年经营利润与2022年相比，情况如何?"，调查结果显示，有5.72%的驾校上升10%以内，有4.68%的驾校上升10%以上，但也有55.33%的驾校下跌10%以上（如图6所示）。

头部驾校为什么会逆市增长，主要原因在于以下方面。（1）团队战斗力强。这些驾校在投资人、经理人的带领下，团结一致，齐心协力打造品牌，塑造口碑，坚持以学员为中心，向管理要效益。（2）乐于学习。这些驾校的管理者，不闭门造车，不夜郎自大，主动对外交流，外出参加培训学习、会议交流、访问观摩，拓宽视野，不断提升自我认知，学以致用，带领驾校转型升级。（3）敢于创新。这些驾校顺势而为，除旧布新，敢于投资:开展线上营销、引进驾驶模拟器、采用机器人教练教学，积极尝试智慧驾培，引领行业发展。

而尾部驾校恰恰相反，在时代的洪流中抱残守缺，基本表现为以下几点。（1）观念老化。认为驾校就是个帮学员取证的地方，帮学员通过考试、拿到驾照就行，没有现代企业管理理念，排斥学习，拒绝交流，更不会打造优秀的企业文化。一些驾校，可能多年都没有派人外出参加过学习交流或者请行业专家来校指导工作。（2）经营模式老化。这些驾校由于管理能力欠缺或者创始人精力不足，不愿意直接管理，采取挂靠、承包经营的原始方式，导致管理松散、改革难度很大，对线上营销模式也不熟悉，逐渐与时代脱节。（3）队伍老化。这部分驾校由于没有建立科学的人力资源管理系统，不注重员工梯队的培养，导致新鲜血液进不来，教职员工以老员工为主，甚至大多数为"60后""70后"，小部分为"80后";鲜有"90后"及"00后"的员工。

更有部分尾部驾校，直接变为休眠驾校，不对外招生，不追加投资，不更新车辆，也不主动对外培训，只有数个留守教练坚守阵地。

### 4. 市场需求发生变化，消费升级与消费降级并存

在当前社会，消费升级与降级成为热议的话题。随着经济的发展和人们生活水平的提高，一方面，消费升级的现象日益明显。消费者开始追求更高品质、更个性化的产品和服务，对品质生活的追求成为新的消费趋势。例如，在驾培领域，私人定制班、一费到底班、保过班、大包班、理论速考班等贵宾班成为一些学员的首选，这些现象都反映了消费升级的趋势。

学车的刚性需求也在发生不小的变化。对于存量学员而言，大多数年纪比较大，接受能力比较差，有的文化水平比较低，但支付能力比较强，他们愿意多花钱，享受更便捷和更优质的服务。

对于增量学员而言，大学生对学车价格最为敏感，而高考生对价格则没那么敏感。由于大多数高考生是由父母负责支付，这些"驾一代"有着学车体验，对服务比较敏感，愿意支付更高的费用让孩子享受更好的服务。

另一方面，消费降级的现象也不容忽视。受全球经济形势的影响，一些消费者的购买力有所下降，开始更加注重价格因素，追求性价比更高的产品和服务。例如，在报名咨询时，意向学员会更加关注优惠打折、促销抽奖等信息，选择价格更低的驾校或班型。

对于调查第 2 题"2023 年贵驾校小车的总体学费（含考试费）平均在以下哪个区间？"，调查结果显示：有 9.63% 的驾校收费低于 2000 元，也有 4.6% 的驾校为 5000 元以上（见图 19）。一般来说，基于成本测算，驾培收费正常的价格应该是 3000 元以上。这些远高于或低于正常收费的情况，说明即使驾驶培训是刚性需求，也同时存在消费升级和降级的现象。

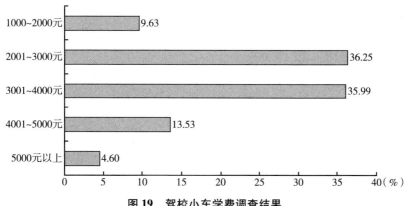

**图 19　驾校小车学费调查结果**

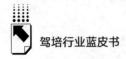

对于驾培市场而言，为了应对消费升级与降级的现象，不少驾校增加自己的价格线，推出高、中、低收费模式，价格从2000多元到10000多元不等；同时丰富自己的产品线，开设平日班、周末班、白班、夜班、快速班等各种班型。

**5. 营销从线下走向线上，全方位营销更受重视**

营销是驾培行业市场化以后驾校的一项非常重要的工作。因为没有生源，就没有一切。在驾培行业培训能力、考试能力都过剩的情况下，驾培市场僧多粥少，对生源的争夺异常激烈：一方面，通过价格战截流；另一方面，主动出击，布局线下线上全域营销，千方百计获取客源，但总的方式是在向线上转变。

随着学员的年轻化，网络营销越来越受重视。2023年8月，中国互联网络信息中心发布的《第52次中国互联网络发展状况统计报告》显示：截至2023年6月，我国手机网民规模达10.76亿人，较2022年12月增长1109万人，网民中使用手机上网的比例为99.8%；我国网民的人均每周上网时长为29.1个小时，较2022年12月提升2.4个小时；网络视频用户规模为10.44亿人，较2022年12月增长1380万人，占网民整体的96.8%。其中，我国即时通信用户规模达10.47亿人，较2022年12月增长886万人，占网民整体的97.1%；短视频用户规模为10.26亿人，较2022年12月增长1454万人，占网民整体的95.2%；我国网络直播用户规模达7.65亿人，较2022年12月增长1474万人，占网民整体的71.0%。

由于"00后"的学员是网络的原住民，对网络上各种App如抖音、小红书、高德地图等非常熟悉。生源在哪里，驾校的注意力就应该在哪里。2023年，更多的驾校开始主动关注短视频营销和社群营销。即时通信与短视频的融合、文字图片与视频的融合是当前新媒体发展的主要趋势，小红书等新媒体也有望给行业带来新的发展机会。

在"草根网红"逐步挤占"传统明星"受众市场的情况下，驾培行业也出现了几十万、几百万粉丝的网红教练员、客服人员，他们给驾校的品牌宣传、营销招生带来了实实在在的收益。

对于调查第5题"2023年网络招生在驾校总招生量中的占比情况?"，结果显示：占比11%以上的驾校有24.72%（如图20所示）。

对于调查第18题"2023年以来，贵驾校开展网络直播宣传情况?"，结果显示：选择常态化开展的驾校达到19.34%，偶尔开展的为47.27%（如图21所示）。

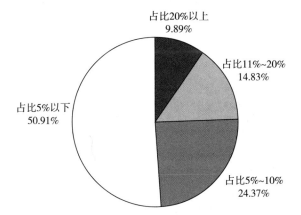

**图20　驾校网络招生占比情况分布**

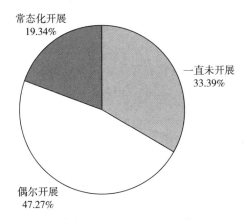

**图21　驾校开展网络直播宣传情况分布**

对于调查第19题"以下哪些，是您当下最关注的行业话题？"，结果显示：有34.69%的驾校选择针对短视频、直播营销要不要组建专业团队（如图22所示）。

**6. 新能源车替代燃油车成为降本增效的一大抓手**

由于驾培行业的竞争异常激烈，驾校涨价的空间非常有限，不少驾校量价齐跌。为了获得持续经营和生存发展，不少驾校寻求各种降本增效的方法。由于单车培训用电的成本远低于用油，以及驾驶培训不需要很长续航里程，驾校成为新能源车非常好的一个应用场景。

同时，得益于中国新能源车这些年迅猛的发展，新能源教练车、考试车的价格逐步下降，有些车型降到接近于传统燃油车价格的水平，使得驾培行业开始大步引入新能源车，加之一些地方政府对新能源车购买的引导和政策鼓励，汽车新能源化势不可当，驾培行业应用新能源车成为一股新趋势。2023 年，各地这种现象越来越多，甚至成批量地购置。

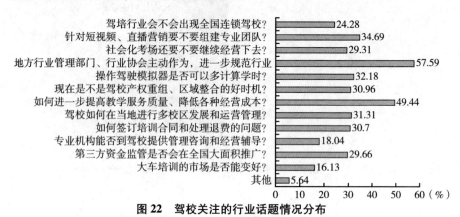

图 22　驾校关注的行业话题情况分布

对于调查第 15 题"截至目前，贵驾校是否采购、使用了新能源车?"，结果显示：有 26.28% 的驾校已经使用，超过了 1/4（如图 23 所示）。

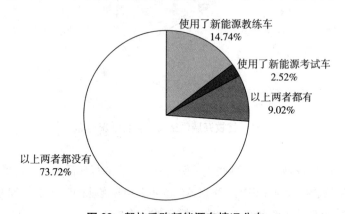

图 23　驾校采购新能源车情况分布

对于调查第 20 题"当前及今后，贵驾校对驾培车辆设备有集中采购需求的是?"，结果显示：有意向采购电动教练车的驾校达到 46.66%（如图 24 所示）。

7. 第三方资金监管在多地实施推广

第三方资金监管，有的也叫第三方资金托管，或者第三方资金存管。驾培行业第三方资金监管是一种保障驾校和学员双方权益的制度。学员可以通

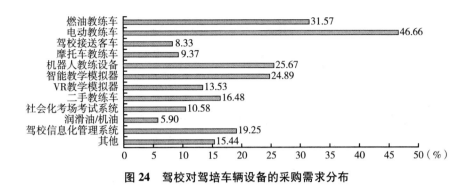

**图24　驾校对驾培车辆设备的采购需求分布**

过手机 App 或平台查看和控制自己的资金托管账户和练车的进度。通过实现将传统驾培中的"先交钱后上菜"转变为"先吃饭后结账",让学员培训"更放心",有利于规范驾培行业经营秩序,改善驾培服务质量。

在第三方资金监管模式下,学员通过 App 或平台报名缴费后,缴纳的费用全部纳入安全监管,资金由托管银行按照学员各科目培训的进度划拨给驾培机构,即从学员缴纳学费开始,学员的全额学费就由托管银行按比例转给驾培机构,保障企业运营。如果中途学员退学或转校,就会按照各驾培机构和学员约定的合同来计算培训费用和退费金额。

通过第三方资金监管,驾校可以在公开、透明的平台上进行招生和收费。这有效地防止了部分驾校以降价策略为手段的恶性竞争,保证了市场的稳定和驾校的合理收益。在第三方资金监管下,驾校不得不将重心转移到提升服务质量上。通过提高教学质量、优化教学方法、提升服务态度等,为学员提供更好的培训体验,从而赢得市场口碑。第三方资金监管为驾校和学员提供了一个公开、透明的信息平台。学员可以根据各驾校的服务质量和收费情况做出明智的选择,促使驾校提高自身竞争力。这种透明度不仅保障了市场的公平竞争,还有助于行业的健康发展。

实施这一新政,是在主管部门推动下,在地方行业协会支持下合力达成的效果,往往和计时培训、学时对接和"先培后付"模式同步推进。在展开实施以后,有人支持也有人极力反对,以后还会存在各方利益博弈和妥协。其中,对驾校的经营管理及现金流存在很大的挑战和考验,驾校既要关注"进口——招生",这关系远期的收益;也要抓好"出口——培训效率",这关系当期的收益。

### 第三方资金监管在合肥市的推广

2023年5月6日，合肥市交通运输局、公安局在印发的《关于加强机动车驾驶人培训考试有关工作的通知》（合交综运〔2023〕154号）中要求：推行学员驾驶培训服务标准化合同文本，全面保护驾培机构及学员合法权益；驾培机构应公开收费项目和标准，严格按公示项目和标准收费，不得收取培训合同及公示项目以外的其他任何费用。这是以行业自律方式推行培训费资金第三方托管。

为更好地贯彻落实上述通知的精神，加强合肥市驾培行业管理，维护驾培机构和学员的利益，保障培训费第三方资金托管工作顺利实施，合肥市机动车驾驶员培训行业协会在搭建完成机动车驾驶员公众服务平台后，向全市有意愿为本市机动车驾驶培训行业提供优质服务的银行机构发出邀请公告。

邀请公告发出后，农行合肥繁华支行和建行合肥分行进行积极回应，并开展了系统对接工作，实现了全市资金托管全覆盖。截至2024年3月15日，累计已保障超4.5万名学员的培训权益，托管培训费资金超亿元。

在当今驾培环境下，顺利推行该政策，需要担当、需要付出，更需要在大局和小局、短期利益和长期利益之间取得均衡，在经济效益和社会效益当中做出取舍。目前，全国至少有200多个地区正在实施和准备实施该项政策。

对于调查第16题"截至2023年，贵地是否实施了第三方资金监管和学时对接？"，结果显示：已经实施了第三方资金监管的比例达到21.69%（如图25所示）。

同时，还有很多未实施的地方在关注这一事物的发展。

第19题"以下哪些，是您当下最关注的行业话题？"的调查结果显示，有29.66%的驾校关注第三方资金监管是否会在全国大面积推广（如图22所示）。

希望该举措能因地制宜，行稳致远，形成示范效应，真正造福行业、造福驾校、造福学员，进而造福社会。

## 三　机动车驾驶培训与驾驶人考试政策调整情况

2023年，机动车驾驶培训与驾驶人考试政策制定修订的力度不是非常大，

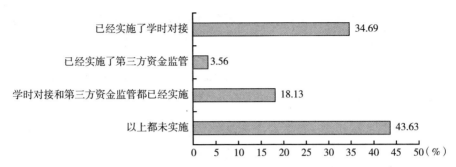

**图 25　驾校对第三方资金监管和学时对接的实施情况分布**

政策调整也不算多，但对规范行业发展非常有益。政策法规的出台非常及时，也很有针对性。

### （一）公安部出台便民新措施26项，驾驶证考试迎来新变化

2023 年 8 月 3 日，公安部召开新闻发布会，发布公安机关服务保障高质量发展 26 条措施。其中第 9 条表示，将推进小型汽车登记和驾驶人考试业务下放至县级公安机关，试点将中型以上载客汽车登记业务下放至具备条件的县级公安机关；优化摩托车科目一考试内容，改进摩托车考试组织方式，为农村群众提供就近便捷交管服务。

### （二）《中华人民共和国道路运输条例》再次修改，涉及驾培

2023 年 7 月 20 日，国务院令第 764 号《国务院关于修改和废止部分行政法规的决定》公布。其中，对《中华人民共和国道路运输条例》6 个条款进行修改，不少内容涉及机动车驾驶员培训。

将第六十三条修改为："违反本条例的规定，有下列情形之一的，由县级以上地方人民政府交通运输主管部门责令停止经营，并处罚款；构成犯罪的，依法追究刑事责任……"

将第六十五条第三款修改为："从事道路货物运输站（场）经营、机动车驾驶员培训业务，未按规定进行备案的，由县级以上地方人民政府交通运输主管部门责令改正；拒不改正的，处 5000 元以上 2 万元以下的罚款。"

增加两款，作为第四款、第五款。"从事机动车维修经营业务，未按规定进行备案的，由县级以上地方人民政府交通运输主管部门责令改正；拒不改正的，

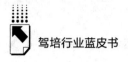

处 3000 元以上 1 万元以下的罚款。""备案时提供虚假材料情节严重的,其直接负责的主管人员和其他直接责任人员 5 年内不得从事原备案的业务。"

### (三)两部门联合印发《关于推进道路货物运输驾驶员从业资格管理改革的通知》

为贯彻落实党中央、国务院决策部署,深入推进道路货物运输驾驶员从业资格管理改革,进一步降低道路货物运输驾驶员负担,2023 年 6 月 30 日,交通运输部联合公安部印发了《关于推进道路货物运输驾驶员从业资格管理改革的通知》。

#### 1. 总体要求

以习近平新时代中国特色社会主义思想为指导,全面贯彻落实党的二十大精神,坚持以人民为中心,以降低从业人员经营负担为目标,推进实施道路货物运输驾驶员从业资格管理改革,将道路货物运输驾驶员从业资格考试安全驾驶理论内容纳入大型货车(B2)、重型牵引挂车(A2)驾驶人科目三安全文明驾驶常识考试,简化道路货物运输驾驶员从业资格证申领手续,申请道路货物运输驾驶员从业资格证的人员,凭取得的相应机动车驾驶证向交通运输主管部门直接申领道路货物运输驾驶员从业资格证,切实便利道路货物运输驾驶员从业、就业、择业。

#### 2. 完善机动车驾驶培训考试内容

各地交通运输主管部门要督促指导机动车驾驶培训机构,严格按照新修订的《机动车驾驶培训教学与考试大纲》(交运发〔2022〕36 号)培训内容和学时要求,规范开展大型货车(B2)、重型牵引挂车(A2)准驾车型的机动车驾驶培训教学,确保培训质量;对发现驾驶培训机构减少培训项目和学时的,依法严肃查处。各地公安交管部门要按照更新后的机动车驾驶人考试题库,规范开展大型货车(B2)、重型牵引挂车(A2)驾驶人考试,不得减少考试项目、缩短考试里程、降低评判标准,切实保障考试质量。申请人考试合格后,公安交管部门按照规定核发相应准驾车型的机动车驾驶证。需要从事道路货物运输经营的人员,凭相应准驾车型的机动车驾驶证到当地交通运输主管部门申领从业资格证,实现"一次报名、一次培训、一次考试、申领两证"。

#### 3. 简化从业资格证件申领流程

申请从事道路货物运输经营的人员,可在当地政务服务大厅或互联网道路运输便民政务服务系统（以下简称便民政务系统）等进行线下或线上申请，提交身份证、机动车驾驶证等相关证明材料，由当地交通运输主管部门进行审核。经审核符合申领要求的，交通运输主管部门应当及时发放从业资格证纸质证件或电子证件。

### 4. 优化从业资格便民政务服务

各地交通运输主管部门要积极利用便民政务系统等信息化手段，开展道路货物运输驾驶员从业资格证件申领、发放、变更和注销等工作，积极推广应用道路运输电子证照。要做好道路货物运输驾驶员从业资格信息的数据上传、更新和共享，持续推进道路货物运输驾驶员从业资格证件补发、换发、变更、注销、诚信考核等服务事项"跨省通办"，加强"跨省通办"政策及流程宣传推广，进一步提升办理便捷度，确保道路货物运输驾驶员从业资格电子证件在全国范围内交互共享和互信互认。

### 5. 强化日常诚信考核管理

各地交通运输主管部门要按照《道路运输从业人员管理规定》（交通运输部令2022年第38号）《交通运输部关于印发〈道路运输驾驶员诚信考核办法〉的通知》（交运规〔2022〕6号）相关要求，做好道路货物运输驾驶员的诚信考核管理工作，认真组织开展从业人员诚信考核等级年度评定，并实施差异化继续教育。对年度诚信考核计分优良（AAA级）、合格（AA级）、基本合格（A级）的驾驶员，不得强制要求参加继续教育。对不合格（B级）的驾驶员，要督促其在诚信考核等级确定后30日内，按照规定到道路运输企业或者从业资格培训机构接受不少于18个学时的道路运输法规、职业道德和安全知识的继续教育，完成规定的继续教育后，其诚信考核等级恢复为A级。

### 6. 切实规范运输经营行为

各地交通运输主管部门要依据《中华人民共和国道路运输条例》及相关配套规章制度，对道路货物运输驾驶员进行日常监督管理，依法查处道路运输违法行为。各地公安交管部门要按照《中华人民共和国道路交通安全法》及实施条例等规定，依法查处道路交通安全违法行为。各地交通运输主管部门要加快推进交通运输行政执法信息系统与道路运政系统的业务协同，加强跨省执法信息互联共享，依法通过诚信考核、公开公示等方式，进一步规范驾驶员从业经营行为。

此次改革主要涉及从事道路普通运输、道路货物专用运输、道路大型物

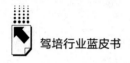
件运输的货车司机群体。从事危险货物运输的货车司机不在此次改革的范围内，从事危险货物运输的货车司机的从业资格管理按照《道路运输从业人员管理规定》等有关规定执行。

### （四）交通运输部发布《道路运输企业和城市客运企业安全生产重大事故隐患判定标准（试行）》

该标准将于 2023 年 10 月 1 日开始执行，对驾培机构的安全生产提出了更具体的要求。其中，第十条规定："机动车驾驶员培训机构存在本标准第三条规定情形或下列情形之一的，应当判定为重大事故隐患：（一）在道路上进行培训时未遵守公安机关交通管理部门指定的路线和时间的；（二）所属教练员饮酒、醉酒后从事驾驶培训教学，或未按规定在基础和场地驾驶培训中随车或现场指导、在道路驾驶培训中随车指导的。"

管行业必须管安全、管业务必须管安全、管生产经营必须管安全。该标准是对《安全生产法》在驾培行业的配套要求和细化规定。《安全生产法》第七十条规定：负有安全生产监督管理职责的部门依法对存在重大事故隐患的生产经营单位做出停产停业、停止施工、停止使用相关设施或者设备的决定，生产经营单位应当依法执行，及时消除事故隐患。

## 四 地方层面的政策法规调整与典型做法

### （一）浙江省交通运输厅推进机动车驾驶培训智能教学试点工作

为持续深化机动车驾驶培训智能教学试点相关工作，不断推进驾培行业数字化改革，提升培训服务质量，结合前期相关市试点情况，浙江省交通运输厅决定在全省开展试点工作，要点如下。

1.提高思想认识，高度重视智能教学试点工作

各地要充分认识推行智能教学对驾培行业降本增效、节能减排、转型升级的重大意义；要结合本地驾校经营管理的现实条件、群众学驾的需求以及行业数字化改革发展的实际，加强总体方案研究与谋划，制定试点工作方案，明确试点基本条件及工作程序；要统筹考虑试点工作的培训场地条件、学时分配规则、教学人员数量等情况，按照《浙江省机动车驾驶培训智能教学服

务导则》（第一版）的要求落实"一驾校一方案"，成立市级驾驶培训智能教学评估专家组，对驾培机构的具体试点实施方案进行充分论证。

2. 坚守安全底线，稳步推进智能教学试点工作

各地要深化监管服务改革、强化事中事后监管，定期对辖区内智能辅助教学系统的应用情况进行检查，压实驾培机构培训主体责任，切实加强培训质量管理，坚守安全底线，规范使用智能辅助教学系统，确保学员学驾安全和数据信息安全；按照《机动车驾驶培训教学大纲》进行培训，做好培训过程管理，规范开展结业考核，推进驾驶培训质量和服务质量双提升，不断提升学员学驾的安全感、获得感。

3. 强化跟踪问效，注重试点工作经验总结

各地要及时全面梳理总结驾驶培训智能教学试点工作，发掘典型案例，通过多种方式（如通过官方网站、微信公众号等）对试点经验与成效加以宣传、引导市场需求，推动试点工作深化、扩面。要及时向省厅报送试点过程中存在的问题及相关意见建议，省厅将根据国家相关法律、法规、标准规范和政策变化，结合本省智能辅助教学系统应用实际，及时对服务导则进行调整和完善。

## （二）四川省发布《机动车驾驶员培训机构质量信誉评价管理办法（试行）》

2023年12月，为贯彻落实"十四五"规划关于推动高质量发展的相关工作要求，优化驾培机构质量信誉考核，促进驾培行业信用体系建设，加快建立以信用为基础的新型监管机制，推进行业治理体系和治理能力现代化，夯实道路运输安全发展基础，四川省交通运输厅根据有关规定，结合本省实际印发了《四川省机动车驾驶员培训机构质量信誉评价管理办法（试行）》（川交规〔2023〕12号，以下简称《办法》）。《办法》实现了"静态资料考核+动态运行考核"相结合。

行业管理部门对驾培机构的教学质量、服务能力等进行静态评价，占比40%；学员对教学全过程的学车体验进行动态评价，占比60%：二者综合体现驾培机构质量信誉情况。评价结果设置为1~5"星"，水平一目了然，让驾培机构、教练员真实的质量信誉状况浮出水面，摆在明面，让市场来选择，形成学员选驾校、学员评驾校、评价结果为市场选择提供参考的闭环管理，推动驾培机构质量提升。同时，健全分类管理机制，引导驾培机构争创四星、

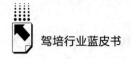

五星，对质量信誉差的驾培机构进行重点监管，力争通过《办法》的实施，促进行业信用体系建设，助推驾培行业向高质量发展迈进。

随着驾培市场的进一步开放、学员的年轻化、需求的多样化，人民群众对培训服务质量提出了更高的要求，迫切需要让所有市场参与者来评判、学员来打分、市场来选择，构建优胜劣汰的良性竞争体系。

### （三）《广州市机动车驾驶员培训管理办法》第三次修订

2023年5月，广州市交通运输局印发《广州市机动车驾驶员培训管理办法》。这是2009年3月1日该办法颁布实施以来的第三次修订。其中，为进一步保障学员合法权益，增加关于学费第三方存管等条款，制定有关激励措施，促进驾培机构提高服务质量。

同时，根据《广东省交通运输厅关于印发广东省综合运输服务"十四五"发展规划的通知》（粤交运〔2021〕589号）探索驾培行业绿色化发展，引导树立绿色驾培理念的要求，增加鼓励驾培机构运用汽车驾驶培训模拟器、机器人辅助教学等新技术的条款，并明确鼓励措施。

针对当前无驾培资质的互联网公司介入驾培招生领域，导致发生侵害学员权益事件而学员维权困难等问题，增加驾培机构委托招生的规定，明确和规范互联网公司的驾培招生行为，确定承担招生责任的主体，保护学员合法权益。具体来看，驾培机构委托第三方招收学员的，应与受托招生单位签订委托代理招收学员合同，出具授权书明确委托招生权限和委托期限。授权书应在双方经营场所的醒目位置公示，受托招生单位通过互联网招生的，驾培机构应要求其在招生网站主页公示授权书。驾培机构委托第三方招收学员的，应以驾培机构名义与学员签订机动车驾驶员培训合同。驾培机构在培学员数量或年度招生总量达到最大值时，应及时暂停授权受托招生单位招收学员。

此外，为提高投诉处理效率，增加驾培投诉的受理部门，压实备案机关监管责任。

另外，根据驾培行业发展实际修改有关条款。具体来看，根据培训时间和考试周期实际，并参考全省大多数地市情况，调整附件《机动车驾驶员培训机构相关培训指标指引》，分别将教练车单车年度培训学员能力从90人下调至72人，传统培训模式单台教练车当期在培学员数量从45人下调至36人，促进驾培机构提高培训质量，加快学员流转速度。

（四）宿迁市发布《推动机动车驾驶人培训行业高质量发展指导意见》

2023年6月，江苏省宿迁市交通运输局出台《宿迁市推动机动车培训行业高质量发展指导意见》，该意见主要内容如下。

（1）工作目标：引导驾培行业规范化、规模化、市场化经营，有效优化驾培市场营商环境，提高机动车驾驶员培训质量，提升社会满意度。

（2）指导原则。公平竞争，驾培机构自愿参与经营主体整合，提高市场竞争力；便民利民，提高驾培主体服务质量，优化培训程序，推行智慧教学；协同共治，公安、交通、市场监管等部门建立健全协同共治机制，加强信息共享和跨部门联合监管。

（3）主要内容：助企纾困和科学规划。一是助力企业提档升级，宣传助企纾困政策，督促协会自治，引导小、散、弱驾培经营主体参与规模化经营，减少经营成本支出，为驾培市场发展创造空间。二是科学制定规划，主管部门要根据市场供求状况，编制驾培市场发展规划，避免无序发展。

（4）实施途径：扶持驾培机构健康发展。一是优化场地使用，引导规模化发展的驾培经营主体合理设置培训场地；二是新增培训业务，二类以上的经营主体可以申请从业资格培训业务；三是主动提供服务，对各类变更手续主动提供服务；四是支持智慧教学，采取机器人教练培训模式，可抵扣实际学时与减少教练员配比，减少人力成本。

（5）监管措施。一是信用分级分类管理，运用信用考核评分等手段引导学员选择评分高、信用好的驾培机构，对信用等级高的驾培机构降低行政检查频次；二是依法联合检查，联合公安、人社等部门开展专项检查行动，规范驾培机构经营行为。

（五）日照市驾培行业正式启用驾驶培训电子服务合同

2023年6月12日，日照市驾驶培训服务正式启用电子合同，这是继驾培考一体化服务模式后又一项重要举措。电子合同的启用不仅能减少现场签字、盖章等烦琐环节，为学员提升服务体验感，而且可避免纸质合同存在的随意性，同时也为提高驾培服务透明度，保障驾培机构与学员双方权利义务，打造高质量发展统一大市场增加了一道安全屏障。

为保障电子合同的顺利实施，日照市交通运输主管部门研究制定了一系列措施。一是取得合法授权，经驾校法人代表授权后其公章方可在学员电子服务合同中合法使用。二是学员身份验证，基于学员身份证号、姓名、人脸，通过第三方法定授权机构进行认证，确保了合同为学员本人签订。三是电子合同支持第三方平台验签、防篡改。在学员培训服务中可随时获取有效合同，并支持下载打印。产生法律纠纷时可提供合同的证据报告、司法鉴定意见书、公证书材料等。四是电子合同作为驾培考一体化服务平台的一项功能拓展，在学员报名缴费后约束性签订，否则无法继续进行下一流程。

## （六）长沙市探索建立"培训全流程监管体系"

2023 年，长沙市驾培管理部门全盘布局，先立后破，以"计时培训、合同范本使用、培训资金监管、教练员培训"四大举措为支撑点，拟在行业内建立一个以政府为主导，协会、驾培机构、教练员、学员等多元治理主体共同参与的"培训全流程监管体系"。"培训全流程监管体系"从规范学员报名入手，交通交警两部门联动，统一学员报名受理，实现学员信息共享，开发"长沙学车"小程序，将学员报名、合同签订以及培训费用监管相关联，形成培训监管的闭环。

（1）严格计时培训，强化培训质量支撑。驾培管理部门制定进一步加强机动车驾驶员培训服务质量监管的文件，完善顶层设计，为计时培训工作的开展提供了制度保障。驾培协会按照行业自律要求和驾培机构委托，牵头开展竞争性磋商，选择计时培训服务商。驾培机构安装和使用车载计时设备，严格按照《机动车驾驶培训教学大纲》规定的内容和学时开展培训，提升培训服务质量。

（2）推广应用合同范本，强化服务质量支撑。驾培管理部门与市场监督管理部门联合制定《长沙市机动车驾驶培训服务合同》（合同范本），驾培协会在行业内大力宣传并严格执行合同范本，限定学员申请退费时的扣费上限，切实减少合同退费纠纷。

（3）推行培训资金监管，强化资金保障支撑。在驾培管理部门的指导下，驾培协会深入调研，征求行业意见，制定《长沙市机动车驾驶员培训机构预收资金监管办法》，从规范培训资金缴纳入手，逐步建立与计时培训管理相结合、按培训阶段划拨资金的监管模式，从源头上防范化解驾培行业涉费涉稳风险，促进行业健康发展。

（4）开展教练员培训，强化综合素质支撑。驾培协会按照《机动车驾驶培训教练员技能和素质要求》（JT/T 1471—2023）等规定，集中开展教练员培训教育，从专业理论知识、实车驾驶技能、口述模拟教学三个方面开展教练员技能素质培训测评，严格教练员准入门槛，并通过定期开展再教育培训，不断提升教练员综合素质。

# 五　驾培行业相关标准等制修订情况

标准是重要的创新资源，是国际公认的国家质量基础设施和世界通用语言，涵盖国家标准、行业标准、地方标准/团体标准。目前，国家大力提倡并鼓励企业、社会团体参与标准化工作。2023年以来，驾培行业认真落实《中华人民共和国标准化法》，大力实施《国家标准化发展纲要》，积极以高标准促进驾培市场创新发展和高质量发展，取得了显著成效。

## （一）行业标准《机动车驾驶培训教练员技能和素质要求》发布

《机动车驾驶培训教练员技能和素质要求》（JT/T 1471—2023）自2023年9月25日实施，规定了机动车驾驶培训教练员的基本要求、专业理论知识要求、驾驶技能要求和教学服务能力要求，以及技能和素质测评方法。适用于指导机动车驾驶员培训机构聘用机动车驾驶培训教练员以及对他们开展素质培训教育。

## （二）行业标准《教练车智能辅助教学系统技术条件（征求意见稿）》发布

随着科学技术的发展，一种新型的汽车驾驶培训智能辅助教学装置（即教练车智能辅助教学系统）逐步在教练车上得到应用，实现了教练员实际驾驶操作的辅助教学，并取得了不错的效果。教练车智能辅助教学系统也称为机器人教练教学系统或机器人教练等，通过在教练车上安装雷达传感器、显示设备、语音设备等设施设备，综合运用仿真技术、三维地图和高精度差分定位技术等，将训练场地的场地大小、训练项目位置和尺寸、场内障碍物等按照原始比例精准仿真写入计算机系统，然后通过数据算法，计算出教练车的行驶方向、位置，判别教练车运行姿态，以语音或视频的形式对学员的教

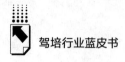

练场地驾驶操作进行引导和纠正（驾驶过程中以语音进行提示，停车状态下学员可以观看教学视频），并能在教学过程中采取加速踏板误踩、教练车溜车、车速限制、障碍预警等有效的教学安全保护措施。

当前，教练车智能辅助教学系统主要用于基础和场地驾驶教学部分的教学。教练车智能辅助教学系统的出现和应用，在一定程度上克服了教练员教学粗暴、教学人员技术水平参差不齐等限制行业发展的难题，推进了行业向科技化和智能化方向转型发展。

为了进一步规范智能辅助教学系统的技术条件和要求，2022 年 7 月交通运输部科技司印发了《关于下达 2022 年交通运输标准化计划（第一批）的通知》（交科技函〔2022〕313 号），明确了由交通运输部公路科学研究院牵头制定《教练车智能辅助教学系统技术条件》的工作，并于 2023 年 12 月之前完成标准报批工作。

自标准研究项目下达后，交通运输部公路科学研究院联合中公高远（北京）汽车检测技术有限公司等有关单位成立了标准起草组，着手教练车智能辅助教学系统应用现状与技术特征、教学功能需求与教学预警及其相关技术参数研究。2023 年 8 月，标准起草组邀请武汉木仓科技股份有限公司、北京通汇定位科技有限公司、易显科技有限公司等有关单位技术专家参加标准技术讨论会，对标准技术内容进行逐条讨论，对标准讨论稿进行修改完善，形成标准征求意见稿及其编制说明。

2023 年 10 月 27 日，全国道路运输标准化技术委员会向行业公开发布征求意见稿。

### （三）中国交协驾培分会制定《智慧型驾校通用技术要求》

为了更好地推动人工智能在驾培行业的发展，全面提升智慧驾校的管理水平，深入贯彻落实国家交通强国战略部署，积极探索智慧、高效、便民、绿色的驾培服务新模式，根据中国交通运输协会发布的"2023 年度团体标准项目立项"要求，中国交通运输协会驾驶培训分会提出制定《智慧型驾校通用技术要求》，武汉驾考宝典信息服务有限公司作为主编单位，主持编制工作。

此标准的编制过程分成五个阶段，依次产生编制大纲、初稿、征求意见稿、送审稿、报批稿。第一次立项会前，由中国交通运输协会驾驶培训分会和武汉木仓科技股份有限公司牵头，邀请中交集团智能交通研发中心孟虎等专家和业界头部驾校资深管理人员专门成立了编写工作组。工作组通过总结既有工作的应用经验，梳理相关研究成果、调研结果及会员单位反馈信息，确定了标准编制方向。

2024年4月7日，《智慧型驾校通用技术要求》（T/CCTAS103-2024）正式颁布。该标准适用于智慧驾校的建设和运营管理，主要规定了智慧驾校的总体要求、智慧教练场、智慧教学设施设备、智慧驾校管理系统、安全要求、数据分析等内容。这个标准的制定，为智慧驾校相关生产企业提供了产品标准，也为智慧驾校建设提供了技术依据。

《智慧型驾校通用技术要求》的制定与发布，将填补驾培行业驾校智慧化方面的空白，对于规范和指导智慧驾校的建设及运营管理具有重大意义。

### （四）内蒙古深入推进摩托车驾培市场标准化管理

2023年，内蒙古自治区市场监督管理局批准发布地方标准《摩托车驾驶员培训机构教学条件及教练场地技术要求》（DB15/T 3124—2023）。此地方标准由内蒙古自治区交通运输事业发展中心提出，内蒙古自治区交通运输厅归口。实施时间为2023年9月3日。这是全国首个关于摩托车驾驶员培训机构教学条件及教练场地技术要求的地方标准。

《摩托车驾驶员培训机构教学条件及教练场地技术要求》适用于内蒙古自治区内提供摩托车驾驶员培训服务的机动车驾驶员培训机构，该标准充分结合内蒙古自治区驾驶培训行业的实际需求，对摩托车教练车、教练场地规模、训练项目设施、设备及道路条件等要素的技术条件和关键参数等做出具体细致的规定。

此项地方标准的发布实施，填补了国家标准《机动车驾驶员培训机构资格条件》（GB/T 30340—2013）中开展摩托车车型业务的部分条件空缺，为规范机动车驾培机构开展摩托车培训教学活动提供了支撑，并为基层行业管理部门受理摩托车驾驶培训备案工作提供了依据。对于提升全区道路运输行业精细化管理水平，推动驾培市场高质量发展具有重大意义。

### （五）北京发布地方标准《虚拟现实智能型汽车驾驶培训系统技术要求》

2023年12月25日，北京市市场监督管理局公布了《北京市地方标准公

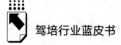

告》（2023 年标字第 15 号），由东方时尚驾驶学校股份有限公司起草的北京市地方标准《虚拟现实智能型汽车驾驶培训系统技术要求》（DB11/T 2167—2023）发布。

之前，汽车驾驶培训模拟器的生产及应用参考标准主要为《汽车驾驶训练模拟器》（JT/T 378—2022），但此部标准更加侧重于各型汽车驾驶培训模拟器硬件设备层面的要求，尚未对虚拟现实智能型汽车驾驶培训系统的技术进行梳理和规范化，难以达到相应的设计要求。故在此基础上，标准起草单位基于《汽车驾驶训练模拟器》的指导性规定，针对使用虚拟现实头戴式显示设备作为驾驶视景系统的动感型汽车驾驶培训模拟器，编制了适合本地特点的《虚拟现实智能型汽车驾驶培训系统技术要求》，对虚拟现实教学内容及功能、数据采集与效果评价等方面进行了规范，以指导北京市虚拟现实智能型汽车驾驶培训系统在驾驶培训工作中的开发、设计和应用。

《虚拟现实智能型汽车驾驶培训系统技术要求》规定了虚拟现实智能型汽车驾驶培训系统的基本构成、教学课程、数据采集的要求及效果评价，提出的相关要求均对标国家标准和行业标准。此项标准首次创新性提出了虚拟现实智能型汽车驾驶培训系统的基本构成——主要包括硬件设备和软件系统——并对两项组成部分进行了规范。

## （六）杭州市地方标准《机动车驾驶员计时培训系统应用规范》通过评审

2023 年 12 月，杭州市地方标准《机动车驾驶员计时培训系统应用规范》通过评审，为下一步继续深化驾培行业数字化改革奠定了坚实基础。

2018 年，杭州市发布实施《基于物联网技术的机动车驾驶员培训服务规范》，对机动车驾驶员计时培训服务提出要求。但随着新技术应用和行业相关法规变化，以及驾培数字化改革深入，该标准已经不能满足当前要求。

2023 年，《基于物联网技术的机动车驾驶员培训服务规范》5 年适用期到期，在原有大力推广"浙里学车"一站式报名系统的基础上，相继推出了杭州数智驾培监管系统和新版信誉考核评价系统，增加两家智能教学试点驾校，引导驾校开办省内首家 AR 智能学车馆。数字化改革紧锣密鼓，标准修订迫在眉睫。

经标准起草小组讨论研究决定，对标准的名称、框架、内容进行结构性修改。《机动车驾驶员计时培训系统应用规范》对计时培训系统服务商的资质、服务、管理、评价制定明确标准，对计时培训系统终端在功能性、安全性、防篡改作弊等内容上提出了更高要求，同时对驾培行业智能教学未来发展应用做出拓展。

# 六　行业协会活动开展及行业自律情况

## （一）第九届全国驾培市场创新发展大会在杭州召开

2023 年 5 月 26~29 日，由中国交通运输协会主办，木仓科技协办，中国交通运输协会驾驶培训分会、中国交通运输协会培训中心承办的"第九届全国驾培市场创新发展大会暨 2023 驾驶培训分会年会"在浙江省杭州市区隆重举行，大会行业精英云集，共有来自全国各地的近 800 名行业优秀驾校代表、行业管理部门和协会领导共襄一年一度的行业盛会。

本次大会上，为全方位提升交通参与者文明素养，引导学员文明出行，营造文明交通环境，推动全社会交通文明程度大幅提升，深入践行社会主义核心价值观和优秀文化理念，加强机动车驾驶培训行业从业人员诚信建设，规范从业人员职业行为，提高从业人员职业道德水准和责任感、使命感和荣誉感，提升行业公信力和美誉度，塑造行业的新气象、新面貌，根据《机动车驾驶培训行业自律公约》，中国交通运输协会驾驶培训分会制定并发布了《机动车驾驶培训行业从业人员职业操守指引（试行）》。

分享嘉宾表示，要坚守"培养安全文明驾驶员"的初心使命，着力将安全文明素质教育贯穿教学训练全过程，切实筑牢道路交通安全第一道防线，为社会培养更多安全文明的高素质驾驶人；建设交通强国，是所有新时代驾培人的梦想。

## （二）第七届全国驾培行业冬季年会在珠海举行

2023 年 12 月 13~14 日，第七届全国驾培行业冬季年会暨驾校实干企业家大会在广东珠海举行。全国各地多家交通运输管理部门、行业协会、知名品牌驾校、驾培行业上下游产业链机构的领导以及众多驾培机构的实干企业家齐聚一堂，分享中国驾培行业的优秀文化，探讨中国驾培行业高质量发展大计，展望中国驾培行业集约化发展未来。

本届年会以"价值引领携手向前　同心逐梦实干闯关"为主题，通过 15 个行业精英的主旨演讲、2 场高峰对话，围绕"市场环境与驾培行业文化、企业文化与

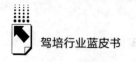
驾校品牌塑造、价值观念与驾校整合扩张"等话题，深入交流探讨新形势下驾校文化建设、团队打造的好方法，总结分享优秀驾校、区域市场在新时期精细化管理、兼并整合的好经验，共探品牌文化路径价值，推动驾培行业不断向前发展。

中国交通运输协会副会长兼秘书长李刚在大会开幕致辞中指出：我国驾培市场已经从需求扩张阶段过渡到需求逐渐萎缩的新时期；驾培行业正处在由分散趋向集中的转变过程中，竞争日趋激烈，一些规模小、口碑差、管理能力弱的驾校在竞争中逐步退出市场；还有不少驾校面临是"求生存"还是"求发展"的重大抉择。这些问题，需要各实干企业家做出重大决策，带领全员采取切实有效的对策和行动。

他接着提出：文化决定理念，理念引领行动。越是在市场困顿的时期，越是需要在先进价值观念的引领下，大力弘扬企业家精神，苦干实干加巧干，做好"以文化人"，教化员工、感化学员，用优秀的文化鼓舞人、感染人、激励人。

中国交通运输协会驾驶培训分会秘书长刘治国重点分析了，驾校变革为什么要从企业文化开始。他认为，驾校的初心（使命愿景与核心价值观）影响了驾校的战略导向，进而决定了驾校的经营目标规划和管理制度流程标准的制定。文化之根，长出管理之躯干，结出品牌之花果。价值驱动驾校穿越经济周期和行业恶性竞争，从而实现基业长青。

与会专家与领导认为，机动车驾驶培训担负着为社会培养安全文明高素质驾驶员、守护道路交通安全第一道防线的重要使命，是推动道路交通安全向事前预防转型的关键环节。驾校的教学应该从重应试教育和操作技能，转向重安全理念和文明素养。

## （三）河南省驾培协会第一届四次会议隆重举行

2023 年 6 月 20 日，河南省驾培协会第一届四次会议在河南邓州隆重举行。现场驾培精英云集，行业管理部门及协会领导、优秀驾校代表共计 200 余人出席了此次大会。

本次大会上，驾培协会专家领导及驾培机构负责人围绕驾校数字化、智慧化转型进行了深入探讨，同时还就驾校教学管理、员工自我提升、暑期招生等方面进行了经验分享，高度契合当前驾培行业发展形势和各方关切，具有很强的现实指导意义。

针对此次大会的重要议题，多位分享嘉宾从多角度为智慧驾校的建设和发展提供了宝贵的方法和路径。其中，驾考宝典总经理梁江华以《智慧驾校破局制胜》为主题发表了精彩演讲，获得了与会嘉宾的好评与认可。作为驾校智慧化转型的服务者和先行者，木仓科技驾考宝典在本次大会中携全新一代智慧驾校系列产品亮相，充分展现了智能产品的先进性及其背后的硬实力，也为驾校数智化转型提供了创新性思路。

### （四）安徽省驾培协会会员大会暨第八届校长论坛在合肥市举办

安徽省驾培协会二届四次会员大会暨第八届校长论坛，于 2023 年 12 月 22 日在合肥市顺利闭幕。此次盛会汇聚了来自全省各地的行业管理部门领导和会员单位代表，共计 240 余人。

会上，安徽省驾培协会会长汪修军做了《年度工作报告》。他指出，协会在安徽省社会组织管理局、省交通运输厅、省道路运输管理服务中心的大力支持和正确领导下，紧紧围绕章程和宗旨，以服务会员单位、引导行业健康发展、加强会员单位联络、促进行业规范自律为主线，通过全体会员单位的共同努力，较好地完成了既定的工作目标，得到主管部门和会员单位的认可与好评。

此次会议的主题为"新机遇、新趋势、新发展"。在安徽省积极推进驾培监管服务平台与互联网交通安全综合服务管理平台考试系统联网对接工作的背景下，大会旨在为广大驾培行业同仁提供一个探讨问题、分享经验、交流思想的平台。各位演讲嘉宾本着各自对驾培市场的认知和理解，从思考市场变化和潜力出发，表达了真知灼见，为全省驾校的发展提供了一个高起点、高标准、高品质的交流平台，对安徽省驾培行业发展起到了促进和引领作用。

论坛结束后，安徽省道路运输管理服务中心主任彭道月发表了重要讲话。他充分肯定了这次论坛的成功举办，表示论坛内容丰富、学风正、效果好，对安徽省驾培行业存在的问题也讲得客观、具体、符合实际，并对安徽省驾培行业高质量发展提出了具有针对性和可操作性的要求和意见，特别是对在全省建设健康有序的驾培市场中，如何做好学时对接提出了希望和要求。

### （五）四川道路运输协会机动车驾驶培训考试分会成立并参与组织大赛

2023 年 3 月，四川省驾驶培训工作研讨会在成都召开，宣布省道路运输协会机动车驾驶培训考试分会正式成立，省交通运输厅道路运输管理局相关领导，成都、自贡相关负责同志、有关企业代表出席会议。会上，各方围绕

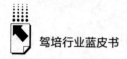

杜绝培训乱象、维护市场秩序、强化行业自律、提升行业高质量发展水平等方面进行了深入交流。厅道路运输管理局领导对分会成立表示祝贺，并强调政府、协会、企业三方要围绕促进本省驾培行业高质量发展共同发力，持续积极推进"平安驾培、诚信驾培、品质驾培、绿色驾培"有序建设。

10月20~22日，四川省"凯翼杯"机动车驾驶教练员职业技能大赛在宜宾举行。本次大赛由四川省交通运输工会、四川省交通运输厅道路运输管理局指导，四川省道路运输协会主办，四川省道路运输协会机动车驾驶培训考试分会、四川交通职业技术学院、宜宾凯翼汽车有限公司承办，成都浩龙汽车销售服务有限公司协办。共有127名来自全省21个市（州）的机动车驾驶教练员参赛。

此次大赛分为理论知识和实际操作两个部分。实操部分共设"教案讲解""坡道定点停车及起步""倒车入库"3个竞赛项目。每位选手除了参加理论知识竞赛项目外，还要参加3个实操项目的竞赛。最后，依据综合评分，大赛评定出了个人一等奖2名、二等奖4名、三等奖6名、优秀奖10名，以及优秀组织奖。

### （六）烟台市驾驶员培训行业协会召开全市驾驶员培训工作会议

为了规范驾培市场经营秩序，进一步做好本市驾驶员培训工作，营造文明和谐的驾培行业新风尚，2024年1月19日上午，烟台市驾驶员培训行业协会主持召开了全市驾驶员培训工作会议。市交通运输局城市交通科、市交通运输执法监察支队等相关部门领导以及各区市驾管科科长和各驾校负责人、金牌教练员参加会议。

会议首先表彰了19所在2023年涌现出的安全生产规范服务优秀驾校、社会服务优质驾校和25名金牌教练员。优秀驾校代表和金牌教练员代表分别上台发言。

接着，烟台市驾驶员培训行业协会领导，从协会党建、驾驶培训服务平台建设、与山东省公路技师学院合作开展培训工作、开展安全生产标准化建设等方面回顾总结了协会在2023年所取得的成绩和存在的不足，对2024年烟台市驾驶员培训行业协会的工作做出安排部署。

### （七）福州市驾驶培训便民服务平台上线试运行

2023年，由福州市机动车驾培行业协会推动建设的"福州市驾驶培训便民服务平台"上线试运行，并且协会于8月10日在福州成功举办平台发布会，这将开启驾培网上报名签约缴费新模式。

学费明码标价，实行"学车一费制"。培训费用全部公开，一次性收取，培训过程中不允许再收费。如有吃拿卡要、诱导消费，学员可向驾培行业协会或行业管理部门举报投诉。

规范合同范本，实现网上签约缴费，学员拥有知情权、选择权，学车消费明明白白，学员合法权益更有保障。

# 结　语

这个世界，唯一不变的就是变。驾培行业亦是如此。

2023年全年和2024年初，驾培行业发生的变化既有外部环境作用的结果，也有内部因素作用的结果。而驾培市场的变化，既是目标市场学员构成发生变化的结果，也是驾培机构主动作为的结果，还是行业管理部门、行业协会共同作用的结果。

具体到中、东、西部，以及省、市、县等区域驾培市场，大家的观感可能不完全一样，毕竟中国幅员辽阔、人口分布不均、发展并不平衡。但总的发展现状，不会有太大的差别，我们仍然可以窥一斑而见全豹。

驾培行业作为传统行业，正在摆脱传统增长方式和发展路径，通过科技创新、制度创新、管理创新，形成以高科技、高效能、高质量为特征的，符合先进发展理念的新质生产力，迈向高质量发展。尽管初见雏形，还远未形成大气候，但未来可期，行业正在自我变革。

本文作者为刘治国、宋艳斌、张泽民、刘长良、谢谷丰。刘治国，中国交通运输协会驾驶培训分会秘书长；宋艳斌，山西省运输事业发展中心驾驶员培训和从业资格部部长；张泽民，济南市交通运输事业发展中心教育培训部部长；刘长良，青岛市运输事业发展中心维修驾培处处长；谢谷丰，长沙市机动车驾驶员培训管理服务中心主任。

# B.2
# 2024年驾培行业发展预测

**摘　要：** 2023 年，全国驾培行业期望的后疫情时代的强势消费反弹并不明显，驾校大面积出现招生下滑、营收不佳、利润萎缩，行业信心不足。预测 2024 年不会出现机动车驾驶培训总生源量大面积下滑，但会出现生源流动加剧、生源分化加剧、从业人员流失加剧现象，学生生源竞争加剧导致在校大学生市场减少，学员对驾校服务的要求不断提高，越来越多的驾校服务水平落后于学员需求。2024 年将是驾校智能化普及年、线上营销普及年，服务与营销落后的驾校将被加速淘汰。

**关键词：** 驾培行业　驾培市场　市场焕新　服务升级

## 一　行业政策产生的影响

2024 年，我国机动车驾驶培训考试政策法规会有局部的调整和制修订，涉及两项国家标准的发布实施，以及摩托车训练场、摩托车培训考试政策、机动车驾驶培训机构质量信誉考核制度等方面。

但下列这些方面政策的研究制定和实施推进，对今后驾培市场及行业发展的影响会比较大。

### （一）"以旧换新"新政带动学驾人群增长

作为国民经济的支柱产业，汽车产业一直被赋予重任。从 2023 年底的中央经济工作会议，到 2024 年的中央财经委员会第四次会议和 3 月 1 日的国务院常务会议，再到 2024 年政府工作报告，鼓励和推动消费品以旧换新、提振汽车消费成为政策主线。

3 月 7 日，国务院印发《推动大规模设备更新和消费品以旧换新行动方案》，其中明确提到开展汽车以旧换新。在国务院新政促进下，预计新车销量、二手车销量会双双增长，其中二手车大量投放市场，将成为机动车驾驶人新增的一个动力源。

据公安部统计，2023年新注册登记机动车3480万辆，新注册登记汽车2456万辆，同比增长6%。可以看到，2023年新注册登记汽车量2456万辆和新增机动车驾驶人数量2429万人，数量几乎相当。可以预测，2024年国家大规模实现汽车以旧换新促销，势必会刺激学车人群同比轻微上涨。

## （二）新增驾驶车型A4、B3、C7呼声较高

### 1.增设自动挡驾照缓解货车司机短缺

数据显示，我国货运总量的七成以上依靠公路运输，然而货车驾驶员岗位短缺现象较为突出。从现实情况来看，我国货车驾驶员岗位吸引力不强、职业认同感不高、社会稳定性差、从业环境混乱，导致道路货运企业普遍存在司机"用工荒"问题。

为了缓解货车司机短缺问题，全国政协委员、中华全国总工会社会联络部部长杨军日在全国两会上提出建议：借鉴小型自动挡汽车（C2）驾驶证类别的成功经验，由公安部门修订《机动车驾驶证申领和使用规定》，增设A4、B3自动挡货车驾驶证，从而放宽货车司机准入标准，吸引更多年轻群体考取货车驾驶证。

杨军日表示："目前我国货车司机年龄普遍在40岁左右，'90后'从业人员寥寥无几，'95后''00后'占比不足5%。今后5~10年，随着'70后'司机逐渐退休，货车司机年龄断层问题将越发凸显。"他认为，长途货运路况复杂，货车司机在驾车时需要频繁油离配合，作业强度大；A2类、B2类驾驶证考取周期长、难度大。这些因素在一定程度上影响年轻群体进入货运行业。

针对货运路途较长且路况复杂，货车司机作业强度高，牵引车、大型货车驾驶证考试难度大等问题，杨军日建议交通运输部门、公安部门在会商修订《机动车驾驶培训教学与考试大纲》时，借鉴乘用车驾驶证考核模式，配套增加A4、B3类别货车司机培训的课时和内容。

从车辆制造端来看，目前我国自动挡货车技术日益成熟，各大货车制造企业相继推出自动挡中重型卡车。据统计，自动挡车型在重卡市场的销量占比已从2019年的0.67%上升到2023年的26.1%。自动挡货车具备更安全、更经济、更舒适等优点，有利于降低货车司机入行门槛，满足年轻群体需要，便于司机招聘。

### 2.增设微型电动汽车驾照刺激车市消费

根据交通运输部统计，截至2022年底，44万人取得C6驾照；截至2023

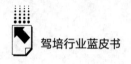

年底，140 万人取得 C6 驾照。虽然年新增 C6 驾照 96 万人，但这对于驾培市场的增长略显鸡肋。

2024 年 1 月，全国乘联会秘书长崔东树撰文表示，面对电动化个性出行的增长趋势，拖拽类 C6 驾照的促进消费意义还不明显，如果推行微型电动车的 C7 驾照，扩大中老年和女性驾驶员数量，支持新能源汽车下乡，那么应该能让车市有更大的消费增长空间。

他认为，根据目前的公安部上牌和驾驶员数据分析，未来中国汽车驾驶员有望达 6 亿人，汽车保有量超 4 亿辆，年汽车产销超 4000 万辆是有很大希望的。[①]

在欧洲，并没有对低速电动车做出专门定义，而将这类交通工具归类为四轮机动车，并根据车重、速度和功率的不同分为轻型四轮机动车和重型四轮机动车两大类。根据规定，属于 L6E 级别的低速电动车，最高额定功率小于 4000 瓦，驾驶者年龄需满 14 周岁，申请驾照只需要参加简单的考试；属于 L7E 级别的低速电动车，最高额定功率小于 15000 瓦，驾驶者年龄需满 16 周岁，申请驾照需要参与 5 个小时理论培训和参加驾驶理论考试。

如果 C7 驾照得以实施，相信低速微型电动车的上路合法性和身份问题就会得到妥善解决。

### （三）实施计时培训和资金监管的地区不断增加

#### 1. 计时培训是重要的培训过程监管手段

断断续续、沉寂又苏醒、苏醒又沉寂的计时培训，在 2023 年被多地驾培监管机构重新提上日程。交通运输部、公安部对计时培训提出了明确要求，但计时培训的实施细节不清及其和考试系统的对接不畅，导致计时培训反复上马、反复取消。

因为计时培训会影响学员毕业时间，所以一旦计时培训要求正常刷卡，学员就可能因计时周期过长而外流到周边地市。在此情况下，驾培行业学时造假现象时有发生，导致正常刷卡驾校与不正常刷卡驾校之间的成本出现明显失衡，还会出现"一旦一家造假、随后批量造假"的现象，从而使得计时培训名存实亡。

很多地区的驾校，还会在计时开始前利用计时培训宣传招生，而在计时后会以各种理由抱怨计时培训，全国计时培训的推行缓慢而又艰难。根据中

---

① 《乘联会崔东树：中国汽车年产销有望超 4000 万辆》，中新经纬（百度百家号），https：//baijiahao. baidu. com/s？id＝1788219454439042494&wfr＝spider&for＝pc，2024 年 1 月 16 日。

国交通运输协会驾培分会的"2024年全国驾培市场运行基本情况网络调查"数据，目前仅有34.64%的驾校实施了计时培训。

随着近两年驾培行业"跑路者"的不断增加，有效的监管措施缺失，计时培训甚至成为各辖区行业管理部门仅有的监管手段。2024年，计时培训将继续在更多地市重新被提上日程，预测实施计时培训的地区将呈增加趋势。

2. "先培后付"逐步演变为"资金监管"

交通运输部提倡并鼓励驾校先培后付，《机动车驾驶员培训管理规定》第四章第二十九条规定："机动车驾驶员培训实行学时制，按照学时合理收取费用。鼓励机动车驾驶员培训机构提供计时培训计时收费、先培训后付费服务模式。"

交通运输部还曾联合国家工商总局下发《机动车驾驶培训先学后付、计时收费模式服务合同》范本，指导驾培机构实施"先学后付，计时收费"模式。

政策多次鼓励，但并非强制实施，再加上"先培后付"的经营模式缺乏成功经验，所以部分地区行业管理部门为了维护学员资金安全，便选择了第三方资金监管这条路。

当然，资金监管也没有统一标准，各地返款形式五花八门，有"一学时一结算"的，有"一科目一结算的"，有"分期分批结算的"。

部分地区在管理部门推动下，"资金监管"成为"先培后付"的主要形式。这种形式对规范驾培市场、维护驾培秩序、保障学员资金安全的作用见效最快，预计2024年会有更多地市实施"资金监管"模式。

因为"资金监管"不是行政许可行为，也不是市场行为，只是部分地区的行业管理部门或协会在推动，没有法律依据，也没有经过长期市场验证，所以如果驾考端口以"学时造假"断开计时培训接口，计时培训和资金监管会同时面临无法正常实施的窘境。预测资金监管会有更多地区继续推进，但大面积推广难度依然较大。它是否能得到市场认可，是否能得到政策长久支持，需要时间验证。

### （四）两会关注驾培将促进行业健康发展

随着驾培行业的变革，驾培行业的创新与健康发展深受社会各界关注。2024年全国两会期间，全国人大代表姚劲波在提案中专门就驾培行业的创新和发展提交了提案，针对规范行业标准、推动科技创新、加强政企合作提出了三点建议。

1. 完善行业标准，规范培训服务内容

建议根据实际情况调整驾培机构硬件设施标准，修订完善现有培训课程，

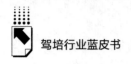

建立更加规范的行业标准。在行业监管上建议主管部门建立健全行业监管机制，加大对违规违法行为的打击力度，提高行业透明度来保障学员的合法权益。

2. 推动科技创新，推广绿色环保理念

建议可以利用虚拟现实技术进行防御性安全驾驶练习，并使用大数据对学员学习驾驶过程进行分析并建立因人施教的培训方式；在推广绿色环保理念方面，推进新能源车辆在驾培行业的应用，倡导绿色出行理念。

3. 加强政企合作，合理规划驾培行业土地资源管理

建议政府与企业加强合作，政府通过土地资源整合，为驾培机构提供可租赁或合作利用的土地资源，以解决企业用地难题；同时，各地政府还可以合理规划土地布局，降低企业经营中的政策风险，共同推进驾培体系的发展和进步。

## （五）低空经济将会惠及驾培机构

低空经济是以低空空域为依托，以各种有人驾驶或无人驾驶航空器的低空飞行活动为牵引，辐射带动相关领域融合发展的综合性经济形态。低空空域，通常是指与正下方地平面垂直距离在 1000 米以内的空域。低空空域是一块尚待开发的处女地，有着比地面交通更高维度、更丰富多样的产业和应用前景，有巨大的发展潜力和想象空间。

2021 年 2 月，低空经济首次写入《国家综合立体交通网规划纲要》。2023 年 12 月，中央经济工作会议提出，打造生物制造、商业航天、低空经济等若干战略性新兴产业。不久前召开的中央财经委员会第四次会议强调，鼓励发展与平台经济、低空经济、无人驾驶等结合的物流新模式。另外，2024 年，"低空经济"首次被写入国务院政府工作报告。

2024 年 1 月 1 日，国务院、中央军事委员会颁布《无人驾驶航空器飞行管理暂行条例》，规定操作小、中、大型无人机，飞手须持操控员执照，不能"无证驾驶"。作为关于我国无人驾驶航空器管理的首部专门行政法规，该条例标志着中国无人机产业将正式进入规范化发展的新篇章。

最新数据显示，2023 年，我国传统有人机飞行总小时数为 135.7 万个小时，无人机飞行总小时数则达到 2311 万个小时。国内现有注册登记无人机 118 万架，其中，中大型无人机就有 10 万架。全国无人机生产厂家达到 2200 家，我国无人机产业的发展已经处于世界领先水平。据赛迪研究院发布的《2024 年我国无人机产业发展形势展望》，2024 年我国民用无人机市场规模将

持续增长，预计可达 2100 亿元。

当前，制约我国无人机事业发展的"瓶颈"是"有机无人"，无人机在电力、通信、气象、农林、海洋、勘探、影视、执法、救援、快递等领域广泛应用，但无人机操控人员十分紧缺。据国家工信部统计，整个产业链需求高达500 万人，就业前景一片光明。

有关调查表明，约 68% 的无人机驾驶员收入持平或高于当地平均收入，收入水平达到或高于当地平均收入水平 2 倍的占 13%，极少数无人机驾驶员的收入可达到当地平均水平的 3 倍以上，大部分无人机驾驶员的收入为当地平均水平的 1~2 倍。

按照有关规定，只要是年龄 16 周岁以上、70 周岁以下，无红绿色盲等妨碍安全驾驶的疾病及生理缺陷的公民就可以报名学习无人机驾驶，学费基本都在万元以上。驾培机构有条件也有实力申请无人机驾驶员培训资质，无人机驾驶培训成为内卷十分严重的驾培行业的新机遇和风口，有望成为驾培机构业务利润的新增长点。

### 案例1 南阳市无人机驾驶员培训

2024 年 3 月 1 日，由南阳市无人机产业协会组织的无人机驾驶员（操作员）培训推进工作稳步进行中，协会工作人员深入南阳交通驾校和南阳宛运驾校，对工作人员进行低空经济产业政策及飞行执照相关工作的培训，推动无人机驾驶员持证工作进一步开展。

为了做好相关机型的培训和持证工作，经过前期筹备，南阳市无人机产业协会、南阳市人力资源协会已经对接好中国民航局相关资源，拟在本市全面开展无人机驾驶员（操作员）的培训和取证工作。

首批入围的培训机构有南阳交通驾校、南阳宛运驾校、南阳宛东驾校、内乡交通驾校、淮源驾校和南阳市三职专（信臣路校区）。各培训机构将根据民航部门的 CAAC 执照培训考试要求，规范设置理论和实操培训场地。待验收合格后，将被确定为南阳市无人机产业协会首批无人机驾驶员（操作员）市级定点培训机构，并向社会公示。

为了使各机构能够深入了解低空经济的发展走势，抢抓无人机产业发展的风口，协会组织工作人员分赴各个机构对教练员进行深度培训。在培训中，工作人员播放了无人机科普视频，讲解无人机广泛的行业应

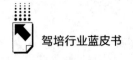

用场景、CAAC 课程课件等内容，并与学习人员座谈交流。培训有效提高了驾培从业人员对无人机及其带来的低空经济产业的认识，令大家感觉到要紧跟时代的发展趋势，抢抓发展机遇，主动拥抱低空经济时代。

# 二 驾培市场需求侧前景预测

## （一）新增汽车驾驶人2000多万人

根据公安部公布的数据，截至 2023 年底全国机动车保有量达 4.35 亿辆，其中汽车 3.36 亿辆；机动车驾驶人达 5.23 亿人，其中汽车驾驶人 4.86 亿人，占驾驶人总数的 92.92%；2023 年，新领证驾驶人 2429 万人。若按照 92.92% 推算，2023 年新增汽车驾驶人约为 2257 万人，其余车型为摩托车等车型。

根据第七次全国人口普查数据，2006 年出生人口 1585 万人，和 2005 年出生人口相比变化不大。预测 2024 年新增汽车驾驶人较上一年度变化不大，为 2000 多万人。

## （二）驾培市场招生车型预测

### 1. 大中型客货"全国通考"加剧竞争

2022 年 4 月 1 日，公安部推出大中型客货驾驶证全国"一证通考"，加强了大中型客货车的流动性。疫情期间大中型客货车所在的道路运输业有所萎缩，使得大中型客货车学车人群减少，再加上大中型客货车流动性加强，让一些服务好、考试快、懂营销的驾校捷足先登，形成了全国大中型车型学车生源的虹吸效应。

仅仅以本地大中型客货驾驶人为生源的驾校，在生源减少、生源外流的双重压力下，招生越来越困难。预测 2024 年将有更多驾校开始做全国市场，随着竞争无边界化，以大中型客货车驾驶培训为主要盈利空间的驾校，可能面临利润下滑的危险。

### 2. C2车型学员呈增加趋势

2023 年，商务部推动"百城联动"汽车节和"千县万镇"新能源汽车消费季活动，活动效果显现，多地促消费政策持续发力。据中国汽车流通协会汽车市场研究分会的零售销量数据，2023 年乘用车市场零售达 2170 万辆，同比增长 6%；其中新能源乘用车累计零售 775 万辆，同比增长 36%。

2024 年国务院又推出"汽车下乡"活动，这势必会再次推动新能源汽车销售。新能源汽车的销售占比加大，会有更多购车者选择 C2 车型。预计 2024 年，C2 车型学员将继续呈增加趋势。

3. 摩托车驾培业务呈稳中有升趋势

如图 1 所示，2022 年和 2023 年均有一半以上的驾校开展摩托车培训，2023 年相比 2022 年比例增长 0.08 个百分点。其中，业务增长的驾校 2022 年占 18.36%，2023 年占 18.39%，稳中有升。

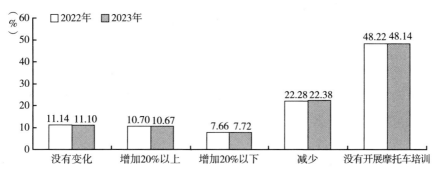

图 1 2022 年和 2023 年驾校摩托车培训业务增长情况分布

数据来源：中国交通运输协会驾培分会。

近年来，随着社会经济的迅速发展，电动两轮、三轮摩托车由于驾驶简便、价格低廉，已成为许多人出行首选的交通工具。

随着公安机关、交通管理部门对电动摩托车的严格执法，区域性摩托车驾培业务会增加。大部分电动两轮、三轮车，技术参数已达到机动车标准，属于机动车范畴，应依法办理注册登记，驾驶电动两轮摩托车（轻便）必须持有 E 类、F 类驾驶证，驾驶电动三轮摩托车必须持有 D 类驾驶证。

预测随着摩托车考试"放管服"到县（区），有的县（区）下放到中队，部分地方对电动车开始要求持证驾驶，预计 2024 年摩托车驾培业务会平稳上涨。

## （三）学车群体的两极化将更加严重

中国交通运输协会驾培分会的调查数据显示（见图 2），18~22 岁学车群体占比 42.73%，30 岁及以下学车群体占比近 70%，说明年轻群体已成为学车主流，其中 18~22 岁的学生群体几乎占据半壁江山。

值得关注的另一个群体是 40 岁以上学员，占到 14.10%。2020 年，公安部宣布实施驾考新政，自 11 月 20 日起取消申请小型汽车、小型自动挡汽车、轻便摩托车

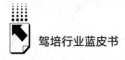

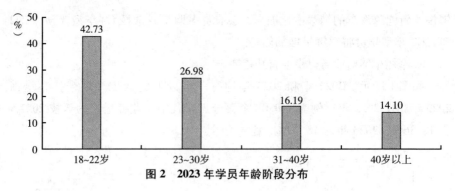

图2　2023年学员年龄阶段分布

驾驶证70周岁的年龄上限。在放开学车年龄后,老年学车群体数量逐年上升。

从数据分析,机动车驾驶培训生源的年轻化、老年化这一两极发展态势已经形成,学生群体和高龄群体未来在驾培市场经济中的消费实力将越来越受到重视,驾校应顺应变化、积极调整,适应这两类人群的服务需求。

## (四)学生市场竞争将加剧

随着18岁适龄学车人群、大学生成为学车主力,学生市场已然成为主要竞争阵地。随着社会存量生源的减少,暑假成为驾校最重要的竞争时段,驾校在暑假高考生、大学生身上投入的营销力量与对应的招生数量将有所增加。

学生生源是固定的,高考生、大学生暑假在居住地报名学车,势必导致在校大学生生源减少。所以,暑假高考生招生阵营和在校大学生招生阵营之间其实是对立统一的关系。在生源集中方面,因大学生几乎全部住校,在校大学生招生阵营占优;在提前锁定生源方面,因驾校可以以家长为突破口,提前锁定家长,暑假招生阵营占优。

这种竞争格局,将使2024年学生市场竞争加剧。

# 三　驾培市场供给侧前景预测

## (一)驾培市场分化进一步加剧

中国交通运输协会驾培分会的调查结果显示,只有8.18%的驾校表示"满怀希望",近80%的驾校表示招生数据不理想;18.02%的驾校表示满怀希望、量价齐升、量价平稳(见图3)。总体来看,2023年驾校招生比例体现为"二八原则"。

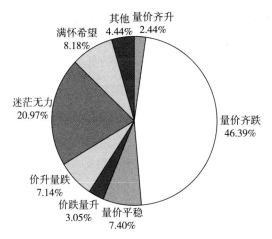

图 3 对 2023 年驾培市场变化的感受

少数驾校招生上扬，多数驾校招生下滑，这是驾培行业正在继续分化的表现。在驾培市场分化、竞争继续加剧的情况下，品牌驾校更加凸显品牌优势，招生会形成虹吸效应。招生下滑的驾培机构因预期下降，将减少对教学的投入。预计 2024 年头部与尾部驾校招生数量差距会继续扩大。

## （二）少数驾校利润上涨、多数驾校利润下滑

据中国交通运输协会驾培分会的调查数据，2023 年经营利润变化情况堪忧，只有 10.44% 的驾校有利润上升，75.46% 的驾校处于利润下跌状态（见图4），说明驾校不但在开源上乏力，在成本控制上也遇到了困难。

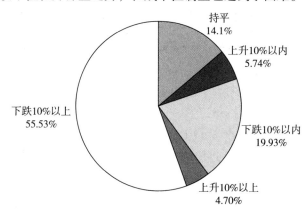

图 4 2023 年驾校经营利润变化情况分布

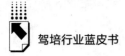

中国交通运输协会驾培分会的调查结果显示（见图5），63.54%的驾校成本居高不下。可以看出，固定成本分摊要靠生源增加，而对于土地、油耗、人力、营销四大固定成本，很多驾校根本没有能力稀释分摊。

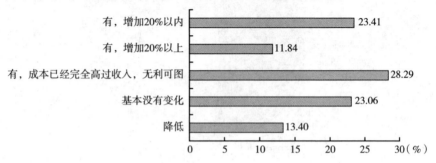

**图5　2023年驾校成本变化情况分布**

根据2024年的生源走向，小部分驾校产生虹吸效应，大部分驾校会出现生源减少。预计2024年大部分驾校会继续高成本运营。在完全一费制的情况下，一名学员的收费要4000元以上驾校才能盈利，而收费在4000元以上的驾校只有18.10%（见图6）。

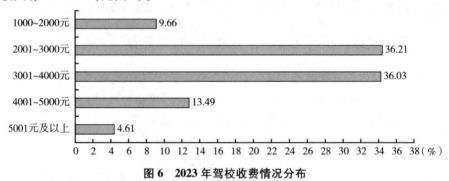

**图6　2023年驾校收费情况分布**

一旦收费低就没有多余的费用去提升教学服务质量；没有好的教学服务，就无法支撑学费提升。这种恶性循环，将成为驾培行业的普遍问题。

调查数据显示，2023年学费上升的驾校比例仅为15.66%（见图7）。这说明近85%的驾校并没有通过服务、品牌、营销等手段实现增收。预测2024年的竞争加剧，会让大部分驾校仍然不敢上涨学费。收费标准预计会保持现状，甚至有些驾校还会继续下探。

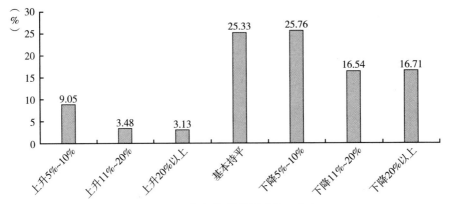

图 7　2023 年驾校学费浮动情况分布

招生数量的调查数据显示：招生数量增加的驾校占 6.35%，另有将近 6% 的驾校招生数量上升但利润下降（见图 8）。招生数量上升但利润下滑，说明招生价格大幅下滑，是通过降价实现了招生数量上升。降价增量会分摊土地、折旧等固定成本，但生源的增加不一定能提高利润。

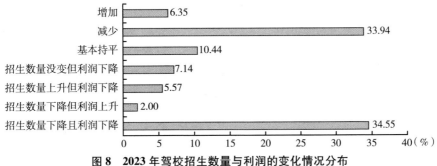

图 8　2023 年驾校招生数量与利润的变化情况分布

综上所述，预测 2024 年多数驾校利润下滑，只有少数驾校利润上涨。

## （三）运营驾校数量呈下降趋势，驾校规模呈缩小趋势

### 1. 驾校进入车辆大规模更新期，培训车辆闲置与换代并存

《机动车驾驶员培训机构资格条件》（GB/T 30340—2013）实施后，2014 年是驾培机构大面积更新车辆的一年。按照《机动车强制报废标准》，教练车强制报废期为 10 年，2024 年起驾校将开始大规模更新教练车，因训练能力过剩，大部分驾校在更新车辆时会减少更新数量，甚至部分驾校放弃更新，这

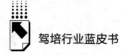

将变相导致驾校呈现规模缩小趋势。

中国交通运输协会驾培分会对教练车的调查数据显示，93.04%的驾校存在教练车闲置现象（见图9），这是产能过剩最明显的数据。

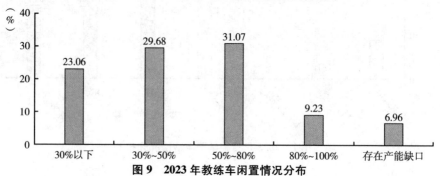

**图9　2023年教练车闲置情况分布**

教练车数量是和驾校教练场地面积相关的，教练车闲置必定造成教练场地也闲置。教练车利用率不足，是教练车成本居高的重要原因。有驾校想更新新能源教练车，但考场考试车型又限制了驾校训练车型的选择。调查数据显示，仅有2.52%的考场使用了新能源考试车（见图10）。

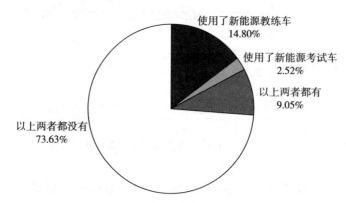

**图10　2023年新能源驾考车使用情况分布**

2024年正值驾校大规模更新车辆，为了节约成本，驾校倾向于选择新能源车辆，但又担心与考试车型不符，从而驾校换用新能源车辆的动力明显不足。

案例2

陕西锦志程机动车驾驶技能培训有限公司（简称锦志程驾校）成立

于 2011 年，注册资金 2000 万元，在西安市分设东北西三个训练场，是集培训、考试于一体的一类驾校。

2023 年，锦志程驾校率先采购和投入使用新能源手动挡和自动挡教练车，以及考试车用于日常训练，着力打造新能源绿色驾考驾培示范单位，把握驾考驾培新能源化的有利先机，增强社会责任感。截至目前，该校已经配置新能源教练车 22 辆，占全校教练车的 20%。

目前，新能源教练车不能在考场普及的最大原因是，新能源车都是自动挡配置，如果要实现手动挡操作，还要"退步"改造。且新能源手动挡车辆很多功能是电子控制，和考试车辆的手动挡标准不符。

如果要在全国普及新能源考试车，需要修改考试车通用标准，这需要相关部门出台相关政策法规，当然，有些地区已经开始探索新能源考试车的规模化使用。如湖北省机动车驾驶人考试行业协会在 2023 年 11 月 8 日就集中采购了 1513 辆新能源驾考车辆，成为全国探索新能源驾考车普及的先锋。在东风公司产业协作办公室的大力推动下，神龙汽车东风富康品牌旗下新能源驾考车 e 爱丽舍（武汉地区）集中签约仪式在武汉举行。[1]

随着国家对新能源车的推广、普及，社会上新能源车消费趋势正在形成，势必将加速驾考市场从"油车驾考车时代"迈向"新能源驾考车时代"。新能源考试车、教练车可以为考场和驾校带来环保、节能和效益提升等多重价值，新能源考试车的采用势必成为趋势。

2. 驾校实际经营数量比注册数量要少

因经营不善或预期不佳，有不少驾校进入停运状态，每个地区的驾培机构实际经营数量低于注册数量。

比如，甘肃武威交警 2024 年 3 月 27 日发布的 3 月考试情况显示，有 5 所驾校科目一考试量为 0，意味着这些驾校完全停运，完全停运比例（总数为 61 家驾校）为 8.20%，有 4 所驾校科目一考试量在 1~6 人，可以说基本处于停运状态。按照这样计算，基本停运、完全停运的驾校占比达 14.75%。

根据甘肃兰州公安车管部门公布的数据，兰州 114 所驾校中，3 月科目一考试人数在 10 人以下的驾校有 23 所，基本停运、完全停运的驾校比例达 20.18%。

---

[1] 《1513 台! 东风富康 e 爱丽舍集中签约仪式在武汉召开》，武汉交通广播（百度百家号），https://baijiahao.baidu.com/s? id=1782062241065499173&wfr=spider&for=pc，2023 年 11 月 9 日。

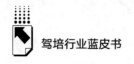

根据河北邢台交警部门公布的数据，邢台 103 所驾校中，3 月科目一考试人数在 10 人以下的驾校有 15 所，基本停运、完全停运的驾校比例为 14.56%。

**3. 土地不合规、驾校搬迁，导致驾校减少**

因历史原因，地方政府几乎没有对驾校进行过土地规划，加上近年来城市改造，导致驾校用地困难，几乎每年都有驾校因土地问题搬迁或停运。

鉴于以上原因，驾校实际经营数量比注册数量要少已成事实。2024 年，驾校面临越来越大的竞争，停运比例可能继续加大，品牌驾校的虹吸效应也会加强。

## （四）智能驾培、数字驾培将成为标配

中国交通运输协会驾培分会的调查数据显示（见图 11），使用模拟器教学的驾校占比达到 54.40%，使用数字化管理系统的驾校占比为 16.45%，模拟器、机器人教练都使用的驾校占比为 13.32%。

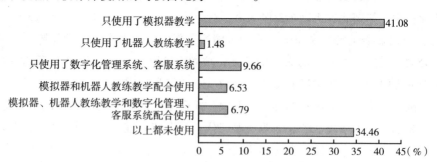

图 11　2023 年驾校模拟器、机器人等使用情况分布

从以上数据来看，驾校模拟器普及已经超过一半，但数字化管理系统、机器人教练的使用占比较低，说明驾校对模拟器的使用和普及已经接受，数字化管理系统、机器人还处于初步推广阶段。

模拟器具有解决学员积压、降低油耗、节约人力、方便学员训练等优势，成为驾培行业的新宠。但是，机器人教练普及困难，和价格高、解决实际问题的能力弱有关，一些已经投入机器人教练的驾校也只是使用了机器人教练模拟考试和自动刹车的功能，并没有真正实现机器人教练所有的教学功能。

在传统教学方式中，主要通过教练员人工传授驾驶技能，因此对教练员个人素质十分依赖，但教练员在单位时间内可教导的人数是有限的，而且教练员受心情或者身体状态影响，不能始终如一，或者说不能一直保持高质量的教学效

果。利用 AI 辅助或替代传统人类教练，能够让驾校节约大量人力，降低运营成本。

随着驾考标准的提升，驾培体验"互联网+智能化"升级，以及人脸识别、虚拟仿真、人工智能、5G 等技术趋向成熟，公安交管部门对驾考标准不断进行动态升级，机动车驾考逐步向考试规范化、数据可视化、监管远程化、防护科技化方向发展，这为驾考系统的升级改造提供了便利，促进了行业智能化发展。

虽然模拟器普及率已经达到 50% 以上，但智慧驾培仍处于探索阶段，它是在物联网、云计算、大数据等新兴信息技术推动下的新兴产物，也是数字化经济发展到一定阶段的必然产物，是未来驾培行业发展的趋势，是契合当下用户学车需求与传统驾校转型的新模式。

如今，全球汽车电动化、智能化已成为大趋势，国产新能源汽车产业链已具备全球优势，智能化将为汽车板块带来更多机会，驾培行业的电动化、智能化、新能源化也必将成为大势所趋。

### （五）线上获客成为驾校的营销新宠

中国交通运输协会驾培分会的调查数据显示，常态化开展网络直播宣传的驾校只有 19.32%（见图 12）。

从生源渠道来看，调查数据显示，有 51.00% 的驾校网络招生占比在 5% 以下，线上获客渠道占比超过 20% 的驾校不足 1/10（见图 13）。数据说明，驾校并未学会线上获客，还在依靠原有招生渠道惯性经营。

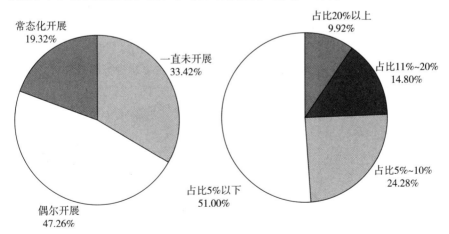

**图 12　2023 年驾校网络直播宣传的　　图 13　2023 年驾校线上获客占比**
**　　　　情况分布　　　　　　　　　　　　情况分布**

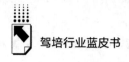

线上获客渠道有两个：一是投流花钱买招生线索，二是通过短视频、直播抓取招生流量线索。投流花钱买招生线索在一线城市、省会城市效果较好，在地级市效果较差，在县区效果更差。但随着投流花钱买招生线索的驾校越来越多，招生线索成本越来越大，招生线索质量越来越差。因为获客成本太高，部分驾校开始放弃花钱买招生线索的渠道。

而可以免费获取流量和招生线索的短视频、直播渠道，在驾培行业尚未充分开发。在传统招生渠道匮乏、买招生线索成本之高无法承受的压力下，驾校并没有更好的招生渠道可以选择，2024年线上获客必定成为大部分驾校的主攻渠道。

### （六）服务升级将是驾培机构必走之路

随着驾校成立由"许可"变为"备案"，驾校设立成为非常容易的举措。

2023年8月，公安部推进业务向县级下放，方便群众就近办事。加快推进小型汽车登记和驾驶证考试业务下放至县级公安交管部门，减轻农村群众往返地市办事负担，有可能进一步促进小车考场"县区化""社会化"。

随着驾校场地"同质化"、车辆"同质化"，驾培行业已经基本达到"千校一面"，虽然通过硬件的竞争可以让驾校生存，但只有服务升级才能让驾校高质量发展。

学员在报考一所驾校后，是无法对比驾校培训、服务质量的，但是学员会把自己曾经消费过的优质服务、贴心服务，和驾校教学服务进行比较，因为这都是一种行为——消费行为。

所以，驾校的比较对象并不是同行，而是学员消费过的其他商家，这对于驾校是非常大的考验。预测2024年驾校的当务之急是进行服务升级。当前，几乎整个驾培行业培训与服务质量还有极大提升空间，其服务不仅是学车期间的服务，还包括拿证后的服务包括汽车链条的"后服务"，它们都是驾校延展服务的想象空间。

# 结　语

随着驾培行业智能化、生源两极化的发展，预测2024年新增汽车驾驶人仍将维持在2000多万人，2024年学生市场竞争将异常激烈，老年生源的增加将成为驾校利润点；随着大中型客货车全国"一证通考"的普及和网络招生的发展，大中型客货车驾驶培训市场将继续产生虹吸效应。

预测20%的驾校生源增加、经营盈利，80%的驾校生源减少、利润下降，整个驾培行业"成本增高""场地过剩""车辆过剩"现状仍会继续，品牌驾校将继续享受分流红利。

预测新增细分车型被提上日程，智能设施设备的普及，让智能设备带来的效率提升不再成为优势。随着驾校分化加重、生源分流严重，教练员队伍老龄化，教练场地、教练车更新压力加大，2024年实际停运驾校将继续增加，新增驾校数量将达到低谷。

预测2024年新能源教练车、小型自动挡（C2）教练车占比将继续扩大，但因为新能源驾考车无法普及，新能源教练车普及还会比较缓慢。

预测教练员年轻化、高素质化、高学历化，继续成为2024年从业者发展趋势。

预测智能驾培、数字驾培将成为标配，线上获客成为新宠。近年来，驾培行业跌宕发展，虽然市场培训秩序和信息化应用水平有待加强与提升，但伴随着互联网、虚拟现实、增强现实、人工智能等新技术为驾培行业赋能，驾培终将走向规范化。

预测服务升级将是驾培行业的最大卖点，驾培行业是与民生息息相关的服务业，是民生工程的重要体现，提升行业培训质量与服务质量就是服务好民生。

本文作者为安道利、林钧、郝雪鹏。安道利，中国交通运输协会驾驶培训分会专家；林钧，台州市公路与运输管理中心机动车服务科科长；郝雪鹏，渭南市交通运输服务中心驾培服务科科长。

# 行业管理篇

## B.3
## 驾培机构质量信誉考核报告

**摘　要：**　社会信用体系是社会主义市场经济的基础性制度安排，也是国家治理体系和治理能力现代化的重要内容。交通运输部明确规定，省级交通运输主管部门应当建立机动车驾驶员培训机构质量信誉考评体系，制定机动车驾驶员培训监督管理的量化考核标准，定期向社会公布对机动车驾驶员培训机构的考核结果。本文充分考虑了当前行业发展现状，系统梳理典型省区市的机动车驾驶员培训机构质量信誉考核政策、现状以及关键要素，现状包括考核制度化、采用计分制考核、质量信誉等级设置方式基本相同、实施动态管理和公示、实施信息化管理，关键要素包括现行法律法规及标准、驾培机构的品牌建设以及驾培机构的综合水平、培训安全及质量分析的关键因素等；提出了进一步做好机动车驾驶员培训机构质量信誉考核工作的建议与对策，如加强法规和标准的制定与执行、推动考核结果运用等，为各地开展机动车驾驶员培训质量信誉考核提供技术支撑，以使我国尽快建成机动车驾驶培训市场诚信体系，引导机动车驾驶培训机构诚信经营、优质服务、公平竞争。

**关键词：**　驾培行业　驾培市场　驾培机构　质量信誉考核

社会信用体系是社会主义市场经济的基础性制度安排，也是国家治理体系和治理能力现代化的重要内容。2022 年 3 月，中共中央办公厅、国务院办公厅印发《关于推进社会信用体系建设高质量发展　促进形成新发展格局的意见》，其中第五项明确要求，以有效的信用监管和信用服务提升全社会诚信水平，应健全信用基础设施，建立标准统一、权威准确的信用档案，充分发挥信用信息公示平台的信息公开作用；还应创新信用监管，加快健全以信用为基础的新型监管机制，全面建立企业信用状况综合评价体系，以信用风险为导向优化配置监管资源，在重点领域推进信用分级分类监管，提升监管精准性和有效性。

2022 年 9 月，为落实国家放管服改革要求，推动社会信用体系建设在驾驶培训行业的高质量发展，同时进一步规范机动车驾驶员培训机构的经营行为，提高机动车驾驶员培训质量，交通运输部修订并发布了《机动车驾驶员培训管理规定》（交通运输部令 2022 年第 32 号），其中第四十一条明确规定，省级交通运输主管部门应当建立机动车驾驶员培训机构质量信誉考评体系，制定机动车驾驶员培训监督管理的量化考核标准，并定期向社会公布对机动车驾驶员培训机构的考核结果。

机动车驾驶员培训机构质量信誉考核是指在规定的考核周期内，对机动车驾驶员培训机构的教学条件、培训质量、服务质量、经营规范与否和不良记录等情况进行综合评价的行为。质量信誉考核的有序进行对规范机动车驾驶员培训机构的经营行为，加快机动车驾驶员培训市场诚信体系建设，建立和完善优胜劣汰的竞争机制和退出机制，引导和促进机动车驾驶员培训机构依法培训、诚实守信、公平竞争、优质服务具有重大意义。

# 一　有关质量信誉考核政策梳理

为积极响应《机动车驾驶员培训管理规定》的要求，国内大部分省区市如江苏、安徽、广东、重庆、贵州、河北、北京等已经建立了机动车驾驶员培训质量信誉考核体系和制度，开展了机动车驾驶员培训机构质量信誉考评工作，本文对部分典型省市的政策情况进行了梳理。

## （一）北京市质量信誉考核政策

2023 年 3 月，北京市交通委员会发布《关于印发〈北京市机动车驾驶员培训机构质量信誉考核办法〉的通知》（京交驾培发〔2023〕3 号），其中将

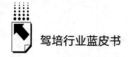

驾培机构质量信誉等级分为优良、合格、基本合格和不合格，分别用 AAA 级、AA 级、A 级和 B 级表示。驾培机构质量信誉考核实行计分制，考核总分为 1000 分，包括 5 项指标，其中安全生产指标占 200 分、经营管理指标占 200 分、培训质量指标占 300 分、服务质量指标占 200 分、新取证驾驶员驾驶行为指标占 100 分。另设 100 分作为加分项，用于引导驾培机构积极参与争先创优、重大活动服务保障、节能减排、培训创新等工作。5 项指标详情如下。

（1）安全生产指标（200 分）：制度建立、工作落实；

（2）经营管理指标（200 分）：备案管理、制度建立、教学车辆及设备设施管理、教练员管理、工作落实；

（3）培训质量指标（200 分）：执行大纲、学员档案、计时管理、培训考核合格率；

（4）服务质量指标（200 分）：服务公示、招生收费、投诉率、学员满意度；

（5）新取证驾驶员驾驶行为指标（100 分）：三年内驾龄驾驶员交通违法率、事故率。

## （二）重庆市质量信誉考核政策

2020 年，重庆市交通委员会发布《重庆市道路运输企业安全服务质量考核管理办法》（渝交规范〔2020〕2 号），2023 年 12 月，重庆市交通委员会印发《重庆市道路运输信用管理实施细则》（渝交委运〔2023〕15 号），其中规定了在本市经营的道路旅客运输经营者、道路货物运输（含普通货运和危险货运）经营者、出租汽车（含巡游出租汽车和网络预约出租汽车）经营者、公共交通（含公共汽车客运和城市轨道交通运营）经营者、机动车维修经营者、机动车驾驶员培训机构、道路旅客运输站和汽车租赁经营者的信用信息采集、信用等级评价、信用信息公布、信用奖惩等信用管理活动，将信用评价等级按信用考核得分高低分为好、较好、一般、较差和差（不合格）五个级别，分别用 AA、A、B、C、D 表示，驾培机构信用评价等级评价实行计分制，考核总分为 100 分，包括 5 项一级指标 22 项二级指标，其中经营管理指标占 35 分、安全生产指标占 20 分、服务质量指标占 35 分、社会责任指标占 10 分，加分项目不超过 2.5 分。5 项指标详情如下。

（1）经营管理（35 分）：告知、招生、建章立制、学员档案、教练员管理、教练车管理、备案管理、企业建设；

（2）安全生产（20分）：制度落实、警示标识、设施条件；

（3）服务质量（35分）：投诉情况、媒体曝光、学时管理、合法经营；

（4）社会责任（10分）：环境保护、责任事故；

（5）加分项目（不超过2.5分）：企业产权、表彰奖励、"AA"级企业、落实"预约学车、先学后付"培训模式、教练员聘用。

### （三）河北省质量信誉考核政策

在河北省发布的《河北省机动车驾驶员培训机构质量信誉考核办法（试行）》中，规定了本地区机动车驾驶培训机构质量信誉考核的相关要求，将质量信誉考核结果分为四个等级：优秀（AAA）、良好（AA）、合格（A）和不合格（B）。驾培机构质量信誉考核实行计分制，普通培训质量信誉考核总分数为1050分（其中50分为加分）；从业资格培训质量信誉考核总分为600分。

同时还规定了河北省普通培训质量信誉考核和从业资格培训质量信誉考核的内容，其中，河北省普通培训质量信誉考核包括9项指标，河北省从业资格培训质量信誉考核包括4项指标。

河北省普通培训质量信誉考核评价指标情况如下。

（1）组织管理（20分）：法人资格、组织机构、岗位职责、管理制度；

（2）人员条件（90分）：管理人员、教练员；

（3）教练车辆及教练场地（150分）：教练车辆、教练场地；

（4）教学设施设备、办公场所及教室（250分）：教学设施设备、办公场所及教室；

（5）服务质量（30分）：服务形象、合理化建议及投诉处理；

（6）社会监督（30分）：因违法经营、重大交通事故等被新闻媒体曝光；

（7）经营行为（230分）：服从管理、广告发布、服务承诺、经营范围、报名处、教练车辆、教练员管理、收费管理；

（8）规范教学（200分）：按纲施训、学员档案、考发结业证、学时监控系统；

（9）加分情况（50分）：党政机关及有关部门表彰、新闻媒体宣传表扬、参加行业比武或创造经验、应用新技术新设备。

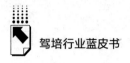

河北省从业资格培训质量信誉考核评价指标情况如下。

（1）人员条件（70分）：理论教练员、实操教练员；

（2）教学设施、设备及教练场地（150分）：教练车辆、专用教具、理论教室、图书室、计算机、训练场地；

（3）规范教学（260分）：学时管理、档案管理、台账管理；

（4）经营行为（120分）：收费规范、教练员管理、经营范围。

### （四）广东省质量信誉考核政策

早在2009年，广东省交通运输厅就发布了《广东省交通运输厅关于机动车驾驶培训质量信誉考核的管理办法（试行）》，包含机动车驾驶员培训机构质量信誉考核和教练员教学质量信誉考核。其中，机动车驾驶员培训机构质量信誉考核是指在考核期内对机动车驾驶员培训机构的资格条件、经营管理、安全责任、教学质量、服务质量等方面的综合考核。机动车驾驶员培训机构质量信誉等级设定优秀、良好、合格、不合格4个级别，分别用AAA级、AA级、A级、B级表示。驾培机构质量信誉考核实行计分制，考核总分为1000分，包括4项指标，具体指标详情如下。

（1）培训机构基本情况指标（200分）：制度建设、从业人员配备、教练车、教练场、教学设施设备；

（2）经营管理指标（350分）：制度落实、从业人员管理、教练车管理、分支机构管理、学员管理、培训收费管理、安全管理、日常检查情况、管理特色；

（3）教学服务质量指标（350分）：执行教学大纲、培训质量管理、结业考试管理、考试合格率、诚信服务、教学特色、服务环境、奖惩情况；

（4）教练员教学质量信誉考核指标（100分）：考核组织机构、考核客观规范、监督检查。

### （五）贵州省质量信誉考核政策

2019年，贵州省发布了《贵州省机动车驾驶员培训信用考评办法》，其中明确了机动车驾驶员培训信用考评是指对驾培机构的资格条件、培训质量、服务质量、经营管理、信用表彰等方面的综合评价。机动车驾驶员培训信用考评信用等级分为优良、合格、基本合格和不合格，分别用AAA级、AA级、A级和B级表示。驾培机构信用考评实行计分制，考评总分为1100分（其中包括加分 100 分），共 5 项指标，具体如下。

（1）资格条件：包括组织机构、管理制度、岗位职责及人员、教练车、教练场、教学设施设备、办公场所及教室、服务及其他设施等的设立、设置、配备等情况；

（2）培训质量：包括教学大纲、培训学时、培训记录、结业考核、教材使用、考试合格率、教学行为、安全生产等情况；

（3）服务质量：包括信息公开、投诉处理、服务质量事件等情况；

（4）经营管理：包括教练员和学员管理、教练车及教学设施设备管理、档案管理、执行行业管理规定等情况；

（5）信用表彰：包括获得表彰和管理部门鼓励的行为等情况。

### （六）安徽省质量信誉考核政策

2023 年，安徽省交通运输厅为加强机动车驾驶员培训行业信用体系建设，组织修订了《安徽省机动车驾驶员培训机构质量信誉考核办法》，形成了《安徽省机动车驾驶员培训机构质量信誉考核办法（修订征求意见稿）》公开征求意见，其中，明确了机动车驾驶员培训机构质量信誉考核是指对驾培机构的基本情况、学员满意度评价情况、教学大纲执行情况、《机动车驾驶员培训结业证书》发放情况、《机动车驾驶员培训记录》填写情况、培训业绩、考试情况、不良记录、教练员教学质量信誉考核开展情况等内容的综合评价。

驾培机构质量信誉考核实行计分制，考核总分为 1000 分，加分为 40 分，按照分值将考核等级分为优良、合格、基本合格和不合格，分别用 AAA 级、AA 级、A 级和 B 级表示。驾培机构质量信誉考核指标具体如下。

（1）培训机构基本情况（150 分）：教练车、理论教室、教练场地、教练员情况。

（2）安全生产指标（160 分）：安全生产制度、训练安全防护措施、安全生产责任事故、事故报送、交通违法率。

（3）培训质量指标（180 分）：教学大纲执行、驾驶培训计时终端、培训记录、结业证书发放情况、驾驶证考试合格率。

（4）服务质量指标（250 分）：车容车貌教练员风貌、服务公示、服务设施、投诉处理、培训预约、计时收费先培后付、学员满意度评价。

（5）经营行为指标（220 分）：培训合同、教练车、教练员、训练场地、

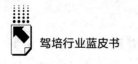

教学行为、广告发布、承诺兑现、廉洁自律、学员档案、变更事项。

（6）质量信誉管理指标（40分）：质量信誉档案建立。

（7）加分项目指标（40分）：鼓励机动车驾驶员培训机构优先使用新能源汽车。

### （七）四川省质量信誉考核政策

2023年，四川省交通运输厅发布了《四川省机动车驾驶员培训机构质量信誉评价管理办法（试行）》。其中，明确了机动车驾驶员培训机构质量信誉评价，是指在评价周期内对驾培机构资格条件、教练员、教练车、相关管理制度、教学大纲执行度、学员满意度、投诉举报等方面进行的综合评价。

驾培机构质量信誉考核实行计分制，考核总分为1000分。驾培机构质量信誉评价等级从低至高分为不合格、差、较差、普通、良好、优秀。除不合格外，其余等级通过一星级至五星级展示，分别用对应的"★"表示。驾培机构质量信誉考核指标具体情况如下。

（1）基础分（130分）：制度建设、软件建设、硬件建设、安全生产、加分项（40分）。

（2）日常记分（270分）：学员服务、规范经营、安全生产。

（3）服务分（600分）：学员对驾培机构评价部分（共200分，每季度50分）、学员对教练员评价部分（共200分，每季度50分）、驾培机构投诉举报部分（共200分，每季度50分）、年终统计。

### （八）甘肃省质量信誉考核政策

2023年，甘肃省交通运输厅发布了《甘肃省机动车驾驶员培训机构质量信誉考核办法》。其中，明确规定了机动车驾驶员培训机构质量信誉考核是指在考核周期内对驾培机构的培训条件、安全管理、培训质量、服务质量、经营管理等方面进行的综合评价。

驾培机构质量信誉考核实行计分制，考核总分为1000分，加分分值为100分。驾培机构质量信誉等级分为优良、合格、基本合格和不合格四个等级，分别表示为AAA级、AA级、A级和B级。驾培机构质量信誉考核指标具体情况如下。

（1）培训条件（200分）：教练车、教练员、教学设施设备、理论教室、

教练场地等;

（2）安全管理（100分）：安全生产制度、安全培训、安保措施、安全事故等;

（3）培训质量（250分）：执行教学大纲、培训记录、教学日志、结业考核、学员驾驶证考试合格率等;

（4）服务质量（200分）：车容车貌、教练员风貌、签订培训合同、投诉处理、服务公示、收费及诚信服务等;

（5）经营管理（250分）：组织机构、管理制度、人员配备、档案管理等。

# 二　驾培机构质量信誉考核现状

通过分析我国典型省市开展机动车驾驶员培训机构质量信誉考核的相关政策，可以发现，当前相关省份出台的质量信誉考核办法文件，在考核制度、计分制度、质量信誉等级、动态管理及公示、整改和监管、信息化管理等方面存在共性，具体体现在以下几方面。

一是考核制度化。我国各省份的交通主管部门普遍已经建立了一套较为完善的质量信誉考核制度，规定了机动车驾驶培训机构质量信誉考核原则、等级、要求、指标、分值等具体考核内容，并且已经开展了相应的考核工作。

二是采用计分制考核。当前，我国大部分省份采用计分制方法对质量信誉考核得分进行计算，规定了质量信誉考核总分以及各分项分数，部分省份还会额外增加加分项作为激励引导机动车驾驶员培训机构积极参与争先创优等工作，如北京市、贵州省规定总分为1000分，另设100分为加分项;重庆市规定总分为100分，另设2.5分为加分项;安徽省规定总分为1000分，另设40分为加分项。

三是质量信誉等级设置方式基本相同。当前，我国大部分省份的机动车驾驶员培训机构质量信誉考核结果按照分值区间划分，通过等级反映驾培机构的综合质量和信誉水平。考核期内未发生负同等及以上责任亡人交通事故，生产安全亡人事故，重大恶性教学、服务质量事件的驾培机构可按照得分情况为四个等级或五个等级，如 AAA 级、AA 级、A 级和 B 级或 AA 级、A 级、B 级、C 级和 D 级，考核期内发生负同等及以上责任亡人交通事故，生产安全亡人事故，重大恶性教学、服务质量事件的驾培机构，将直接判定其质量信

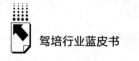

誉等级为最低等级。

四是动态管理和公示，我国大部分省份的机动车驾驶员培训机构质量信誉考核结果会向社会公布，以增加透明度，以此鼓励驾培机构注重服务教学质量、维护驾校信誉，并引导学员优先选择质量信誉等级高的驾培机构。同时，相关部门会定期对驾培机构进行动态管理，结合实际情况，对驾培机构质量信誉进行动态监管。对于考核等级较低的驾培机构，交通主管部门会责令其限期整改，并实施重点监管。在我国部分地区，机动车驾驶员培训机构质量信誉考核连续多年等级较低的驾培机构可能会面临更严格的惩处措施。

## 案例

青岛市共有驾校 140 所，训练场地近 500 处，质量信誉考核点位多、任务重、专业性强。为进一步做好考核工作，青岛市交通运输局、青岛市运输事业发展中心创新考核机制，引入第三方社会机构共同实施考核，取得良好成效。

（1）招标选取第三方，提升考核力度。通过公开招标选定有资质的第三方机构，确保考核专业性、独立性、公正性，增添考核有生力量。

（2）完善考核标准，提升考核深度。行业主管部门根据相关法规标准及行业实际情况制定详细完备的考核标准，实现对驾校横向到边、纵向到底、不留死角的全方位考核。

（3）强化相互监督，增强考核公信力。行业主管与第三方机构共同实施考核，过程中相互监督考核行为，将"严"和"廉"贯穿考核工作始终，增强了考核透明度和客观性，提高了考核公信力，赢得驾校的赞许和社会对考核结果的信任。

（4）引入专业测绘，摸清行业"家底"。由第三方聘请专业测绘公司对训练场面积进行测绘，掌握最准确的训练场面积数据，有效摸清了行业"家底"，为下一步相关工作提供有力支持。

（5）考核结果把关，提升考核精度。考核结束后行业主管部门对每所驾校的考核结果对照考核原始记录进行复核，查缺补漏、订正偏差，保障了考核结果的精准有效。

（6）强化结果运用，提升考核效能。最终考核结果通过行业主管部门官方网站、社会媒体等向社会公布，并纳入青岛市"先培后付"一体化平台"信用评价指标体系"建立驾校排名，方便学员比选驾校，倒逼驾校重视考核、主动完善自身，从而促进了行业规范发展。

五是信息化管理，我国部分省份的交通运输主管部门通过使用信息化手段，记录和管理驾培机构的质量信誉情况，以提高交通运输主管部门对质量信誉考核的管理效率和准确性。

虽然我国大部门省份已经建立了机动车驾驶员培训质量信誉考核体系和制度，开展了机动车驾驶员培训机构质量信誉考评工作，但是相关省份出台的质量信誉考核政策文件中还存在一些不足，具体如下。

一是考核指标设置普遍不够合理。例如，部分考核指标的边界较为模糊，相互之间多存在交叉现象，关于培训质量的考核指标有所欠缺，过多突出考试通过率的作用，考核指标的分值及权重等设置较不合理，这些问题导致各省份机动车驾驶员培训机构质量信誉考核的等级虽然基本一致，但考核结果差异性较大。

二是定性考核指标较多且缺少对应的数据源；同时，大多数指标缺乏相应的、客观的行业数据作为支撑。因此，考核时大多数依赖考核人员对行业的理解和主观判断进行评分，导致不同考核人员给出的考核结果存在一定的差异。

## 三 驾培机构质量信誉考核要素

机动车驾驶员培训机构质量信誉考核要素是对培训机构进行全面评价的关键指标，关键要素反映了培训机构的综合服务水平、教学质量、安全管理、经营管理等方面的综合能力。主要质量信誉考核关键要素如下。

### （一）机动车驾驶员相关法律法规、国家标准方面的关键要素

机动车驾驶员培训应满足国家法律法规、标准的要求，首先要满足机动车驾驶员培训的资格条件要求。机动车驾驶员培训的资格条件依据《机动车驾驶员培训管理规定》以及《机动车驾驶员培训机构资格条件》《机动车驾驶员培训教练场技术要求》两项国标的要求，具体包含设施设备配备、经营管理两方面内容，如图 1 所示。其中，设施设备配备包括教练场地、教练车、电化教学设备、教学管理信息系统等内容，经营管理包括管理制度、从业人员配置、从业人员管理以及车辆管理等，机动车驾驶员培训机构质量信誉考核应充分考虑这些关键要素。

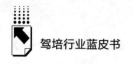

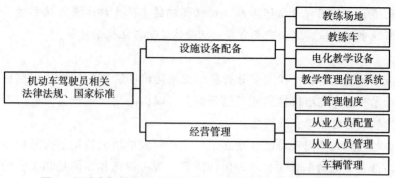

**图1 机动车驾驶员相关法律法规、国家标准方面的关键要素**

## （二）行业发展方面的关键要素

随着社会经济的发展和人民生活水平的提高，机动车驾驶员培训行业也逐渐转向高质量发展。驾驶培训行业的高质量发展是指在确保培训质量和安全的前提下，通过创新、科技应用、管理优化等手段，提升行业的整体服务水平和市场竞争力。

在行业发展过程中，影响机动车驾驶员培训机构质量信誉考核的关键要素主要体现在驾培机构的品牌建设以及驾培机构的综合水平上，如图2所示。其中，品牌建设包括品牌定位、品牌推广、品牌口碑等，综合水平包括个性化服务、规范化服务等。因此，机动车驾驶员培训机构质量信誉考核也应充分考虑这些关键要素。

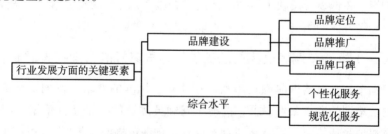

**图2 行业发展方面的关键要素**

## （三）培训安全及质量方面的关键要素

驾驶培训教学安全是驾培行业的核心关注点，它不仅关系学员的个人安全，也直接影响未来驾驶人的行车安全和公共道路安全。因此，在质量信誉考核过程中，应重视教学过程中的安全保障措施，要严格控制教学质量，降低安全责任风险，保证培训机构可持续发展。同时，机动车驾驶员培训质量也是确保道路交通安全和提升驾驶员技能水平的重要因素。高质量的驾驶员培训不仅有助于减少交通事故，还能提高驾驶员的职业道德水平和文明驾驶意识。

因此，在培训安全及质量方面的关键要素中，对教学过程的监管就显得尤为重要。其中，教学过程监管包括大纲执行、培训安全管理等内容；培训质量跟踪包括考试通过率、学员满意度、安全责任倒查等内容（如图3所示）。因此，机动车驾驶员培训机构质量信誉考核应充分考虑这些关键要素。

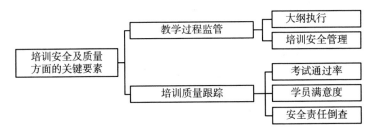

**图3 培训安全及质量方面的关键要素**

# 四 建议及对策

本文通过梳理国内机动车驾驶员质量信誉考核的相关政策，结合质量信誉考核现状以及要素分析，针对机动车驾驶员培训机构的质量信誉考核提出相应的建议和对策，加快机动车驾驶员培训行业质量信誉考核体系建设，建立和完善优胜劣汰的竞争和退出机制，引导和促进机动车驾驶员培训机构强化经营管理、文明诚信、优质服务，夯实道路运输安全发展基础，助力驾培行业高质量发展。

加强法规和标准的制定与执行。当前驾培行业缺少机动车驾驶培训机构的统一标准，应结合质量信誉考核现状及关键要素，加快建设机动车驾驶培训机构的统一标准体系，规定统一的指标体系、权重、评价方法、评价周期等相关要求。同时，建议相关行业管理部门加强驾培行业在质量信誉考核中的管理，应确保培训机构遵循统一法规和标准，解决当前行业存在的质量信誉考核指标设置普遍不够合理、定性考核指标较多且缺少对应的数据源等突

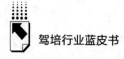

出问题，促进各地科学、客观和公平地开展质量信誉考核工作，引导和促进驾驶培训行业健康有序发展，加快建设机动车驾驶培训市场诚信体系，引导机动车驾驶培训机构诚信经营、优质服务、公平竞争，从源头上为人民群众的驾驶安全提供重要保障。

推动考核结果运用。对考核结果的转化运用要足够深入充分，杜绝为了考核而考核的现象，不应让考核形式化、浮于表面，机动车驾驶员培训质量信誉考核的结果最终要在具体实践中得到转化运用。考核结果应定期向社会公布，增加透明度，引导学员选择质量信誉高的驾驶培训机构，同时激励培训机构提升自身服务水平。对考核结果的应用应该体现在道路运输管理部门、机动车驾驶员培训机构和消费者三方面。第一，道路运输管理部门可以依据机动车驾驶员培训机构的质量信誉排名状况，对其实施奖励或惩罚措施。对质量信誉考核得分高的培训机构给予相应奖励，以实现资源的优化配置。第二，机动车驾驶员培训机构可以通过质量信誉考核发现不足及问题并及时进行调整，提高竞争能力，提升培训质量和信誉。第三，消费者可以通过机动车驾驶员培训质量信誉考核情况更加清楚地了解驾培机构的真实情况，从而选择适合自己的驾培机构。

本文作者为刘畅、孟兴凯。刘畅，交通运输部公路科学研究院研究人员；孟兴凯，交通运输部公路科学研究院研究人员。

# B.4
# 驾校学费第三方资金监管分析

**摘　要：** 2023年，驾校学费第三方资金监管模式脱颖而出，成为驾培行业治理的重要创新手段之一。从深圳的首发启动到广东、浙江、山东等多地的实践探索，第三方资金监管不仅解决了驾校"卷钱跑路"问题，也缓解了学员"退费难"的困境。当前，各地资金监管形式日趋多元化，学费平台搭建从单一到多元，学费划拨方式从单一到多种划拨形式并存，从单部门监管到多部门协同监管，从基础学费监管到按等级确定监管比例，从单纯的资金监管到统一的综合服务平台建设，资金监管的精细化程度不断提升，但同时也出现了一些问题。本文从概念解读、实施背景、政策依据、现状分析、存在问题和未来展望等多个方面对此进行深度探析，以供实践者参考。从各地实践来看，资金监管已成为行业稳定和健康发展的关键举措之一，但不同地区之间在平台载体、监管比例、划拨方式上存在差异；实施过程中存在部门权责有待进一步明确，市场秩序混乱影响政策推广，缺乏相应的配套监管措施，数据共享、部门联动力度不足等问题。各地应根据自身实际情况，采取不同的措施，组建专业的运营团队，对实施过程中出现的问题及时调整解决，及时迭代升级系统。

**关键词：** 驾培行业　驾培市场　第三方资金监管　驾校学费

驾校学费第三方资金监管是2023年全国各地驾培行业治理的重要手段之一，也逐步成为行业管理部门实施行业监管的一种新手段。

经济下行压力下，驾校经营困难、诚信缺失，全国多地为防止驾校"卷钱跑路"和缓解学员"退费难"，相继开展驾校学费第三方资金监管工作。2017年8月，由行业管理部门主导的全国驾培行业资金监管在深圳率先落地，广东、浙江、江苏、福建、山东、广西、云南等地对驾校实施第三方资金监管做出了多

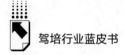

样化的实践探索。近两年来，各地针对驾校学费第三方资金监管的具体举措更实、更密。资金监管形式多样化，从单部门牵头实施到多部门联合行动，从单一的学费监管到多功能的学驾便民服务综合平台建设，从开设驾校资金监管公共账户到学员个人账户学费监管。随着驾校学费第三方资金监管工作推进向实向深，各地区各单位在学费监管额度、划拨方式、盈利模式等方面都做出了诸多探索。

## 一　概念解读

资金监管在房地产交易领域实践较多，是指买卖双方的交易资金不直接支付到账，而是由行业主管部门会同银行等具有担保资质的机构开立资金监管专用账户进行划转，根据合同约定具体规则划转交易资金，以保障买卖双方交易资金安全和维护双方权益。类似地，在国内驾培行业，伴随各地行业管理部门与协会开始尝试实施资金监管，出现了学费第三方"资金存管"和"资金托管"等不同提法与做法。

为防止概念混淆，现对"第三方资金存管""第三方资金托管""第三方资金监管"三者进行简要界定。根据《说文解字》，"存"与"托"都有"寄"之意，学员到驾校报名学车，在未开展培训前支付学费，实际上是将个人学费寄存或寄托到驾校，完成签订合同、缴纳费用等动作，相当于为后续参加机动车驾驶培训提前交付学费。当在驾校和学员之间引入行业管理部门（交通运输主管部门、市场监管部门等）和资金保管方（银行或信托机构等）时，便出现了不同的作用主体，分化出"存管"或"托管"的职能。

顾名思义，"存"指存于个人名下，此处对应学员个人账户，如广东佛山采取的开通学员监管账户（二类银行账户）模式，与之对应的是"学费第三方资金存管"。"托"是用手托起，有隔离二者之意，在驾培行业资金监管的具体应用中是指，学费既不在学员账户名下，也不在驾校自有资金账户内，而是在指定银行开设的统一资金监管账户内，如广东广州采取学员缴纳的部分学费（2000元）由第三方资金账户托管，此种模式是"学费第三方资金托管"。"监管"是对双方交易行为进行监督管理，可理解为学费"存""托"管理的统称，是驾培行业管理部门依法依规对学费实施具体监督管理的举措，是"学费第三方资金监管"。为便于与其他教育培训行业学费监管区分，本文均采用"驾校学费第三方资金监管"这一全称。

# 二 实施背景和政策依据

## （一）实施背景

在 1993 年之前，驾驶员培训主要采取"以老带新"的传统模式，这一模式逐渐发展为主管部门开办培训班。直至 1993 年，国务院《关于研究道路交通管理分工和地方交通公安机构干警评授警衔问题的会议纪要》（国阅〔1993〕204 号）推动了驾校社会化改革，要求公安、交通部门与驾校经济利益脱钩，实现政企分开。交通部门负责宏观管理，包括制定规章、技术标准等，而公安部门则负责考核发证。这一改革标志着我国驾驶员培训市场的开放，促进了各类驾校的兴起。

最早的监管体现在对教练员克扣学时、不按大纲施教、培训质量差等问题的应对上。从 2013 年起，驾培行业迅猛发展，市场化趋势明显，但行业根基不稳，产能过剩问题凸显。随着大量资本的涌入，一次性收费模式带来种种弊端，如经营者提前透支培训费导致资金链断裂、教练员卷款跑路等，促使驾校学费资金监管模式进入行业管理部门的议事日程。尽管矛盾仍存，但资金监管已成为稳定行业发展的重要手段。2012 年，江苏的驾培协会、银行联合探索，率先开始了资金监管试点。

2013 年 11 月，党的十八届三中全会提出"要进一步简政放权，深化行政审批制度改革，加快形成企业自主经营、公平竞争，消费者自由选择、自主消费，平等交换的现代市场体系"。2015 年 11 月 30 日，交通运输部与公安部联合印发《关于推进机动车驾驶人培训考试制度改革的意见》；2016 年交通运输部公布了更贴近民生的 13 件实事，其中第九项即推行机动车驾培机构培训服务模式改革，促进提升驾驶培训服务质量。与此同时，2016 年全国驾培行业推行计时培训，要求采取先培训后付费的服务模式。在这样的大背景下，"互联网+驾校"也强势入场，驾培行业的竞争愈加激烈，驾培市场重新洗牌。因此，在"放管服"改革背景下，为有效维护行业稳定、切实保障各方合法权益，驾校学费第三方资金监管成为各地研究探索的重要监管手段。

近两年，全国驾培市场迎来新的变局。一是行政许可改备案制，市场进一步开放，竞争越发白热化。二是多数驾校面临小型教练车辆集中折旧报废，出

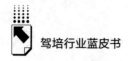

现少数挂靠教练不计成本低价招生。三是网络招生、自媒体招生等中介招生更加广泛，驾校经营主体利益被严重侵蚀。整体来看，驾培市场经营环境存在恶化趋势，"网络驾校卷款跑路、实体驾校破产倒闭"等情况时有发生，各地退费纠纷占投诉总量高达九成以上。因此，建立防止驾校或中介非法挪用学员学费的资金监管保障机制，或推行先培后付等模式，是行业规范管理的必然选择。

## （二）主要政策依据

主要依据有《中华人民共和国反不正当竞争法》《机动车驾驶员培训管理规定》《机动车驾驶培训教学与考试大纲》《关于推进机动车驾驶人培训考试制度改革意见》等法律法规和政策文件，也有部分省份或省会城市集中研究制定了本地的政策。

# 三　现状分析

## （一）各地情况梳理

目前，资金监管已成为行业稳定和健康发展的关键举措之一。但在具体的资金监管政策实施上，各省市呈现出一定的差异，但总体趋势是全国多点开花、模式多样发展，驾校学费第三方资金监管工作呈现逐步强化和完善的趋势。不同地区在全面实施时间节点、平台载体选择、监管比例、划拨方式以及联合实施等具体要求方面都有所不同。总的来说，目前全国各地在驾培行业资金监管方面都在积极探索和实践，部分地区实践情况见表1。图1是一个典型的包含资金监管功能的地区驾培公共服务平台架构。

表1　各地驾校学费第三方资金监管情况

| 地区（时间） | 平台载体 | 资金监管比例 | 划拨方式 | 要求 |
| --- | --- | --- | --- | --- |
| 广东深圳市（2017年8月） | 深圳驾培（i深圳） | 注册完25%＋科目一15%＋科目二30%＋科目三30% | 按学车科目考试进度划拨 | 属地39所驾校纳入监管 |
| 福建福州市（2020年12月） | 光大银行App | 按10%+3个30%的比例拨付至驾校 | 按学车进度分科目划拨 | 非唯一收费方式 |
| 广东韶关市（2021年7月） | 韶关驾培服务平台 | 部分学费托管 | 按学车进度分科目划拨 | 唯一学驾报名平台 |

续表

| 地区（时间） | 平台载体 | 资金监管比例 | 划拨方式 | 要求 |
|---|---|---|---|---|
| 浙江温州市（2021年8月） | 智慧驾校资金监管系统（宁波银行、农商银行） | 学费全额托管至第三方支付平台 | 科目二、科目三按学时结算，其他按阶段结算 | 以行业自律形式推进 |
| 广东广州市（2023年4月） | 穗学车 | 部分学费托管 | 按学车进度分科目划拨 | 唯一学驾报名平台 |
| 山东青岛市（2023年6月） | "青学驾"微信公众号 | 按照30%+70%的比例拨付至驾校 | 先培后付+计时实时培训时长"一日一结"方式 | 统一报名入口 |
| 海南海口市（2023年12月） | "海易办"报名学车 | 部分学费托管 | 按学车进度分科目划拨至驾校 | 通过海口驾培平台（试运营） |

从各地资金监管的实施情况中可以看出三个特征。

一是平台载体各有差异。有依托微信小程序开发的服务平台，有依托银行 App 接入报名入口的方式，有政府统一搭建官方报名渠道的方式，有依托支付宝接入报名入口的方式。

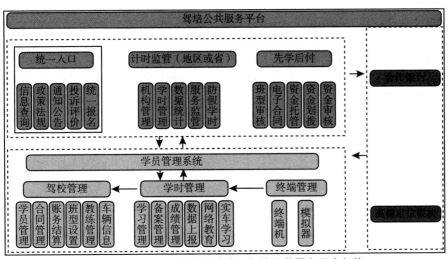

**图1 包含资金监管功能的地区驾培公共服务平台架构**
**（以阳光学车公共服务平台为例）**

二是监管比例各不相同。部分地区对驾培机构的学费资金实行全额监管，即学员缴纳的学费全部进入监管账户，由监管部门进行统一管理和划拨；部分

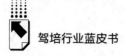

地区则采取部分监管的方式，如广东广州以 2000 元/人的标准实施资金监管，湖南长沙设置最低监管金额为 3000 元/人，而剩余部分则由驾培机构自行管理。另有部分地区，对达到一定招生规模的驾校实施资金监管，并根据质量信誉等级评定情况对监管份额实施梯度划分，如北京拟对招收学驾人数超过 100 人或累计预售资金金额超过 10 万元的驾校实施资金监管，同时根据质量信誉等级评定的不同动态调整监管比例，资金监管比例从 30% 到 100% 不等。

三是划拨方式略有差异。绝大多数地区资金划拨与学时监管挂钩，个别地区按照学员各科目考试完成情况划拨资金。与学时挂钩的学费划拨，须共享学时监管平台与资金监管系统数据，如广州佛山采取学时实时结算、学费当天划拨的方式；而采取依据考试完成情况划拨的地区，发起者多为非官方组织，更多发挥驾校自律作用。

### （二）各地实践探索情况

**1. 江苏省地区驾培学费先培后付实施情况**

江苏是驾培行业资金监管启动最早的地区，2013 年 6 月，苏州在全省率先推出以"先学后付、计时培训、学一次付一次、一对一培训"为核心的"智慧驾培"模式。2015 年，苏州"智慧驾培"经验和做法被推向全国，2016 年被江苏省运管局纳入年度重点工作，江苏连云港大力推广，智慧驾校增至 32 家，占驾校总数（共 50 家）的 64%。2017 年初，江苏推出培训资金托管服务新模式。2017 年 11 月，实现"计时培训、计时收费、先学后付"服务模式全覆盖，2017 年后陷入沉寂。

总体来看，江苏苏州、连云港推行"计时培训、计时收费，预约培训、培训满意后付费"，较早运用"淘宝式"学驾概念，利用互联网实现学驾流程的"网上预约安排，网下赴约训练"，是国内最早探索实践"先培后付"的城市。但这一政策的落地实施仅限于"先培后付"，并未做更深入的拓展开发。2022 年以后，江苏再次开启了以银行学费托管为主要形式的创新探索，如江苏银行推出的"驾校通"产品。

2022 年 3 月，江苏省南通市海门市交通运输局与江苏银行搭建驾培资金第三方托管平台，区域内 17 家驾校实行"先培训，后付费"。2023 年 5 月，江苏省扬州市在江苏省农村信用社联合社的协调和指导下，由扬州农商行承接了该区域的驾培资金第三方托管业务，项目名称为"E 驾金"，与此一致的还有江苏太仓市。从江苏省的实践探索来看，地方政府对驾培行业资金监管推行的力度并不大，多年来都由市场自律主体发起，省内各地市州推行情况也有差异。

**2. 湖北"武汉易学车"公共服务平台**

武汉市交通运输局、武汉市公安局交通管理局联合推出"武汉易学车"公共服务平台，为学员提供一网通择校报名、一站式签约缴费、一键式学时打卡、一体化服务点评等"一站式"服务。

该平台围绕择校报名、签约缴费、培训学习、评价反馈等报名学车环节，提供全流程功能服务。主要聚焦驾培行业信息不透明、诱导性收费多、培训退费难等突出问题，集成和规范招生业务办理，实行"五个统一"，即统一公开驾校信息，统一报名招生入口，统一服务合同范本，统一收费与退费规则，统一跨部门监管协同，实现学员择校报名、公安预录入建档、签订合同交费、学员注册培训和公安预约考试各环节全链条闭环管理，从而保障好合规驾校和学员的合法权益。

**3. 浙江嘉兴"学驾考一件事"服务平台**

嘉兴市公安局聚焦驾驶证培训、考试的群众需求、行业需求、部门需求，联合市交通运输局、市卫生健康委员会，在全省率先实施"学驾考一件事"集成改革，全面实施"九个一"改革举措（即"一照"通用、"一表"共享、"一键"择优、"一站"办理、"一户"监管、"一屏"服务、"一网"约车、"一指"评价、"一本"提优），将报名、学习、体检、考试、领证等全流程融合"一件事"，通过打造"学驾考一件事"App，无缝衔接学驾考各环节，涵盖报名学车、外地转入、咨询投诉、学车流程、练车陪练、附近驾校、变更驾校、附近体检点等功能。

**4. 山东日照驾培考一体化服务平台**

平台由日照市交通局会同市公安局车辆管理所、市场监督管理局、大数据局经多次论证、调研、测试、讨论和修改后搭建，集身份认证、报名、缴费、计时培训、学员评价、场所导航等功能于一体。

平台在驾驶培训计时系统、监管服务系统与驾考系统联网对接基础上，将公安交通管理综合应用平台，质量信誉考核暨星级驾校、星级教练员创建评价系统及统一用户管理和身份认证平台等进行了有效整合，并将整个系统进行了功能拓展，为市民新开辟了一条便捷学车助考之路，也为有关部门线

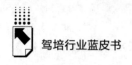

上监管、联合监管、精细化服务增加了一个有力工具，更对整个驾培行业的健康发展起到了促进作用。

经过 3 年的实践，平台共受理学员报名 10.36 万余人，完成先培后付结算资金 3.63 亿余元，拿证学员 6.6 万余人。科目二、科目三考试合格率分别提升 15 个、20 个百分点，学员满意度达到 99.5%。2014 年初"日照市驾培考一体化监管新模式"入选山东省交通运输厅"加强和规范交通运输事中事后监管三年行动（2021-2023）优秀案例"，这是该模式继荣获"山东省交通运输改革创新优秀案例（2022-2023）""2023 年度全省交通运输行业数据创新应用成果优秀场景"后的又一殊荣。

### （三）资金监管模式选取及演变

**1. 学费管理模式**

在驾校学员收费方面，主要存在以下几种混合方式。

（1）资金自营，即资金由驾培机构自收自管，由企业的财务内控管理制度进行自主监管。

（2）多方收费，教练员或网络招生平台收取学员学费主要部分，驾校收取管理费（俗称"挂靠服务费"），学员学费流向多个利益相关方。

（3）资金存管，学员学费全部寄存银行，银行按照相应的操作指令进行资金的划拨，驾培机构或第三方平台不能接触学费资金，从某种程度上来说对资金的监管程度是最高的，主要应用于先培训、后付费模式，即学员每完成 1 学时，银行根据计时系统指令将学费划转至驾培机构账户。

（4）银行或第三方托管，即学员将学费存至驾培机构在银行或者第三方支付机构开立的专用账户，学费转入后由银行或第三方管控，学费资金和驾培机构自有资金分开独立。驾培机构无法直接接触资金，防止了学费资金被挪用，但第三方机构并无义务监督资金流向，驾培机构完全可以随时提取。目前计时培训大部分都采取由银行存管资金的模式。

**2. 模式演变**

根据驾校学费第三方资金监管模式功能发展的程度来划分，驾培行业资金监管先后出现多种模式。

一是以驾培协会为主导的单一学费托管模式，即由行业主管部门支持、由协会具体搭建的银行资金账户，统一收取和划转学费以实现先培后付要求，如 2013 年江苏苏州推出的智慧驾培、2015 年江苏连云港推出的掌上驾培、2017 年深圳推出"淘宝式"深圳驾培服务平台。

二是以交通运输主管部门为主导的学费存管和托管模式，即学费划拨与计时挂钩，"先培后付+计时支付"，以减少退费纠纷与防止驾校跑路，如由广东省广州市交通运输部门指导、广州市机动车驾驶培训行业协会与广州市公共交通数据管理中心有限公司联合发起建立的"穗学车"驾培服务平台。

三是以政府多部门联合推出的学驾公共服务平台，为学员提供择校报名、签约缴费、资金监管、学时打卡、服务点评、联合监管等综合服务，采取这类做法的代表有山东日照，浙江杭州、嘉兴，湖北武汉，可以打破多部门数据壁垒，构建线上线下全链条、一站式的学驾服务体系。总体来看，这种模式更具成熟性。

## （四）资金监管的主要做法

### 1. 完善监管系统

驾校学费第三方资金监管是驾培监管体系的一环，通过分析其改革的历程和主要内容，核心操作需注意以下四项内容。

一是严格计时管理。驾培改革后，计时系统和第三方托管银行的托管系统进行无缝对接，严格管理、上传、核对学员学时。学员上课需要先读取计时培训卡，计时系统将培训学时传送给托管系统，托管系统按照学时培训情况分阶段对驾校和教练员费用分别结算。

二是建立审核机制。计时系统和托管系统无缝对接后，行业主管部门、行业协会、第三方托管银行以及计时培训系统运营商共同确定学员培训费用结算方式为分阶段、按比例结算。在费用结算前，设置学员认可评价和属地道路运输机构审核两个前置程序，有效实现了第三方平台、行业主管部门、学员全方位参与和监督。

三是强化理论教育。在推行驾培行业收费制度改革中，主管部门探索对理论培训环节进行了深化改革，让驾培向"高质量"发展延伸。比如，在推行监管的同时交通部门要求所有驾校开设科目一理论教学课堂，并邀请专业讲师现场授课，全程摄像监管。又如，一些地区行业主管部门大力推进各驾培机构的理论教学工作，报名驾考的新学员必须通过专业理论培训才能进行注册，鼓励采取集中理论教学模式，做到高质量教学，从源头提高驾驶人文明安全驾驶素质。

四是创新监管模式。驾培改革牵涉面广，需与公安等部门联动配合、跨

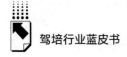
越部门界限，做到工作紧密配合、职能相互延伸，打造行业监管无缝对接模式，定期对行业出现的新问题、新情况进行通报交流，研究制定解决方法，联合查处驾培机构违规经营行为，联手整治行业乱象，为驾培管理改革顺利实施打下坚实基础。

2. 规范操作过程

驾培机构按照教学培训大纲基本学时要求核定培训费用，具体收费标准根据各驾培机构服务能力和服务水平等因素自主确定并公示报备；学员将《培训合同》中约定的培训总费用一次性汇入指定的托管银行专用资金账户；驾培机构根据《培训合同》编制教学计划，安排学员计时培训；完成科目一培训后按照合同约定拨付第一阶段费用。关于第二阶段费用，三方可做以下约定。

（1）计时计程收费。学员科目一基本学时培训完毕后且在 12 小时内未提出异议的，托管银行根据计时培训系统反馈信息，将合同约定的第一笔培训费用拨付至履行培训义务的驾培机构账户。驾培机构根据教学计划安排学员进入科目二、科目三培训。培训学时完成后，托管银行分阶段分科目将培训费用拨付至驾培机构账户。

学员由于自身原因长时间未按教学计划参加培训的，驾培机构凭教学计划安排和双方沟通记录，可申请先行拨付已完成培训学时的培训费用；学员完成基本学时后可自主选择增加培训学时，与驾培机构签订合同补充条款，所产生的培训费用参照具体条款办理；驾培机构已实行分阶段分科目收费的，学员培训费同样纳入第三方资金托管账户管理。

（2）分阶段、分科目收费。以某一科目基本学时为核算标准收取，学员当前科目培训结束后向托管银行汇入下一阶段培训费，以便继续培训。驾培机构与分阶段付费学员签订的分期付款合同须经市道路运输管理处备案，市道路运输管理处随时抽查和回访相关学员，及时查处变相截留培训费用行为。

# 四　利弊分析

从行业管理、驾校和教练员、学员等多个主体的不同视角来看，实施驾校学费第三方资金监管虽然存在一些弊端，但其带来的好处也是显而易见的。

## （一）资金监管带来的好处

一是资金安全性增强，资金监管可以有效防止学费被挪用或滥用。由于学费直接存入受监管的账户，且使用前需经过严格的审核程序，因此能够大大降低资金风险，保障学员和驾校的合法权益。二是提升学员信任度，合同更加规范，电子化网签，学费的收取、使用和结余情况都变得更加透明。这不仅有助于增强学员对驾校的信任度，消除学员对学费安全的担忧，也有利于驾校自身的规范管理和长远发展，提升驾校的品牌形象。三是促进行业规范化，实施资金监管有助于推动整个驾培行业的规范化发展。通过统一的监管标准和流程，可以促使驾校提高服务质量、加强内部管理，并减少行业内的乱象和不正当竞争行为。四是促进驾校财务规范管理，资金监管要求驾校建立更加规范和透明的财务管理体系。这不仅有助于降低财务风险，还能够提高驾校的运营效率和管理水平。通过规范的财务管理，驾校可以更好地掌握自身的财务状况，为未来的发展奠定坚实基础。

## （二）资金监管带来的弊端

一是运营灵活性受限，引入第三方资金监管后，学费的收取和使用需要经过额外的审核和确认流程。这可能导致资金不能即时到账，影响驾校的资金周转效率，特别是在学员数量众多、学费流动频繁的情况下，这种影响可能更为显著。

二是管理成本增加，第三方监管服务通常需要支付一定的费用，包括开户费、交易手续费、年费等。同时，驾校为了符合资金监管要求，需要建立更为严格的财务管理体系，还可能需要进行额外的审计和报告工作。这些额外费用会增加驾校的运营成本，对于规模较小或利润微薄的驾校而言，可能构成一定的负担。

三是操作复杂性提升，驾校一方面面临技术整合挑战，需要与外部系统进行技术对接和数据共享，这可能会带来技术整合上的挑战，尤其是在驾校自身信息化水平不高或资源有限的情况下，技术难题可能会成为实施过程中的一大障碍。另一方面，与直接管理学费相比，第三方资金监管后会涉及更多的操作步骤和沟通环节，驾校财务人员需要熟悉新的操作流程，并与第三方机构保持良好的沟通协作，以确保学费的正确流转和及时使用。

四是学员的其他顾虑，如退费流程烦琐，需要经过更多的审核和确认步骤，可能会延长退费的时间，或额外支付手续费用，与第三方信息沟通不畅影响学员学车进度，比如无法及时预约教练或参加考试等。

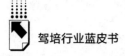

综上所述，驾校学费第三方资金监管虽然在一定程度上增加了驾校的管理成本和操作复杂性，但其带来的资金安全性、透明度和信誉度提升等好处也是显而易见的。驾校在实施这一制度时，通常会充分考虑自身实际情况和需求，权衡利弊，如若不能充分化解驾校、学员的顾虑，驾校学费第三方资金监管工作的推行必然受到阻碍。

# 五 存在的问题

## （一）部门权责有待进一步明确

2022 年 11 月 1 日，交通运输部印发《机动车驾驶员培训管理规定》（交通运输部令 2022 年第 32 号），将机动车驾培机构由许可改为备案制。行业主管部门未能及时转变监管理念，配套建立系统的监管机制，造成机制缺失。交通运输系统相继进行事业单位改革和综合执法改革，各地改革进度不一，部分省市监管职权不清晰，部门推诿，造成监管主体缺失，加上因改革限制的人员变动，监管队伍建设不足。

## （二）市场秩序混乱影响政策推广

目前，学驾需求逐渐收窄并趋于平稳，驾培市场供需关系由过去供不应求转变为供大于求，驾培行业产能利用率逐步下降。由市场供需失衡导致的价格战、"买卖学员"、学时造假等行为严重扰乱市场秩序，驾校盈利能力大幅降低。学费资金监管是学费资金沉淀的过程，现行经济条件下，减少了驾校的流动资金，增加驾校投入成本，为此，驾培市场主体对资金监管愿望不强，甚至抵触。

## （三）缺乏相应的配套监管措施

在市场压缩、管理体制改革的背景下，机动车驾考和培训目前处于分离状态，驾考报名不需要取得相应科目的培训证明，部分驾培机构和教练员为了追求利益，不按规定使用计时培训系统或存在疑似学时造假；部分教练员不按照培训大纲进行计时培训或缩短教学学时；有效的学费资金监管操作流程缺失。

同时，驾培行业监管涉及市场监督管理部门、公安交管部门及交通运输部门，又没有明确的退出机制，对部分严重违法违规驾培机构无法完成闭环管理。在如何形成有效的"共治共管"机制上，还缺少及时有效的沟通机制，部分地区因缺少有关部门的支持和配合，无法对学费资金使用情况进行有效的监管。

### （四）数据共享、部门联动力度不足

2015 年以来，部分省市开始推广应用计时收费系统，对培训过程进行动态监管。但是，由于同部门内系统、跨部门系统之间信息不联通，培训、考试各环节之间的信息无法共享，形成了信息孤岛，导致数字监管的作用未能有效发挥。驾培行业资金监管推行至今，只有山东日照等极少地区进行了多部门统筹监管。

## 六  典型案例

### （一）青岛市驾校学费第三方资金监管实践情况

青岛市共有驾校 140 所，训练场地近 500 处，质量信誉考核点位多、任务重、专业性强，为进一步做好考核工作，青岛市交通运输局、青岛市运输事业发展中心创新考核机制，引入第三方社会机构共同实施考核，取得良好成效。主要做法如下。

1. 招标选取第三方，提升考核力度

通过公开招标选定有资质的第三方机构，确保考核专业性、独立性、公正性，增添考核有生力量。

2. 完善考核标准，提升考核深度

行业主管部门根据相关法规标准及行业实际制定详细完备的考核标准，实现对驾校横向到边、纵向到底、不留死角的全方位考核。

3. 强化相互监督，增强考核公信力

行业主管与第三方机构共同实施考核，过程中相互监督考核行为，将"严"和"廉"贯穿考核工作始终，增强了考核透明度和客观性，提高了考核公信力，赢得驾校的赞许和社会对考核结果的信任。

4. 引入专业测绘，摸清行业"家底"

由第三方聘请专业公司对训练场面积进行测绘，掌握最准确的训练场面

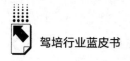

积数据，有效摸清了行业"家底"，为下步相关工作提供有力支持。

5.考核结果把关，提升考核精度

考核结束后行业主管部门对每家驾校的考核结果对照考核原始记录进行复核，查缺补漏、订正偏差，保障了考核结果的精准、有效。

6.强化结果运用，提升考核效能

最终考核结果通过行业主管部门官方网站、社会媒体等将向社会公布，并纳入青岛市"先培后付"一体化平台"信用评价指标体系"，建立驾校排名，方便学员比选驾校，倒逼驾校重视考核、主动完善自身，促进了行业规范发展。

青岛市实行"先培后付"模式以来，累计为90000余名学员培训保驾护航，学员与驾校100%签订全市统一的培训合同，消费明细清晰可查，学费安全有保障，学员培训消费的话语权有效增强，退费类纠纷投诉同比降低95%以上。全市驾校在同一平台公开竞争、阳光运行，培训收费回归透明，恶意竞争、乱收费、退费难、"倒买倒卖学员"、中介骗取学费等问题得到有效整治，驾校内部管理进一步增强，诚信经营、优质服务、高效培训的经营理念逐步养成，行业发展更加规范有序。

## （二）柳州市驾校学费第三方资金监管实践情况

柳州市是广西第一大工业城市，人口总数400多万，排名广西第三。目前，全市共52家驾培机构。"许可事项"变为"备案事项"后，柳州市驾培市场跟随市场潮流，驾校市场乱象丛生，各驾校为抢占生源，资本逐利，规避计时，逃避监管，普遍存在以考代训现象。

### 1.资金监管实施背景

2023年9月以来，柳州市驾培行业投诉420多件，其中80%以上涉及培训费用纠纷，问题集中在驾校不予以退费、退费金额达不到市民诉求（主要因为学员交费时部分费用为教练个人或第三方报名点收取，在退费时此部分费用无法退还）、退费时间长等。投诉争议的原因，主要是因为各驾校均未与学员签订培训合同，学员学车基本不到驾校报名，而是直接向外面中介或教练员报名交费，甚至有的直接在抖音等平台联系报名，然后中介再交一部分费用到驾校受理培训，绝大部分费用还在中介或教练员手上，导致学员申请退费时出现推诿、拖延。加上驾校未按要求启用计时培训，退费标准由驾校自由裁定，学员的合法权益难以得到维护。

### 2. 资金监管实施目的

为了规范驾培市场、维护市场秩序及行业形象，广西交通运输主管部门研究部署，参照湖北、云南、浙江、广东等地做法。通过考察学习，认识到规范计时培训、制定统一示范合同、建立统一服务及监管系统及驾培学费资金监管制度，能够规范驾校及学员的权利和义务，倒逼驾校改善经营与服务，有效治理驾培市场混乱，促进驾培机构的培训质量与服务质量进一步提高。

### 3. 资金监管具体做法

为此，广西积极探索以政府多部门联合推出的学驾公共服务平台模式，发展行业资金监管。广西在柳州市建立先行先试创新示范工作试点，开创"技术+市场+行政"三位一体的行业共治创新模式，依托"广西驾驶培训监管服务平台"及"广西驾培公共服务平台"，实现统一报名、统一签署示范合同、统一资金监管，统一使用计时培训，学员全覆盖、流程全覆盖。

驾校自愿申请联网"广西驾培公共服务平台"，并按照要求开设银行监管账号，学员学费一次性转入监管账号。目前，柳州市对培训学费资金监管，使用的是中国建设银行惠市宝+一户通+监管易产品（产品费用减免），主要功能如下。(1) 统一收款。依托建设银行为市场方提供多渠道、多方式的线上、线下收款方式。(2) 资金管理。提供资金定向收付服务，满足资金封闭运行，任何一方无法违规挪用待分账资金。(3) 自动分账。结算周期为 T+1 天。(4) 对账管理。为分账方提供订单明细、收款明细及分账明细等查询功能，确保账务记载的及时性、正确性和完整性。(5) 监管交易。对被监管账户资金收付、资金留存等目标管控，学员通过"广西驾培公共服务平台"进行驾校及教练员选择，实现报名、电子合同签订、缴费、学时登记、预约考试、查询、评价等。广西驾驶培训监管服务平台核定学时后，分阶段分科目，经学员确认后，解冻该阶段学费。

目前，广西驾驶培训监管服务平台与互联网交通安全综合服务管理平台已实现省级联网对接，共享预约考试学时，只有相应科目的有效培训学时达到约考标准的，学员才可进行约考。结合目前柳州市考生情况、驾校计时系统安装使用情况等，现行的要求是驾培学员有效学时达到40%及以上即可约考，剩余学时由学员在等待约考的时间继续完成学习。加上资金监管模式配套，这将极大地促进实现驾培过程透明、资金监管规范、市场主体权利义务明晰，有利于压实驾校主体责任，加强服务质量提升，防范化解学费费用纠纷及有关争议，降低投诉率。

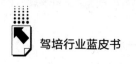

# 七　未来展望

随着驾培行业的不断发展与规范化，驾校学费资金监管的重要性日益凸显。行业发展呈现以下特点。

一是行业整合与集中化。在激烈的市场竞争和政策引导下，招生少、不规范的驾校将逐渐被淘汰，行业将趋向整合和集中化，形成一批规模化、品牌化的规范驾校。这些规范驾校更加注重资金监管，以保障学员权益和企业长久发展。同时，会有更多的地区行业管理部门采取资金监管这一治理手段，促进行业健康可持续发展。

二是政策更加严格与完善。政府对于社会信用体系建设，特别是驾培行业这类预付费服务模式的行业监管政策将越发严格。特别是针对学费资金的监管，预计会出台更为完善的资金监管制度和法规，明确各方责任，加大违规处罚力度，以确保学员学费资金的安全。

三是新技术应用助力资金监管。随着互联网、大数据、人工智能等技术的发展和应用，驾培行业的资金监管将更加智能化、透明化。例如，通过区块链技术实现学费资金的可溯源和不可篡改，确保资金使用的真实性和合规性；利用大数据分析对驾校的资金流动进行实时监测和预警，及时发现异常行为，查错纠偏，正本清源。

总之，从全国范围来看，资金监管的形式各地有所不同，没有一成不变的模式。各地应根据自身实际情况，采取不同的方案措施，组建专业的运营团队，对实施过程中出现的问题及时调整解决，系统及时迭代升级，才能保证一种模式的稳定健康发展。

本文作者为李治宏、陆海漫、游春霞、董强。李治宏，成都市交通运输综合行政执法总队四级主办；陆海漫，广西道路运输发展中心科技信息科科长；游春霞，广西道路运输发展中心职业技能科副科长；董强，四川省道路运输协会副会长、驾培驾考分会会长、四川省长征驾校董事长。

# B.5
# 区域驾培行业综合监管治理经验

——以临沂为例

**摘　要：**　两年来，临沂市有效采取"事前风险提醒""事中事后监管""两个标准""四个基础""计时培训""先培后付""智慧管理服务平台"等措施，使得培训质量提高，教练员服务水平提高，学员学车满意度提高，驾培机构收入稳定，社会治理稳定，区域驾培市场正在步入高质量发展、规范发展、内涵发展的良性竞争新局面，解决了长期以来困扰驾培行业的痼疾与难题，为新时代区域驾培行业综合监管治理提供了样板与参考。

**关键词：**　驾培行业　驾培市场　先培后付　智慧管理服务平台　临沂

2022年5月20日，交通运输部、山东省政府联合印发《关于贯彻落实习近平总书记"三个走在前"重要指示精神加快建设交通强国山东示范区的实施意见》，山东成为全国首个部省共建交通强国省域示范区。山东省交通运输厅计划以示范区建设为引领，以互联互通、创新驱动、转型发展为方向，推动交通基础设施大建设、交通运输服务能力大提升、交通运输事业大发展。

临沂市以交通强国山东示范区建设为契机，积极加入了第一批试点任务申报，2023年3月25日，临沂市交通运输局申报的"蒙阴县汽车驾驶培训智慧管理服务平台试点"正式列入"交通强国山东示范区第一批试点任务"名单。

在完成试点任务过程中，临沂市交通局积极探索、实践，创新和优化教练员考核评价方式，坚持师德师风是第一标准、学员满意度是主要标准"两个标准"，抓好教练员岗前培训、教练员再教育、规范教练员行为、畅通评价渠道"四个基础"，发挥教练员考核评价的导向功能和引领作用，以教练员智慧评价促进教学质量提升，推动驾校规范发展、内涵发展、高质量发展。

同时，试点积极探索"计时培训，先培后付"，作为改变驾驶培训机构一次

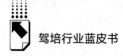

性预收全部培训费用模式的措施。早在 2016 年，交通运输部、公安部联合印发《关于做好机动车驾驶人培训考试制度改革工作的通知》，要求驾培机构改变一次性预收费模式，实行计时培训计时收费、先培训后付费，并提供现金、银行卡和网上支付等多种支付方式，供学员自主选择。2022 年交通运输部修订颁布的《机动车驾驶员培训管理规定》，再次明确机动车驾驶员培训实行学时制，鼓励机动车驾驶员培训机构提供计时培训计时收费、先培训后付费服务模式。

临沂扎实推进"两个标准""四个基础""计时培训""先培后付""智慧管理服务平台"等举措，使得培训质量提高，教练员服务水平提高，学员学车满意度提高，驾培机构收入稳定，社会治理稳定，区域驾培市场正在步入良性竞争、高质量发展的新局面。

# 一 临沂市驾培行业市场现状

截至 2023 年底，全市共有驾校 106 家（含摩托车驾校），其中一级驾校 10 家，二级驾校 13 家，三级驾校 83 家；在用教练车 5545 辆，在职教练员 5464 人，在用培训教练场地 164 处、面积 523.66 万平方米，培训车型涵盖大型客车（A1）、牵引车（A2）、城市公交车（A3）、中型客车（B1）、大型货车（B2）、小型汽车（C1）、小型自动挡汽车（C2）、残疾人专用小型自动挡汽车（C5）、小型牵引挂车（C6）、摩托车（D、E、F）。当前行业主要有以下特点。

## （一）驾校数量爆炸式增长，培训能力过剩

2005 年以前，全市多年保持 7 所驾校未变；2005 年交通运输部门履行驾校行业管理职责后，在省厅驾校许可发展规划指导下，至 2016 年底全市驾校 52 所；2016 年取消规划、市场全面放开后，2021 年驾校许可改成备案制，准入门槛进一步降低。截至 2023 年，全市驾校增至 106 所，年培训能力达到 33 万人，培训能力明显过剩。

## （二）学驾刚性需求呈下降趋势，生源明显不足

近几年，全市经培训考取驾驶证人数分别为：2018 年 28 万人，2019 年 26 万人，2020 年 24.9 万人，2021 年 23 万人，2022 年 19.3 万人，2023 年 19.8 万人。从系统数据看，全市学驾需求比较稳定，但有逐年下降的趋势；学员年龄主要为 18~20 岁，生源主要是适龄人员。与培训能力相比，生源明显不足。

## （三）投资人面临资金回流压力，降价促销常见

吸引投资人开办驾校的重要因素是驾校投资少、见效快，通过"预付费"模式可以及时获得现金流。随着市场竞争加剧，招生数量减少，加之疫情影响，驾校面临生存压力。大多数驾校投资人将学员的预付培训费用当作盈利收入，进行挪用消费、挪用投资，且依靠低价大量招收学员勉力维持，极易产生资金链断裂、行业不稳定的巨大风险。

## （四）教练员入职门槛降低，缺少行业标准

2016年，教练员从业资格证取消，2020年教练员职业资格取消，实行社会化职业技能等级认定。教练证取消降低了教练员入职门槛，大量未经培训甚至刚刚考取驾照的驾驶员成为教练员，给驾培行业带来极大的安全隐患。低素质的教练员在培训中对学员不负责任，采取不正当手段带教学员，造成学员权益受损，驾培市场秩序混乱。

## （五）驾校监管机制不完善，低价招生扰乱市场

随着"放管服"改革不断深化，市场准入不断放开，驾校准入门槛降低，但退出机制并不完善，部分驾校即使经营不善，但因拥有存量学员，行业管理部门短时间内无法采取有效措施要求其退出市场。有的驾校越是难以为继、濒临倒闭，越是降价招生。尤其是采取承包经营方式的驾校，对教练员缺乏管理，个别教练员以超低价招生、后期多次乱收费等手段扰乱了市场秩序。

## 二 临沂市驾培行业存在的监管问题

驾驶培训关系千家万户，是守住道路安全底线的基石。保持驾培行业全面和谐发展是公众的需要，更是交通强国建设的重要基础。临沂市驾校数量多、体量大、资产重，属于劳动密集型教育服务行业。2023年，试点推进调研组深入兰山区、蒙阴县、沂水县、沂南县等县区的交运驾校、石化驾校、乐御驾校、铭泽驾校、顺安驾校等开展实地调研，召开驾校负责人座谈会，了解驾校当前经营发展状况，倾听企业存在的困难和问题。根据调研情况研

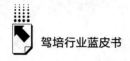

判，临沂市驾培行业存在供求失衡、恶性竞争等突出问题，主要表现为以下几个方面。

### （一）恶性竞争加剧市场秩序滑坡

随着驾校数量激增，临沂市驾培市场趋于饱和、产能过剩，一些驾校采取恶意降价等手段招生，严重扰乱市场秩序。例如，2022年9月进入招生淡季后，价格一再突破底线，"没有最低只有更低"，培训费达到1490元，有的品牌驾校也陷入价格泥潭。

低价招生造成驾校自身负债经营，影响企业健康发展，破坏驾培市场的社会信誉，驾校间产生恶性竞争。个别教练员额外收取培训费用，使用非法手段伪造培训学时，损害学员利益，造成市场混乱。最终结果是驾校入不敷出、学员退学退费困难，一些驾校最终只能选择关门倒闭，学员后续培训无法解决。2022年底，罗庄铭瑞驾校因经营不善停止经营，拖欠员工薪资，学员退学退费难，近600名学员无法继续培训。

### （二）学员合法权益无法切实保障

经过对2022年1~7月"12345"政务服务热线数据的分析，其中涉及驾培行业的共有927条热线工单，其中涉及退学退费工单636件，占比68.61%，表明学员退学退费难成为行业投诉的热点、难点。

据调研，全市各县区培训成本不一，普通班型均在2700元之上，学员培训过程花销基本都在4000元以上，学员培训一般需要1~3个月，最长培训期限可达3年。低价招生的驾校或教练员在培训过程中以"空调费""包过费""模拟培训费"等名目，变相额外收取费用，甚至采取不法手段蓄意制造虚假学时，减少学员培训时间，侵害学员合法权益，扰乱市场秩序，影响市场公平有序发展。

### （三）教练员管理缺乏行之有效的手段

自从教练员从业资格证与职业资格先后取消后，多数教练员脱离了主管部门和企业主体的管理，教练员管理规章制度不清晰，教练员行为准则不明确。

驾校重招生、重考试、轻服务、轻培训，把教练员招生人数作为考核教练员的标准，在很大程度上误导了教练员的执教理念，忽视了教练员队伍素质，导致教练员的职业道德感不强、教学行为不规范，驾校失去了对教练员的把控，教练员频繁跳槽，驾校管理者与教练员权责本末倒置。

# 三 解决驾培行业问题的具体举措

通过对当前临沂驾培行业存在具体问题的深入分析，为了解决行业管理中的顽瘴痼疾，临沂市交通运输局在创建交通强国山东示范区试点前后，通过联合建立风险预警机制，强化驾培全过程监管，加强教练员全流程管理，提高驾校规范化水平，推动"计时培训、先培后付"服务模式改革，提高了驾驶培训服务质量，营造了驾培行业良性经营秩序，维护了驾培市场公平稳定高质量发展。

## （一）强化"事前"风险提醒，建立行业预警机制

2022年、2023年，临沂市交通运输局依托"临沂道路运输"微信公众号和行政审批服务窗口公开了《临沂市机动车驾驶培训行业发展现状明白纸》，向社会通报了全市机动车驾驶培训行业发展现状，积极引导社会资金理性进入驾培市场。为进一步建立风险预警机制，还修订《临沂市机动车驾驶培训行业发展现状明白纸》，拟定投资风险告知书模板，主动对接行政审批服务部门，进行公开提醒，方便拟申请机动车驾驶培训机构的企业和个人了解驾培行业现状，科学做出投资决策。

## （二）加强部门沟通协调，强化"事中事后"监管

按照要求，学员需完成教学大纲规定的学时培训再参加考试，这是维护学员合法权益、提高学员驾驶技能、夯实交通安全基础的重要途径。要管理好学时，必须进行部门协调对接，规范事中事后监管。

### 1. 主动协调完成学时对接工作

按照省交通运输厅、省公安厅要求，临沂市交通运输局联合公安车管部门，于2021年9月1日至2023年1月1日分步骤完成培训学时与考试闸机系统对接、"驾培平台"与"预约考试平台"联网对接，平稳实现培训与考试的有效衔接。自学时对接以来，严格落实计时培训，强化培训过程监管，规范培训市场秩序，提升了培训质量，提高了考试合格率，成效显著。

### 2. 规范驾校"事中事后"监管业务流程

规范驾校备案和驾校规模、教练车辆、培训资质备案变更后的"事中事后"监管，协调公安交警部门完善工作流程。每月印发《驾校培训能力》表

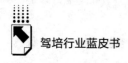

格，抄送至公安交警部门，对接培训能力与考试受理人数；每月依托"临沂驾培"微信公众号公示公安交警部门抄送的驾校培训合格率；根据驾校规模、教练车辆、培训资质等在审批服务局备案变更情况，将培训能力变更函抄送至公安交警部门，完善驾校培训资质与车辆挂牌工作的衔接，为驾校提供便捷的服务指导，建立协同高效的工作机制。

## （三）注重培训服务过程，提高驾驶培训质量

为持续巩固学时对接成果，临沂市交通运输局联合公安车管部门加强学时培训全过程监管，压实驾校规范学时培训主体责任。

### 1. 建立违规培训责任追究机制

持续开展计时培训学时数据抽查，定期通报异常学时数据抽查情况，对伪造学时等违法违规行为依据法定职责进行联合惩戒，交通运输主管部门责令进行停业整顿，公安车管部门停止报名受理，对涉嫌破坏计算机信息系统犯罪线索移交公安网监部门。自2021年12月以来，共印发12期通报，通报教练员344人、教练车342台，提高了学时培训质量，提升了考试合格率。

### 2. 发挥行业内部互相监督作用

建立学时打假举报机制，在教练车、训练场、理论教室、报名大厅等场所张贴"培训学时违规举报二维码"，动员教练员互相监督，向学员等有关人员宣传积极参与，对培训中发现的伪造学时、不规范培训等违规违法行为进行举报投诉，经查证核实的举报信息，由各县区主动认领、严肃处理，逐步构建真诚教学、真实计时、真心服务的学车环境。

### 3. 运用电子化手段规范培训行为

顺利启用科目二训练场地和科目三道路训练路线电子围栏，协调公安交警部门理顺实际道路训练路线，对群众反响强烈、易造成拥堵的路段进行进一步梳理并重新划定。全市共启用科目二场地训练电子围栏164处、科目三道路训练电子围栏1773条。通过启用场地和线路电子围栏，规范了驾驶培训行为，杜绝了超范围非法培训行为。

## （四）发挥行业自律作用，构建驾驶培训质量信誉考评体系

根据调研，投诉比较集中的问题是教练员难管理、从业门槛低等问题，这也是行业管理中存在的难点、焦点问题。通过梳理"12345"投诉工单可以发

现，学员退学退费问题占比达到 68% 左右。深入分析之后得知，问题产生的根源来自驾校对教练员管理的不到位和教练员整体素质低、培训服务质量差、私自降价招生、私下收取不正当费用，直接增加学员退学退费投诉的比例，降低了学员满意度。为此，临沂市交通运输局抓住"驾校和教练员规范管理"这个关键点，找到了解决热点问题、有效化解群众诉求、提高群众满意度的根本途径。

1. 加强教练员全流程管理，提升教练员执教服务能力

为解决教练员管理松散问题、提高教练员综合素质、提升驾驶培训质量，临沂市交通运输局制定《临沂市机动车驾驶教练员教学质量信誉考核方案》，以自律公约形式建立教练员记分管理制度，构建教练员聘用、教育培训、质量教学和行为规范的全流程管理体系，依托驾培公共服务平台，建立健全教练员电子档案，实行一人一档信息化、规范化动态管理。

临沂市交通运输局印发《关于规范全市驾校教练员聘用工作流程的通知》，细化教练员聘用流程，量化教练员聘用标准，通过理论知识、教学能力和驾驶技能考核，择优选用驾驶技能娴熟、教学能力强、安全文明素质高的驾驶员担任教练员。压实驾校开展教练员岗前培训和再教育培训的主体责任，驾校对拟入职教练员开展公共课目、专项课目培训，培训合格后教练员获得驾校聘用资格；开展年度教练员再教育培训，考试成绩计入教练员教学质量信誉考核，提高了教练员职业素养和执教水平。

2. 开展学员满意度评价，引导学员主动参与对驾校监督

临沂市交通运输局制定《机动车驾驶培训学员满意度评价方案》，强化学员满意度主要评价指标的重要性。学员在各科目培训完成后或在完成培训结业后，可以通过手机端小程序，匿名对驾校教学服务质量、教学环境、教学方式和执教教练员教学服务水平进行评价，评价结果计入质量信誉考核成绩。行业管理部门根据学员对教练员和驾校的真实评价结果，定期发布驾校满意度排行榜和教练员满意度排行榜，让排行榜成为学员自主选择驾校、选择教练员的依据。通过学员满意度评价有效引导教练员在教学过程中规范培训，逐步增强教练员责任意识、提高培训质量、规范经营行为，有力提升行业服务水平。

3. 探索驾培质量信誉考评体系建设，建立行业风向标制度

根据交通运输部《机动车驾驶培训管理规定》和山东省交通运输厅、公安厅《关于机动车驾驶培训高质量发展工作通知》要求，探索制定《机动车驾驶员培训机构质量信誉考评方案》，构建涵盖综合行业监管、驾校业务条件

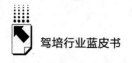

与经营管理、安全生产、教练员管理、学员满意度评价等考评指标的驾培机构综合考评体系，推动行业信用体系建设。

加强事中事后监管，压实驾校企业主体责任，督促驾校提高管理服务水平，重视教练员职业素质提升，筑牢交通运输安全基石。强化结果运用，通过季度考评和年度考评，定期向社会公示考评结果，形成全市驾培行业风向标导向，引导学员择优选择驾校。同时结合分类分级监管要求，按照驾校考评等级，对驾校开展差异化监督管理，保障驾培行业稳定、公平、健康发展。

## （五）探索驾培服务新模式，促进驾培行业平稳持续发展

为重点解决驾培市场恶性竞争、学员退学退费难等问题，保障学员合法权益、促进市场规范化发展，遵循"成熟一个县区启动一个县区"的原则，多维度平稳推动"计时培训、先培后付"模式改革。

### 1.试点先行，创新开展驾培行业管理新模式

2022 年，蒙阴县县域内驾驶培训价格低至 1600 元左右，驾校之间采取恶性降价等手段招生，一些教练员以各种名目收取额外培训费用，培训质量大幅降低，学员退学退费现象严重，学员投诉大幅增加，驾校经营一度低迷，市场秩序被严重扰乱。

为解决上述问题，蒙阴县交通运输局创新思路、顶住压力，在驾校共同参与的前提下，创新打造"智慧驾培模式"，开展"计时培训、先培后付"探索，对学员预付培训费用实行第三方监管。坚持培训费用专用于学员培训，明确培训费用监管和拨付比例节点，实行"一费制"承诺，坚决杜绝教练员乱收费行为，理顺学员退学退费流程，确保学员在培训的合法权益。试点运行后，从根本上解决了教练员管理混乱、驾校培训质量差、计时培训不规范、学员权益受损、驾培市场恶性竞争等问题，蒙阴智慧驾培纳入交通强国山东示范区试点项目，成为区域驾培市场高质量发展的标杆。

### 2.积极作为，引导推进"先培后付"模式改革

在蒙阴县试点示范作用下，沂水县、费县、临沭县、郯城县、沂南县陆续创新探索区域内"计时培训、先培后付"服务管理模式，为临沂市全面推行驾培行业管理服务新模式改革积累了有效经验。

为引导全市驾培行业良性健康、公平公正发展，临沂市交通运输局联合市发改委、市场监管局、中国人民银行临沂市中心支行印发《关于推动临

沂市机动车驾驶培训"先培后付"模式改革的指导意见》，深入探索"先培后付"培训服务模式，依托临沂驾培公共服务平台优化再造驾培流程，健全预付培训费用监管机制，强化培训服务协议作用，引导学员理性选择驾校，增强风险防范意识，强化部门联动，维护机动车驾驶培训行业平稳有序发展。

3. 协同发展，引导市区推行联合监管机制

为引导市区驾培机构规范经营，2023 年印发《市辖区机动车驾驶员培训行业高质量发展联合监管机制》，建立市局运输管理科统筹指导，市道路运输服务中心研究制定政策措施，市交通运输执法支队提供执法保障，各区交通运输分局具体实施引导，采取协同联动、统一高效的联合监管措施，建立健全机动车驾驶员培训高质量发展长效机制。明确市辖区范围内跨区训练场地安全监管、学员跨区跨驾校投诉、驾校跨区开展实际道路培训等问题的管理职责，联合推动驾培机构"先培后付"模式改革，加强学员预付培训费用管理，协调解决市辖区驾驶培训市场秩序不规范等重点难点问题，维护市辖区驾培市场发展秩序。

# 四 教练员智慧评价体系的构建

临沂市积极探索实践、创新优化教练员考核评价，坚持师德师风第一标准、学员满意度主要标准"两个标准"，抓好教练员岗前培训、教练员再教育、规范教练员行为、畅通评价渠道"四个基础"，发挥教练员考核评价导向功能和引领作用，以教练员智慧评价促进教学质量提升，打造一支责任意识强、培训质量高、经营行为好的高素质教练员队伍，不断提升学员满意度。

## （一）在教练员评价上，坚持师德师风第一标准

长期以来，教练员队伍存在收入不稳定、正常收入普遍较低、基础素质较差、教学水平偏低、安全意识不强、驾校教学管理松散、教练员教学无计划、培训不规范、带教不严谨等现象，大部分驾校教练员成为营销员，仅靠招生量维持生计，导致吃拿卡要、变相收费等不规范行为时有发生，社会对教练员的认可度普遍较差。驾校和管理部门均认识到，要改变这种状况，必须在教练员评价标准上做出改变。驾校不能一味地将招生量作为评价教练员的标准，必须淡化这一指标，坚持师德师风第一标准。

教练工作实质上是做"老师"，"师者，人之模范也"。为师亦为范的职业特性

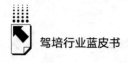

使教练员的一言一行都会对学员产生较大影响，这就决定了教练员也必须是道德高尚的人群，必须在思想政治素质、道德情操水平、人格品质修养上有更高追求。

习近平总书记强调："评价教师队伍素质的第一标准应该是师德师风。"①高素质教练员队伍建设，也必须把师德师风建设摆在首位，既有严格规定，又有日常教育督导，切实引导教练员做到"以德立身、以德立学、以德施教"。广大教练员要爱岗敬业，忠诚于驾培职业，坚持不懈培育和弘扬社会主义核心价值观、坚持不懈促进驾校和谐稳定、坚持不懈培育优良风气，教练员应模范遵守社会公德、职业道德、家庭美德和个人品德，把立德、修德、践德作为终身追求。

### （二）在教练员评价上，坚持学员满意度主要标准

驾校是安全驾驶开始的地方，教练员是传授驾驶技能的引路人，要力争让每一位学员都正确掌握驾驶技能，不能仅仅以"拿证"为目的。在过去的评价标准中，由于针对学员满意度的指标采集相对较难，各驾校一般使用简单的招生量、考试通过率为标准，相对淡化了服务内容。有的教练员招生资源广，但教学态度差；有的教练员人脉关系广，与交警考试员关系好，但教学质量低，靠投机钻营，蒙混过关，损害了学员利益；有的教练员认为人生学驾只有一次，一个学员只能服务一次，学员满不满意无所谓，我只要有收入就行，教练员不是千方百计教技能，而是千方百计搞钻营，紧盯学员拿证。驾驶员培训是标准的服务行业，教练员评价必须树立正确导向，行业才能高质量发展。要通过评价，使教练员改变应试教育模式，严格学时培训、执行教学大纲，不以考试通过率为主要指标，不以招生量为衡量标准。

临沂市组织制定的《机动车驾驶培训学员满意度评价方案》引导学员主动参与对驾校经营活动的监督，让学员满意度指标作为主要评价指标。根据教练员评价制作的驾校学员满意度排行榜和教练员满意度排行榜，定期发布在临沂驾培公众号，张贴在各驾校招生服务大厅，作为学员自主选择驾校、选择教练员的依据。

### （三）以教练员岗前培训为基础，抓好教练员评价工作

教练员评价是一项系统性工作，评价标准是提升教练员基础素质的导向

---

① 2018年5月2日，习近平总书记在北京大学师生座谈会上的讲话。

性标准，每一名教练员都必须熟练掌握并落实在日常教学活动中。抓好新入职教练员的岗前培训教育，将教练员评价标准宣传到位，是做好教练员评价的基础之一。在国家取消教练员资格证之后，教练员入职岗前培训显得更为突出。

临沂市探索完善教练员岗前培训制度，科学设置培训内容，作为驾校管理的重要措施之一。岗前培训分为公共科目培训和专项课目培训两个阶段。公共科目培训由驾校共同认定的培训单位进行，包括理论和实操两类，具体为职业道德、驾培相关法律法规及相关知识、汽车新技术、驾驶心理学、教学礼仪、规范化教学、教案编写、教学训练等。结业考核后参加培训的准教练员获得教练员综合能力评估报告和《结业证书》。专项课目培训考核由拟聘用的驾校组织，培训内容包括驾校管理制度、教练员评价标准、驾校车辆和教练场地以及训练线路适应性实习、聘用协议解读等。

### （四）以教练员再教育为基础，抓好教练员评价工作

教练员每年要接受再教育，以满足知识更新和素质提升的需要。随着智能教学设备的推广应用，新的教学内容和手段不断出现，教练员必须及时掌握新技能，满足培训市场需求。应将继续教育培训考试纳入年度教练员智慧评价体系，充分符合市场化、个性化、品质化要求。为不影响教练员的日常教学工作，临沂市探索出"两级再教育培训模式"，即由驾校联合组织确定专业培训机构培训骨干教练员、骨干教练员培训驾校其他教练员，骨干教练员培训内容根据政策法规变化和新技术发展变化研究确定，确保每一年度的新知识新技能切实落实到全体教练员培训中。

在临沂，教练员年度再教育培训时间不少于 1 周，行业主管部门负责再教育内容和学时审核，教练员主动完成培训内容和培训学时后参加综合知识考试。培训内容包括线下培训和线上培训，教练员可以根据各自教学计划安排自由选择。线下培训要使用人脸识别或指纹识别记录签到，培训内容和过程图片等信息上传智慧评价系统。线上培训在全体驾校认定的培训系统上进行，培训学时与教练员智慧评价系统对接。

### （五）以教练员行为规范为基础，抓好教练员评价工作

为规范行为，通过评价让教练员明白应该培训什么、如何做到规范培训、

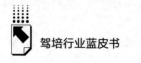

什么是违规培训。临沂市通过两种手段规范教练员行为：一是通过行业自律公约明确教练员行为规范，二是在评价标准中规定记分行为。

　　行业自律是调控市场竞争的有效途径，临沂市行业主管部门鼓励全市驾校组建区域行业协会，充分发挥行业自律和服务职能。通过签订《教练员联合管理自律公约》，让驾校建立起教练员规范标准，在教练员评价结果运用方面结合自律公约，详细规定教练员违约违规记分标准。例如，恶意篡改、伪造培训学时、非法改造计时设备的或使用非法改造计时设备等行为记 12 分，实际道路驾驶训练未随车指导、场地驾驶操作训练时离岗等行为记 6 分。驾校应暂停记分达到 12 分教练员的教学活动 6 个月，组织参加再教育培训和综合知识考试后重新上岗教学，教练员在停训期间其他驾校不能聘用。通过这种方式，提高了违规成本，在教练员中形成尊重评价的良好氛围。通过评价，使教练员行为得到有效规范。

**案例 1　临沂市交通运输局《关于印发〈机动车驾驶员培训机构质量信誉考评方案（试行）〉和〈机动车驾驶教练员教学质量信誉考核方案（试行）〉的通知》中的教练员记分标准**

　　一、违反本规定有下列情形之一的，一次记 12 分

　　1. 不服从执法人员指挥，检查时逃逸。对抗检查或对执法人员进行人身攻击的；

　　2. 不遵守国家法律法规和驾培机构内部管理规定，对抗驾培机构管理的；

　　3. 恶意篡改、伪造培训学时的；

　　4. 非法改造计时设备或使用非法改造计时设备的；

　　5. 驾驶证记分周期内有交通违法记分满分记录的或酒后、吸食毒品后执教的；

　　6. 不参加教练员再教育培训、不参加年度综合知识考试或考试不合格的；

　　7. 教学态度恶劣，讽刺挖苦、打骂体罚、欺诈学员，三次以上投诉拒不改正的；

　　8. 教学过程中对异性进行调戏、骚扰的；

　　9. 发生交通死亡责任事故或教学过程中发生重大事故负同等责任以上的；

　　10. 组织或者参与考试舞弊的；

　　11. 收受或者索取学员财物的。

　　二、违反本规定有下列情形之一的，一次记 6 分

1. 有违规行为被查处或被投诉，超过规定期限拒不整改或拒不接受处理的；

2. 擅自改变教练车辆用途的；

3. 教学过程中，将教学车辆交给与教学无关人员驾驶的；

4. 使用非教练车辆进行驾驶操作教学的；

5. 未按规定在基础和场地驾驶培训中随车或现场指导、在道路驾驶培训中随车指导的；

6. 在道路上进行培训时未遵守公安机关交通管理部门指定的路线和时间的；

7. 私收学员学费，恶意压价有证据证明并查实的；

8. 教学过程中发生一般事故负同等责任以上或重大事故负次要责任的；

9. 不按规定使用驾驶培训计时装置，出现学员停车打卡、副驾驶打卡、后排打卡计时的。

三、违反本规定有下列情形之一的，一次记3分

1. 不规范使用驾驶培训计时装置，不落实"凡培训必计时"经查实的；

2. 教练员服务监督卡准教车型与实际教练车辆不相符的；

3. 参与赌博、打架等其他非法活动被相关部门查处的；

4. 沟通不到位，存在一例学员学时不足预约考试的；

5. 不主动教学，服务不到位，被投诉举报查实的；

6. 不携带教练员服务监督卡执教或者副卡未张贴的；

7. 教学过程中发生一般事故负次要责任的。

四、违反本规定有下列情形之一的，一次记2分

1. 使用未经检验或检验不合格的教练车进行驾驶操作教学的；

2. 不按规定填写教学日志、培训记录的；

3. 执教过程中违反职业道德，影响教练员形象的；

4. 不服从驾培机构管理，不按驾培机构统一教案教学的；

5. 使用无副制动踏板、副后视镜、灭火器等安全防护装置不齐全的教练车辆进行驾驶教学的；

6. 执教过程中，发生事故或发现险情不报的；有脱岗、超员、不系安全带、吸烟、打盹、睡觉、玩手机、无关人员乘坐教练车等影响培训安全行为的；

7. 执教期间，造成轻微事故负主要责任以上的。

五、违反本规定有下列情形之一的，一次记1分

1. 在教学过程中，放任学员赌博、打架、酗酒及其他非法活动的；

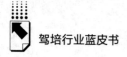

2. 执教时，教学车辆标识不齐全的；

3. 教学过程中，教练员仪表、仪容不整（着背心、拖鞋、赤脚等）的；

4. 教练车辆脏乱、车容车貌较差的；

5. 教学态度差，经调查有 2 名以上学员不满意的；

6. 教学过程中沟通不到位，造成学员有影响驾驶安全行为的。

六、教学质量信誉考核实行百分制具体构成

1. 满分 100 分，60 分合格。各项考核内容分值：违约违规记分 12 分，学员评价 40 分，培训合格率 20 分，工作年限 8 分，再教育和综合知识考试 20 分，加分项上限 10 分，否决项直接记为 0 分；

2. 考核成绩低于 60 分和教练员虚报瞒报有关情况的，考核结果记为不合格。教练员教学质量信誉考核不合格的，驾培机构应暂停其教学活动，组织参加再教育培训和综合知识考试，考试合格后可重新上岗教学；

3. 教练员教学质量信誉考核结果按县级区域教练员合格人数的 10% 评定星级教练员。

## （六）以畅通评价渠道为基础，抓好教练员评价工作

要做好教练员评价工作，评价指标内容的收集至关重要，能否公平公正、全面有效、科学合理地采集评价信息，是评价工作成功的关键。

现实评价工作中，诉求反馈渠道不畅是影响正常评价的因素。学员培训一般需要 1~3 个月，按照有关法律法规，学员从科目一考试合格至完成全科目培训考试的最长期限可达三年。由于学员培训过程不固定，致使有的教练员搞起了歪门邪道，以"包过费""空调费""模拟费用""人情来往费用"等各种名义变相收取费用，学员未取得驾驶证之前，在评价教练员时选择息事宁人，并不提出诉求。因此，驾校采集不到对教练员评价的真实信息，评价结果的可信性可想而知。

为解决这一问题，临沂市驾培行业组织开发了"教练员智慧评价系统"，学员在各科目培训完成后或在完成培训结业后，通过手机端小程序，匿名对带教教练员的教学质量、服务质量等进行评价，既能解决学员的后顾之忧，又能够采集到真实的教练员评价信息。通过教练员智慧评价系统，顺利建立起信息共享机制，有效地推动了评价工作的开展。

# 五　多维度落实"先培后付"

## （一）剖析"预付费"模式弊端，从思想认识维度提升"先培后付"认知水平

临沂市驾培机构数量增长较快，培训能力过剩，投资人面临资金回流压力，采取"预付费"方式的降价促销恶性竞争愈加激烈。市场一度出现学员受骗、群体投诉上访等恶性事件，带来严重的社会负面影响。

从本质上讲，学员报名后就支付培训学习费用是一种预付费行为，在学员未享受相关服务前，培训机构不能擅自处置。由此进行深层次分析，"预付费"方式助长了恶性价格竞争的蔓延。管理部门、驾培机构、社会各方应该会意识到，如果任由市场恶性竞争持续下去，牺牲的是学员培训质量，影响的是道路交通安全，损害的是人民生命财产安全。探讨改变传统的"预付费"模式，成为当前改变驾培市场乱象的有效途径。

交通运输部门通过广泛调研，提出了落实"先培后付"、监督管理好"预付费"的工作思路，通过保持平稳理性的收费价格，遏制市场主体的恶性竞争，使得学员预付费变成后付费，以此推动机动车驾驶培训行业平稳持续高质量发展。

## （二）健全"预付费"监管机制，从制度机制维度打造"先培后付"软环境

为最大限度保障驾培学员预付培训费用资金的安全和有效监督，交通运输部门探讨建立"预付费"监管制度，明确"先培后付"三种服务模式。

第一种是明确学员按阶段或学时培训结束后支付费用；第二种是学员在银行开设账户，预存培训费用足额资金，依托服务平台按阶段拨付费用；第三种是学员培训费用预先存入专用银行监管账户，依托服务平台按阶段拨付费用。

管理部门通过行政干预和服务引导，鼓励驾培机构主动选择第一种和第二种服务模式，建立健全第三种服务模式的学员预付培训费用监管机制，明确预付培训费用拨付的比例和节点等事项。驾培机构可采取委托联合服务组织在银行开立虚拟账户存放驾培学员预付培训费用资金，或健全组织章程开立联合服务组织实体账户存放驾培学员预付培训费用资金。托管银行不得侵占、挪用学员预付培训费用资金，不得因提供托管服务而额外收取培训机构、学员费用。托管银行应当对收集的学员个人信息严格保密，不得泄露、出售或者非法向他人提供。

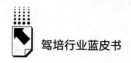

驾培机构要将预收培训费真正用于学员培训，主动接受交通、金融等主管部门监管，防控学员预付资金风险。通过资金监管机制的建立，保证了学员支付的培训费用要么在自己手里要么在自己账户，或者在政府监管下的公共账户，确保学员培训费用未消费部分由学员培训进度决定，从根本上解决了预付费被挪用的问题。

### （三）开发智慧驾培监管服务平台，在软件工具维度实施"先培后付"遏制恶性竞争的硬措施

智慧驾培监管服务平台系统软件的开发应用，是保证"先培后付"的有力工具。交通运输部门选择技术力量强的支持单位，开发建设该平台，要求全体驾培机构都要应用起来，在资金监管方面采取"四统一"硬措施（统一报名入口、统一公示收费价格、统一划款比例、统一退费流程），有效遏制了收费价格方面的恶性竞争。

一是打造线上驾培超市，统一报名入口。启动"先培后付"服务模式后，所有学员统一在驾培监管服务平台上录入，扎紧预收学员的入口。学员线上自主择校、自主报名、自主缴费、自主退学、自主退费，线上签订培训服务合同。缴费多方式、退费单渠道，退学退费有异议的由交通运输部门工作服务人员主动介入调解，保障学员权益。

二是驾培机构根据培训成本合理制定价格标准和培训班型，按科目一、科目二、科目三、科目四分阶段划分培训费用标准，报送管理部门并在平台上公示，学员依此标准先培后付或分段划拨。

三是制定详尽的退学退费流程，保障学员权益。学员因特殊情况退学，可在智慧驾培监管服务平台申请退费，平台根据培训进度显示拟退费数额，学员同意系统显示数额，学费退还到学员账户。学员和驾培机构对退款数额有异议的，可提交交通运输部门调解。

### （四）发挥行业协会职能，行业自律维度构建"先培后付"模式的组织保障

行业自律是调控市场竞争的有效途径，先培后付模式的有效执行，既要有行业管理部门的引导，更要有行业的有效自律。鼓励全市驾培机构组建行业协会，充分发挥行业自律和服务职能，厘清管理部门与协会职责边界，形

成职能互补、共同促进、良性发展的局面，促进行业规范发展。

交通运输部门积极引导行业协会创新内部管理体制和运行机制，激发自身发展动力，提升专业化服务能力，增强系统化自律功能。积极为企业提供信息咨询、纠纷调解、业务培训等日常服务；及时反映经营者诉求，化解行业矛盾；引导完善自律公约，督促行业日常自律，组织开展年度创先评优，充分发挥行业协会推进行业发展的作用。鼓励驾培机构树立服务品牌意识，提升自身管理水平、队伍素质、科技含量、服务质量，在便捷、精细、规范服务上下功夫，把培训服务做到极致。提炼企业文化，拓展营销渠道，培育社会认知，以质量和信誉赢取市场。引导以需求为导向，开展多样化、个性化培训服务，满足不同层次学员需求，树立特色化服务品牌。

## （五）构建培训质量监督机制，"先培后付"助推区域驾培市场高质量发展

"先培后付"的有效执行，大大改善了区域驾培市场的生态。临沂市自多维度实施"先培后付"以来，学员利益、教练员利益、驾培机构利益得到了保障，实施"先培后付"模式的学员培训费用方面的投诉基本清零。拖欠员工薪资、学员退学退费难等现象得到有效遏制。临沂驾培市场，在"先培后付"模式的助推下，向高质量发展的道路迈进。蒙阴智慧驾培纳入交通强国山东示范区试点项目，其构建的以学员评价为核心的培训质量监督机制，成为区域驾培市场高质量发展的标杆。

学员在全培训周期内，可以对驾培机构的教学、服务、环境、教练等多方面进行评价，并以此作为"先培后付"的影响因素。同时，驾培机构通过学员对其教学和服务的评价，进一步改进和优化教学服务质量。教练员薪酬也将受此影响，投诉多服务质量差的教练员被降薪或被辞退。抓住学员评价这一招，就抓住了培训质量提升的核心，推动驾培市场良性发展。

**案例2** 临沂市交通运输局《关于印发〈机动车驾驶员培训机构质量信誉考评方案（试行）〉和〈机动车驾驶教练员教学质量信誉考核方案（试行）〉的通知》中的驾培机构质量信誉考评标准和方法

驾培机构质量信誉考评实行百分制，其中季度指标占60%，年度指标占

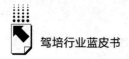

40%。季度指标中学员满意度占50%，考试合格率、三年内驾龄驾驶人交通违法率和交通事故率占30%，行业监管记分占20%（直接使用20分减掉扣分记入季度指标）；年度考评指标中教练员管理占30%，驾培机构业务条件与经营活动占50%，安全生产情况占20%。

（一）学员满意度得分由学员评价（60%）和学员投诉（40%）组成，学员评价成绩由各项评价指标得分汇总。学员投诉成绩＝（1－投诉人车比）×100。学员投诉人车比是指学员通过12328、12345投诉服务热线、市局网站、临沂驾培公众号及来信来访等方式提出诉求数量与教练车数量的比值，由县区交通运输部门按月统计，累计计入成绩。

（二）考试合格率、三年驾龄驾驶人交通违法率和交通事故率依据公安交通管理部门每月推送数据计算，考试合格率占70%、三年驾龄驾驶人交通违法率和交通事故率占30%。

（三）驾培机构行业监管实行记分制度，行业监管记分分值为20分，单次违法违规行为处罚5000元以上的或者有违法违规行为未及时处理的，1条扣5分；单次违法违规行为处罚不足5000元的，1条扣3分；单次违法违规行为处罚为警告的，或者受到交通运输部门通报批评的，不按要求参加交通运输部门组织的会议、活动或报送有关资料的，1条扣1分，由县区交通运输部门按月统计，累计计入成绩。

（四）日常遵纪守法情况按季度统计，出现一例重大负面影响的违法违规行为，季度考评得分记为0分。主要包括以下情形：

1. 驾培机构发生重大及以上交通事故承担同等及以上责任的或发生一般交通事故承担主要及以上责任的，经媒体曝光在社会上影响较大的；

2. 经营场所、训练场地等经营条件发生重大变化，拒绝整改或经整改仍达不到国标规定条件的；

3. 由于经营者原因发生重大服务质量事件的，被新闻媒体曝光引起恶劣影响的；

4. 法律、法规、规章规定的其他严重负面行为。

（五）教练员管理得分由教练员教学质量信誉考核平均成绩（70%）和星级教练员占比（30%）组成。

（六）驾培机构业务条件与经营活动、安全生产情况由县区交通运输部门依据记分标准组织实施，必要时可协调公安交通管理部门参与，监督检查结果应于每年12月15日前完成并报送市级交通运输部门。

（七）驾培机构在培训教学、工作业绩、社会公益等方面有突出贡献可获得宣传表彰奖励加分。

驾培机构质量信誉考评周期为每年的 1 月 1 日至 12 月 31 日，新增备案的驾培机构备案时间不足半年的不列入年度质量信誉排行榜，评价年度内新增备案的驾培机构质量信誉考评等级最高为 AAA 级。

# 六　结语

我国机动车驾驶培训市场经过近 40 年的发展，传统的"师傅带徒弟"教学模式发生了根本性转变。随着国家"放管服"改革的深入实施，机动车驾驶教练员从业资格证和教练员职业资格证先后取消，推行社会化职业技能等级认定，致使行业主管部门以及驾校对教练员管理的传统手段难以发挥作用，个别地域教练员管理出现混乱局面。

教练员是驾校驾驶培训质量提升的关键，提升教练员素质成为扭转机动车驾驶培训市场发展的当务之急。优化教练员评价体系，引导教练员在教学过程中规范培训，是各级行业管理部门的责任，可以通过智慧评价系统完善学员评价手段，打造一支责任意识强、培训质量高、经营行为好的高素质教练员队伍。

同时，应借助驾校协会、联盟、联合体等驾校合作组织，完善教练员岗前培训和继续教育，建立教练员记分管理制度，构建以学员评价为核心的综合全面的教练员智慧评价体系，推动驾培事业发展。

临沂市行业管理部门与驾校一起创新打造"智慧驾培模式"，开展"计时培训、先培后付"探索，对学员预付培训费用实行第三方监管。明确培训费用监管和拨付比例节点，实行"一费制"承诺，坚决杜绝教练员乱收费行为，理顺学员退学退费流程，确保学员在培训的合法权益。试点运行后，从根本上解决了教练员管理混乱、驾校培训质量差、计时培训不规范、学员权益受损、驾培市场恶性竞争等问题，蒙阴智慧驾培纳入交通强国山东示范区试点项目后，已经成为区域驾培市场高质量发展的标杆。

本文作者为熊燕舞、顾皓、张雪。熊燕舞，交通运输部科学研究院研究员，中国交通运输协会驾驶培训分会副秘书长；顾皓，临沂市道路运输服务中心正高级经济师；张雪，临沂市道路运输服务中心驾校科科长。

# 市场发展篇 ⟨⟩

## B.6
## 摩托车驾驶培训市场发展形势分析与预测

**摘　要：** 本文从摩托车驾驶人培训发展现状入手，研究摩托车使用及安全驾驶主要态势及问题，探索适应新的交通安全形势需要和经济社会发展需求的管理对策，提出了优化摩托车驾驶证分类、完善培训考试内容、创新服务方式和夯实安全驾驶基础保障等政策建议，并对摩托车驾驶培训考试市场进行初步研判，以期为新时代摩托车驾驶人交通安全治理提供参考。

**关键词：** 驾培行业　驾培市场　摩托车驾驶人　驾驶安全　交通安全

摩托车驾驶人是道路交通活动的重要参与群体之一，由于该交通工具的特殊性而对交通安全影响较为突出，特别是对交通秩序、驾驶人自身安全等方面影响更为明显。随着我国居民收入水平增长、道路条件优化、产业形态演变，摩托车使用出现诸多新情况、新态势，摩托车驾驶人培训、考试等政策亟须改革调整。为此，本文重点从摩托车驾驶人现状入手，研究摩托车使用和安全驾驶主要态势及问题，探索适应新的交通安全形势需要和经济社会发展需求的培训、考试管理对策。

# 一  中国摩托车驾驶人发展现状

## （一）摩托车保有和产销情况

一般而言，摩托车具有体积小、重量轻、占用空间少、价格便宜等特点，较为适用于山区农村等经济水平欠发达、道路条件较差的交通环境出行，因此受到广大农村地区群众青睐，在过去较长一段时间里，作为重要的交通工具使用。随着我国居民收入水平增长、道路交通条件改善，群众对出行安全、便捷、舒适的要求越来越高，更加愿意购置小汽车，摩托车在机动交通工具中的占比一度逐步降低。

近年来，受部分地方"禁限摩"政策优化调整、疫情影响下个体机动化出行需求增加、摩旅娱乐新风尚流行等因素的影响，群众购买摩托车、考领驾驶证意愿显著提升，我国摩托车保有量保持稳步增长。有助于促进摩托车保有量增长的部分行业相关政策和标准见表1。截至2023年底，摩托车保有量为8332.5万辆，其中普通二轮摩托车约7476.9万辆，轻便摩托车约855.6万辆（见图1）。

表1  中国摩托车行业部分相关政策与标准

| 时间 | 机构 | 政策、标准 | 相关内容 |
|---|---|---|---|
| 2017年1月 | 国务院 | 《关于扩大对外开放积极利用外资若干措施的通知》 | 制造业重点取消轨道交通设备制造、摩托车制造、燃料乙醇生产、油脂加工等领域外资准入限制 |
| 2018年3月 | 国务院办公厅 | 《关于促进全域旅游发展的指导意见》 | 大力发展冰雪运动、山地户外运动、汽车摩托车运动、航空运动、健身气功养生等体育旅游，将城市大型商场、有条件景区、开发区闲置空间、体育场馆、运动休闲特色小镇、连片美丽乡村打造成体育旅游综合体 |
| 2019年1月 | 工信部 | 《电动自行车安全技术规范》 | 规范电动摩托车的划分标准，电动摩托车上路必须有相应的驾驶执照 |

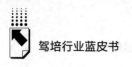

续表

| 时间 | 机构 | 政策、标准 | 相关内容 |
|---|---|---|---|
| 2019 年 9 月 | 交通运输部 | 《收费公路车辆通行费车型分类》 | 摩托车被列入一类客车（七座以下轿车）管理范畴，不同道路的行驶速度和路桥收费有统一标准 |
| 2019 年 12 月 | 国家发改委、财政部 | 《关于降低部分行政事业性收费标准的通知》 | 2020 年 1 月 1 日起，摩托车（包括普通摩托车、轻便摩托车等）号牌工本费收费标准由每副 70 元调整为 35 元 |
| 2021 年 5 月 | 中共中央、国务院 | 《成渝地区双城经济圈建设规划纲要》 | 聚焦航空航天、轨道交通、能源装备、工业机器人、仪器仪表、数控机床、摩托车等领域，培育世界级装备制造产业集群 |
| 2022 年 1 月 | 商务部等 6 部门 | 《关于高质量实施区域全面经济伙伴关系协定（RCEP）的指导意见》 | 推动扩大服装、鞋、箱包、玩具、家具、电子产品、机械装备、汽车零件、摩托车、化纤、农产品等优势产品出口 |
| 2022 年 4 月 | 公安部 | 《机动车驾驶证申领和使用规定》 | 年龄在 70 周岁以上能够通过记忆力、判断力、反应力等能力测试的，可以申请小型汽车、小型自动挡汽车、残疾人专用小型自动挡载客汽车、轻便摩托车准驾车型的机动车驾驶证 |
| 2023 年 10 月 | 公安部 | "放管服"改革 12 条新措施 | 摩托车驾照全国统考，便于二手转让的摩托车转籍异地通办，购买 6 年内摩托车免年检 |

2014～2023 年，摩托车整体保有量呈现先降后增态势，近 4 年年均增幅 5%左右。摩托车在交通出行中的角色地位有所变化，特别是随着近年来摩托车文化发展、消费者观念转变、车辆产品结构丰富、外卖配送行业兴起，群众驾驶摩托车出行的需求增加。

在摩托车保有量稳定增长的同时，摩托车保有结构也发生了深刻变化。从摩托车排量结构看，中小排量（250ml 以下，含 250ml）摩托车依然是摩托车产销主体。近年来，中小排量摩托车产销量有所下降，大排量（250ml 以上）摩托车增长势头强劲。以 2023 年为例，摩托车产销量超过 1900 万辆，中小排量两轮摩托车产销量约为 1365.47 万辆，2021～2023 年平均增速低于 2%；排

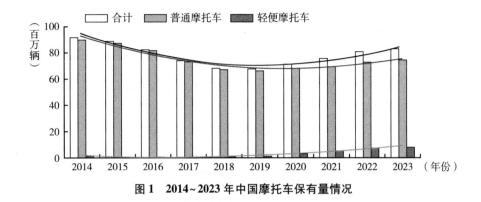

图1　2014~2023年中国摩托车保有量情况

量250ml以上（不含250ml）摩托车产销量约为52.54万辆，2021~2023年平均增速接近34%，与2013年相比（1.3万辆）增长了约40倍。

从出口和内销结构看，摩托车出口增长明显，出口车型以二轮摩托车为主。2023年，我国摩托车生产1941.63万辆，销售1899.07万辆，摩托车出口量为1141.48万辆，出口同比增长12.8%，出口量占产销售量的60%以上。50ml排量摩托车、250ml排量摩托车出口量同比增长率分别达到36.59%、29.93%。此外，电动摩托车基本以内销为主，主要用于出行代步，三轮摩托车销售主要集中在广大农村地区。

## （二）摩托车驾驶人情况

按照《机动车驾驶证申领和使用规定》，我国摩托车驾驶证分为D（普通三轮摩托车）、E（普通二轮摩托车）和F（轻便摩托车）三类，分类相对简单，基本适应我国摩托车分类偏少、使用群体较为单一的发展特征。截至2023年底，全国摩托车驾驶人达1.18亿，其中持D类驾驶证5225.1万人，E类6322.3万人，F类219.4万人，分别占比44.4%、53.7%和1.9%（见图2）。

从持有结构来看，普通二轮摩托车驾驶证依然使用群体最多，与实际群众购置和使用二轮摩托车的情况较为相符；持普通三轮摩托车驾驶证群体占比也较大，主要是由于该驾驶证类型覆盖车型多，群众普遍愿意考领。

从增长情况看，近年来我国摩托车驾驶人数量保持微幅增长，年均增长约2.67%；其中D类驾驶人增长幅度最高，年均增长约5.42%，E类驾驶人增长幅度最低，年均增长0.82%，F类驾驶人增长也相对较快，年均增长4.23%。特别是在2023年，F类驾驶人增幅更是超过了8.13%，达到近年来最高增幅。

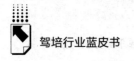

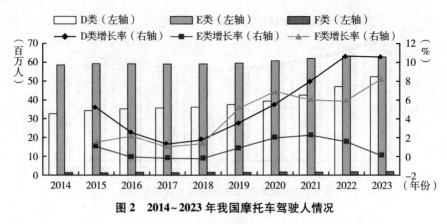

图2　2014~2023年我国摩托车驾驶人情况

从政策和数据角度分析，主要原因在于，一方面，公安交管部门推行交管改革便利措施，放宽了70周岁以上人员申领轻便摩托车驾驶证限制，更多群体可以考领轻便摩托车驾驶证；另一方面，诸多快递外卖群体使用轻便摩托车驾驶证，超标电动车淘汰过程中部分群众需考领轻便摩托车驾驶证。此外，根据我国摩托车驾驶证管理制度，持有普通二轮、三轮摩托车驾驶证的群体，年龄达到70周岁以上的必须降低准驾车型，换领为轻便摩托车驾驶证，随着保有群体年龄增加，摩托车驾驶证自动降级的情形也导致轻便摩托车驾驶证数量的增加。

（三）摩托车交通安全运行情况

近年来，摩托车交通事故依然多发高发，且由于摩托车这一交通工具的特殊性，摩托车驾驶人交通肇事数、事故率、伤亡率等指标高于其他机动车，成为伤亡风险最高的交通工具。

从事故占比来看，摩托车交通事故占全部交通事故比例保持在24%左右，且呈现微幅增长趋势。从事故伤亡情况来看，摩托车交通事故受伤人数、死亡人数分别占全部事故受伤人数和死亡人数的26.83%、23.05%，摩托车近10年平均万车死亡率为3.47，每百起事故死亡率为21%，居各类机动交通工具之首。

从事故形态来看，碰撞运动车辆事故占比最高，达到70%左右，其次是刮撞行人。从事故类型来看，无证驾驶为主要原因的交通事故占比达到22.5%，远高于其在驾驶汽车事故中的占比（2.98%）；因醉酒驾驶引发的事故占比为8.5%，高于汽车驾驶人醉酒驾驶事故占比，说明摩托车驾驶人群体法律意识相对淡薄。

　　从摩托车事故发生的道路类型来看，61.4%的事故发生在机动车道，27.8%的事故发生于机非混合道路。按照公路行政等级划分，32%的摩托车事故发生于乡道，高于驾驶汽车此类事故的占比（25.6%），说明农村地区摩托车交通事故风险高、隐患大。可见，摩托车交通安全形势依然严峻。

　　从摩托车交通违法行为分析可以看出，无证、不按规定信号行驶、违法占用车道行驶等违法行为较为突出，客观反映出摩托车驾驶人交通安全意识薄弱、守法意识不强的特点。2019~2023年我国摩托车事故特征见图3。

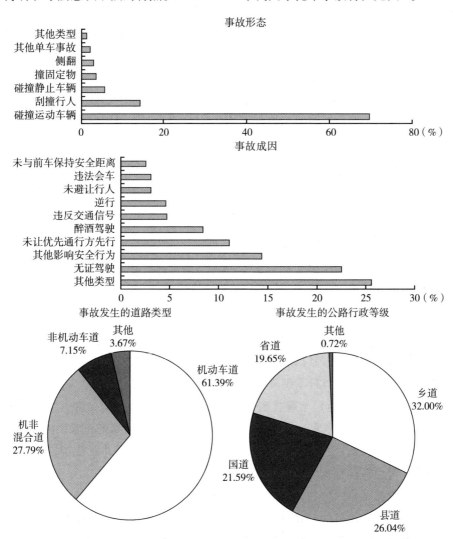

图 3　2019~2023 年我国摩托车事故特征

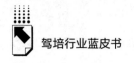

## 二 中国摩托车使用新形势

近年来，受国内外经济发展速度和摩托车发展政策调整影响，我国摩托车行业及摩托车驾驶群体结构特征不断发生变化，出现一些新的态势。

### （一）重型摩托车娱乐化

在居民收入水平增加、摩托车城市限行政策、电动自行车普及等因素综合影响下，部分摩托车的交通工具定位逐渐转向娱乐化，大排量摩托车成为群众休闲游玩的娱乐工具，一定程度上代表了驾驶人对自由的向往，被赋予"拉风""炫酷""潮流"等越来越多的社交属性与娱乐标签，各类"摩友俱乐部"增长迅速。

自 2013 年起，经过 11 年的快速发展，摩托车消费群体逐渐形成规模，同时带动了摩旅、服配、改装等摩托车周边产业的发展。中国摩托车商会数据显示，近年来 250ml 以上大排量摩托车保持高速增长，2022 年，在我国摩托车产销量整体下滑 16% 的背景下，大排量摩托车产销量同比增长约 47%，2023 年我国排量 250ml 以上摩托车（不含 250ml）销量约为 52.54 万辆，与 2013 年相比（1.3 万辆）增长了约 39 倍。

### （二）轻便摩托车快递化

外卖、闪送等快送行业的兴起，方便了居民的日常生产生活，也带动了电动自行车的爆发式增长。

长期以来，电动自行车生产销售管理不规范，超标电动车屡禁不止，快送行业由于及时性要求高而成为电动自行车最重要的需求增长点。2018 年，电动自行车新强制性国家标准《电动自行车安全技术规范》（GB 17761-2018）发布，明确规定电动自行车须具有脚踏骑行能力、最高设计车速不超过 25km/h、整车质量（含电池）不超过 55kg、电机功率不超过 400W、蓄电池标称电压不超过 48V，且必须有"3C"标志，于 2019 年 4 月 15 日起正式实施。

新国标的实施，进一步规范了电动自行车生产销售，并对使用端产生深远影响。符合新国标的电动自行车由于在速度上无法满足快送行业的需求，电动轻便摩托车将成为快送行业的新选择，轻便摩托车驾驶证的考领成为新趋势。据统计，2023 年轻便摩托车驾驶人增幅超过 8.13%，轻便摩托车的销量增幅接近 16%，成为近年来各类摩托车驾驶人增长的最高类型。

## （三）驱动方式电动化

传统燃油摩托车主要由汽油或柴油驱动，对环境污染较大，近年来燃油价格不断上涨，传统燃油摩托车的使用成本有所增加。与此同时，我国环保政策力度持续加大，民众环保意识越来越强，上海、深圳等城市都在陆续出台政策减少汽车及摩托车尾气的排放。2019 年传统燃油摩托车排放标准从"国 III"转向"国 IV"，推动了燃油摩托车价格上涨，加上电动自行车产业的快速发展对电动摩托车具有带动作用，电动摩托车代替传统燃油摩托车的趋势逐渐清晰。

在此背景下，部分摩托车生产商以及电动自行车生产商开始转型，不断加大对电动摩托车的研发投入。与驱动方式电动化并行，摩托车智能化的装备配置越来越普遍，智能启停、智能定位、智能灯光、碰撞预警、盲区监测等功能应用愈加普遍，更加适应群众对品质生活的需要。中国摩托车商会数据显示，我国电动摩托车 2022 年、2023 两年销量总和达到 1244.32 万辆。

## （四）生产工具使用三轮化

随着我国经济社会形态变化，一些城乡产业形态发生深刻变化，使得摩托车的功能范围既可以涵盖传统的"交通工具"，也可以灵活转变为"运输工具"，特别是三轮摩托车的使用，能够助力相关产业的便捷生产。

在城市的邮政快递、城市环卫、园林绿化等城市运行保障行业中，也大量使用摩托车作为生产运输工具，从事物资配送、环境清扫、洒水除尘等作业任务，三轮摩托车成为行业运行的重要基础条件。2023 年，北京率先将此类行业的摩托车使用纳入正轨，全市 8 万辆正三轮载货摩托车登记上牌，将长期游离于机动车管理之外的生产工具并入序列，拉开全国行业摩托车管理的序幕。

在农村地区，小农生产方式依然广泛存在，农村地区居民日常活动范围相对较小，农村地区群众经常购买使用三轮摩托车作为日常生活、农业生产的重要工具，成为日常出行驾驶、农田作业、载运农具农资乃至赶集逛街等活动不可或缺的工具。更为明显的是，农村地区使用三轮摩托车的群体普遍为老年人，由早期的人力三轮车到当前的电动、燃油三轮车，机动性、载重性能更加优良，农村地区群众更加倾向于购置使用。但农村地区居民特别是老年人安全意识淡薄、考试领证的意识相对欠缺，车辆无牌、人员无证现象十分普遍，驾车过程

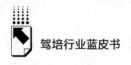

非法载人、逆行闯灯、随意横穿等违法行为十分突出，成为重要的交通安全隐患。

## 三　摩托车驾驶培训考试相关情况及存在的问题

### （一）培训考试相关情况

根据《机动车驾驶证申领和使用规定》，摩托车考试内容也分为道路交通安全法律法规和相关知识考试科目（科目一）、场地驾驶技能考试科目（科目二）、道路驾驶技能和安全文明驾驶常识考试科目（科目三）。其中，科目一考试内容包括道路通行、交通信号、道路交通安全违法行为和交通事故处理、机动车驾驶证申领和使用规定、机动车登记等规定以及其他道路交通安全法律、法规和规章；科目二考试内容包括桩考、坡道定点停车和起步、通过单边桥三项；科目三道路驾驶技能考试内容由省级公安机关交通管理部门确定，科目三安全文明驾驶常识考试内容包括安全文明驾驶操作要求、恶劣气象和复杂道路条件下的安全驾驶知识、爆胎等紧急情况下的临危处置方法、防范次生事故处置知识、伤员急救知识等。

1. 理论培训考试

理论培训考试方面，根据《机动车驾驶培训教学与考试大纲》，摩托车驾驶培训学时为38个，其中道路交通安全法律、法规和相关知识、基础和场地驾驶、道路驾驶科目各10个，安全文明驾驶常识8个，摩托车驾驶培训学时要求见表2。

表2　摩托车驾驶（D、E、F类驾驶证）培训学时要求

| 培训内容 | 学时（个） | 总学时（个） |
|---|---|---|
| 道路交通安全法律、法规和相关知识 | 10 | 38 |
| 基础和场地驾驶 | 10 | |
| 道路驾驶 | 10 | |
| 安全文明驾驶常识 | 8 | |

从考试内容来看，摩托车驾驶证考试同样为三个科目（见表3）。科目一考试50道题，其中驾驶证和机动车管理规定10题，道路通行条件及通行规定

17题，道路交通安全违法行为及处罚 13 题，道路交通事故处理相关规定 5 题，地方性法规 5 题。科目三安全文明驾驶常识 50 题，其中安全行车常识 10 题，文明行车常识 9 题，道路交通信号在交通场景中的综合应用 4 题，恶劣气象和复杂道路条件下安全驾驶知识 8 题，紧急情况下避险常识 6 题，典型事故案例分析 3 题，交通事故救护及常见危险化学品处置常识 5 题，地方试题 5 题。

**表 3　摩托车驾驶证考试科目和内容**

| 考试科目 | 考试内容 | 试题数量 |
|---|---|---|
| 科目一 | 驾驶证和机动车管理规定 | 10 题 |
| | 道路通行条件及通行规定 | 17 题 |
| | 道路交通安全违法行为及处罚 | 13 题 |
| | 道路交通事故处理相关规定 | 5 题 |
| | 地方性法规 | 5 题 |
| 科目二场地技能考试 | 桩考 | — |
| | 坡道定点停车和起步 | — |
| | 通过单边桥 | — |
| 科目三道路驾驶技能 | 由省级公安机关交通管理部门确定，《机动车驾驶人考试内容和方法》（GA1026-2022）规定，考试内容应包括：起步、掉头、通过路口或通过人行横道线或通过学校区域或通过公共汽车站、靠边停车以及省级交管部门规定的其他考试内容 | — |
| 科目三安全文明常识 | 安全行车常识 | 10 题 |
| | 文明行车常识 | 9 题 |
| | 道路交通信号在交通场景中的综合应用 | 4 题 |
| | 恶劣气象和复杂道路条件下安全驾驶知识 | 8 题 |
| | 紧急情况下避险常识 | 6 题 |
| | 交通事故救护及常见危险化学品处置常识 | 5 题 |
| | 典型事故案例分析 | 3 题 |
| | 地方性试题 | 5 题 |

**2. 场地驾驶技能培训考试**

根据《机动车驾驶证申领和使用规定》和《机动车驾驶人考试内容和方法》（GA 1026-2022），D、E、F 类摩托车驾驶证科目二场地驾驶技能考试项

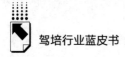

目均为桩考、坡道定点停车和起步以及通过单边桥三项，对三类驾驶证考试项目未进行进一步区分。

对驾驶技能考试用车而言，普通三轮摩托车要求为至少有四个速度挡位的普通正三轮摩托车或者普通侧三轮摩托车；普通二轮摩托车要求为至少有四个速度挡位的普通二轮摩托车；轻便摩托车由省级公安机关交通管理部门确定。

（1）桩考项目。

考试要求：桩考项目要求考生驾驶车辆从起点线处起步按箭头所示方向绕桩行驶至终点处停车。

考试目的：摩托车桩考主要考查考生合理使用各操作机件、正确判断车轮行驶轨迹、操作摩托车曲线行驶和转弯的能力。

考试场地：桩考项目考试桩位为5个，桩杆之间距离根据车型确定，正三轮摩托车设置为车长加0.5m，侧三轮和普通二轮摩托车设置为车长加0.8m，轻便摩托车设置为2.4m；桩杆两侧空间设置标准为正三轮和普通二轮摩托车设置车宽加0.4m，侧三轮摩托车设置车宽加0.3m，轻便摩托车设置1m。

考试评判：桩考项目的考试评判标准和评判结果如表4所示。

表4　桩考项目考试评判标准和评判结果

| 评判标准 | 评判结果 |
|---|---|
| 不按规定路线、顺序行驶 | 不合格 |
| 碰擦桩杆 | 不合格 |
| 两轮摩托车轮出线 | 不合格 |
| 中途停车 | 每次扣5分 |

（2）坡道定点停车和起步。

考试要求：考试过程中，要求考生平稳起步，不得后溜。起步时间不得超过30s，并且能够控制车辆在指定位置准确停车。

考试目的：坡道定点停车和起步主要考查考生正确判断停车位置，协调运用加速踏板、制动器和离合器，平稳起步的能力。

考试场地：坡道定点停车和起步考试场地坡度为10%，坡长大于等于8m，停车线到停车桩杆线边缘距离为0.5m，道宽大于等于1.5m。

考试评判：坡道定点停车和起步项目专项考试评判标准和评判结果见表5。

表5　坡道定点停车和起步项目专项考试评判标准和评判结果

| 评判标准 | 评判结果 |
| --- | --- |
| 车辆停止后，摩托车前轴未定于桩杆线上，且前后超出50cm | 不合格 |
| 车辆停止后，车身距离路边缘线超出50cm | 不合格 |
| 起步超过规定时间 | 不合格 |
| 车辆停止后，摩托车前轴未定于桩杆线上，且前后不超出50cm | 扣10分 |
| 车辆停止后，车身距离路边缘线超出30cm，但未超出50cm | 扣10分 |

（3）通过单边桥。

考试要求：考试时，普通二轮摩托车（E）、轻便摩托车（F）从单边桥上驶过；正三轮摩托车（D）左、右后轮依次驶过左侧、右侧单边桥；侧三轮摩托车（D）前轮、左后轮从左侧单边桥上驶过，然后右后轮从右侧单边桥上驶过。考试中途不得停车，车轮不得落桥。

考试目的：通过单边桥项目主要考查考生在行驶中操纵转向把、正确判断车轮直线行驶轨迹、操纵车辆不平行运行的能力。

考试场地：通过单边桥项目考场桥面长度为1.5倍车辆轴距，桥面宽度为0.2m，桥面高度为0.07m~0.12m，三轮摩托车的两个桥左右间距为2.5倍轴距，左右桥错位间距为车辆轮距加1m，桥面斜坡长为0.5m~1.7m。

考试评判：通过单边桥项目的专项考试评判标准和评判结果如表6所示。

表6　通过单边桥项目评判标准和评判结果

| 评判标准 | 评判结果 |
| --- | --- |
| 车轮驶抵桥面位置但未按要求上桥 | 每次扣10分 |
| 车轮已驶上桥面但行驶中掉下桥面 | 每次扣10分 |
| 中途停车 | 每次扣5分 |

3.道路驾驶技能培训考试

根据《机动车驾驶人考试内容和方法》，我国摩托车驾驶证科目三道路驾驶技能考试项目设置由省级公安机关交通管理部门确定，但至少应包括起步、掉头、通过路口或通过人行横道或通过学校区域或通过公共汽车站、靠边停车以及省级公安交管部门规定的其他考试内容。

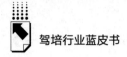

考试用车方面，普通三轮摩托车要求为至少有四个速度挡位的普通正三轮摩托车或者普通侧三轮摩托车；普通二轮摩托车要求为至少有四个速度挡位的普通二轮摩托车；轻便摩托车由省级公安机关交通管理部门确定。

## （二）培训考试主要问题

在摩托车作为交通工具、生产工具、娱乐工具不同角色分化的同时，摩托车驾驶人的交通安全管理政策配套跟进相对不足，特别是培训考试、驾驶证制度等方面，仍存在较大改进空间。

一是摩托车管理类型仍需细化。按照车辆发动机排量和/或电机功率对摩托车进行分类是各国的普遍做法，我国的摩托车驾驶证分类同样以排量和功率为主要分类标准，同时考虑车辆的设计时速。但相对国际分类而言，我国摩托车类型划分相对简单，大排量摩托车在驾驶操作要求、驾驶技巧等方面与中小排量摩托车有着明显区别，客观上导致大排量摩托车驾驶资质准入门槛降低，不利于安全驾驶技能的培养。

二是驾驶培训考试内容仍需完善。目前，我国摩托车驾驶培训考试内容主要分为理论知识、场地驾驶技能和道路驾驶技能三个项目，理论知识涵盖道路交通安全法律法规、安全驾驶文明常识等内容，能够较为全面地覆盖各类安全驾驶要点；场地驾驶技能考试项目均为桩考、坡道定点停车和起步以及通过单边桥三项，但针对二三轮特点的区分并不明显；道路驾驶技能考试项目由省级公安交管部门自行制定，但至少涵盖上车准备、起步、直线行驶、直行通过路口、变更车道、靠边停车等项目，培训考试差异性较大。总体上，培训考试的时长、内容、方法等情况与实际驾驶需求存在一定差距，需系统性地进行优化调整。

三是摩托车安全驾驶教育仍需加强。当前，群众对摩托车的交通安全风险认知仍然不足，在具备交通工具、生产工具、娱乐工具多重属性条件下，交通风险差异性愈加明显。交通运行实践中，群众考试领证后购置大排量摩托车上路通行乃至"炸街飙车"、驾驶快递车辆随意逆行闯灯、农田作业的三轮摩托车在公路上随意占道或变道行驶，导致事故频频发生，暴露出摩托车驾驶人交通安全意识薄弱等特征。

此外，摩托车依然是农村地区重要交通工具，但我国农村地域辽阔，部分群众文化水平不高，考试领证距离远、难度大，成为制约农村地区摩托车办牌办证的重要因素。

# 四 摩托车驾驶人培训市场培育或发展对策

摩托车驾驶人的交通安全管理，旨在提升摩托车驾驶人安全驾驶能力、夯实交通安全管理基础，因此应从摩托车驾驶人的准入培训和考试、驾驶证的使用、驾驶人教育全周期进行系统性设计。下文针对我国摩托车及驾驶人发展现状、态势和需求，特提出优化摩托车驾驶证分类、完善培训考试内容、创新考试领证服务方式、夯实交通安全基础等方面意见建议。

## （一）优化摩托车驾驶证分类

随着我国居民收入水平增长，消费能力提升，居民出行更多选择汽车，更多大排量摩托车的属性逐步由出行工具转变为娱乐休闲工具，使用属性发生重大变化，使用场景更加丰富多元，对使用的安全性要求进一步提升。

当前，我国摩托车驾驶证分类仅以 50km/h 的设计速度和内燃机排量 50ml 或者电机功率 4kW 为界，不能有效区分使用场景和安全管理要求，难以满足新的发展形势和需要。同时，二轮摩托车和三轮摩托车驾驶方式、难度存在较大差别，特别是在排量和设计速度等机动性能大幅提升情况下，车辆稳定性、场景应对要求、驾驶操作要点等均需分别设计。因此，需考虑不同车型的驾驶难度、操作要求、使用风险等特点，针对不同排量或功率、不同设计时速、不同车型进行科学分类，为摩托车驾驶人科学管理奠定基础。

## （二）完善摩托车驾驶人培训考试内容

坚持"分级分类、精细精准"的基本原则，合理设计摩托车驾驶人培训考试内容。

一是优化培训学时管理。目前，对各类摩托车驾驶证的培训管理要求均为 38 学时，未能体现其差异性。但实际驾车过程中，二三轮摩托车、重轻型摩托车的驾驶差异较大。

因此，需积极推进完善摩托车驾驶培训管理制度，适度提升考领普通三轮摩托车、重型二轮摩托车驾驶证的学时要求，强化基础和场地驾驶技能、道路驾驶技能和安全文明常识培训学时比重，确保掌握安全驾驶知识和技能，进一步提升各类型摩托车培训内容的针对性和专业性。

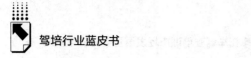

二是优化理论考题设计。针对摩托车驾驶安全要求，设计试题类型多样化、考点具有针对性、考试内容全面性的试题，更加突出摩托车交通工具的特性、摩托车出行场景风险等特点，切实提升考试的实际成效。

三是优化驾驶技能培训考核要求。针对摩托车不稳定性、应急操作难、风险高等交通工具特性，优化调整驾驶技能培训考试内容，完善桩考设置方式和考核要点，增加紧急制动、弯道行驶、风险防范、躲避障碍物等培训考核项目，提升培训考试内容实用性。

### （三）创新摩托车考试领证服务方式

坚持"便民利民、普惠均等"的基本原则，推进摩托车驾驶人服务管理改革创新，积极探索新方法、新模式，提升摩托车驾驶人考试领证服务效能。

一是推行互联网自主报考，将摩托车驾驶人考试计划全部公布在互联网平台，由考生自主选择考场、考试时间，考试资源公平公正公开分配，更加方便考生自主选择。

二是推行理论考试多元化，在使用全国统一计算机理论考试系统基础上，针对农村地区群众考试不便的情况，探索使用移动式、便携式理论考试系统，既实现送考下乡，又保证考试质量。

三是推行驾驶技能评判智能化，使用计算机评判系统对场地驾驶技能、道路驾驶技能进行评判，统一考试评判基准，规范考试管理过程，确保考试成绩实时上传，保障考试公平公正。

### （四）夯实摩托车安全驾驶保障基础

摩托车驾驶人的管理既需要严格准入，也需要持续教育。因此，需要持续加强对摩托车驾驶人的安全教育。

一是突出摩托车驾驶人的安全风险防范。扎实推进"一盔一带"宣传，推动广大摩托车驾驶人正确佩戴使用安全头盔，以减少事故伤亡。加强对摩托车驾驶人对不同摩托车、不同出行场景的交通安全风险教育，推广防御性驾驶教育，提升摩托车驾驶人交通事故预防能力。

二是突出摩托车驾驶人群体属性管理。针对摩托车充当交通工具、娱乐工具、生产工具的不同属性，强化驾驶人交通安全教育的针对性，加强对交通工具使用属性的普适性教育，更加突出普遍性交通风险和日常安全驾驶教育；加强对娱乐工具使用属性的专业性教育，更加突出娱乐摩托车的高速机动性风险防范；加强对生产工具使用属性的社会性教育，更加突出以社会责任和形象增强安全意识和规则意识。

此外，要压实各类主体责任，突出驾驶培训机构、邮政配送企业、城市建设管理单位等行业企业的交通安全管理责任，坚决落实对摩托车驾驶人的交通安全培训教育责任，切实提升摩托车驾驶人交通安全协同共治水平。

# 五　摩托车驾培考试市场未来发展预测

从上述分析可知，近年来我国摩托车及驾驶人数量仍处于增长阶段，群众考试领证、买车上牌意愿较为强烈。与此同时，摩托车使用出现由单一交通工具向兼具生产工具、娱乐工具的属性变化，成为摩托车管理特别是摩托车培训考试管理政策及市场发展的重要驱动力。由此可见，我国摩托车驾培考试市场在行政因素、社会因素等外在因素影响下，在工具属性演变内在因素驱动下，行业将会出现新的变革。

## （一）培训考试市场总量稳步发展

从总体形势来看，摩托车驾驶培训考试市场仍将处于持续增长阶段。一方面，群众对摩托车的使用意愿进一步增强，在日常交通出行中，摩托车因其灵活、机动而受到青睐，随着部分城市对摩托车限行的解禁，摩托车的使用更加方便；在休闲娱乐中，众多群众购置摩托车进行休闲骑行，山区骑行、野外骑行、摩旅等休闲方式成为群众喜爱的放松方式，重型摩托车备受欢迎；在运输生产中，城市环卫、外卖闪送、农民出行等也成为摩托车应用的主要场景，摩托车登记上牌、考试领证的要求同步跟进，摩托车培训考试市场迎来新的发展契机。

另一方面，交通行政管理政策的施行推动了摩托车培训考试市场的发展，在超标非机动车治理过程中，超标电动车、老年代步车等非法车辆淘汰深入推进，超标车辆作为电动摩托车的"变种"，在治理过程中促进了群众考试领证需求大增；与此同时，以北京推进城市环卫、配送等基础保障行业运输工具治理为代表，将此类车辆纳入摩托车管理范畴，为全国的行业管理提供了借鉴模板，也将进一步刺激摩托车培训考试市场发展。

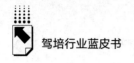

### （二）市场细分领域亟须深入耕耘

根据上述分析，在摩托车属性多元化、培训考试政策制度和技术持续深化的背景下，摩托车驾驶培训考试市场亟须进行精细化变革。

从培训对象而言，针对普通出行群体，摩托车作为交通工具，培训考试内容更加突出日常安全驾车知识和风险防范；针对娱乐休闲群体，摩托车作为娱乐工具，培训考试内容更加强调高级技能培养、风险防范能力提升，亟须在现有培训内容基础上进行专业化的教学；针对行业生产群体，摩托车作为生产工具，培训考试内容应更加突出城市出行场景、农村务农场景的安全骑行。

当前，这三类群体的年龄特点、驾车风格、使用场景存在较大差异，培训市场亟须根据培训对象进行针对性的服务管理，更加贴近客户所需、群众所盼、行业所规。从培训考试环节而言，培训考试对象的细分也导致培训考试服务能力变革，亟须面向广大农村地区、行业生产所需，使用更为灵活的培训考试模式，在培训考试场地设置、人员配置、训练考试时间等要素配置上，精准契合不同群体诉求，实现距离上就近、时间上随心、方式上便捷，提升培训考试服务能力水平，让群众学得舒心、考得安心、用得放心。

同时，基于公平公正、优质高效的管理目标，驾驶培训考试智能化设备的使用也将成为必然要求，电子化的评判设备和系统以及配套培训考试监管系统的研发应用需求更加强烈，对培训考试设备市场也需加以关注。

## 六　结语

摩托车的使用属性随着经济社会发展呈现多元化发展态势，未来摩托车产业将沿着电动化、绿色化发展方向加快转型升级，强化传统燃油车的升级改造，推动可再生能源和低碳燃料的开发和使用，新能源摩托车、智能摩托车、绿色低碳摩托车将实现快速迭代，进而建立长期、系统化、可持续的安全驾驶体系，使摩托车安全性、智能性、体验感得到极大提升。

同时，摩托车已然具有交通工具、生产工具、娱乐工具、社交工具等多重属性，需要对其背后的驾驶人交通安全认知进行重新分析和管理。

基于此，本文充分结合我国道路交通发展形势，深入分析了摩托车使用属性的变化特点、驾驶人特性以及交通安全形势，提出了优化摩托车驾驶证分类、完善培训考试内容、创新服务方式和夯实安全驾驶基础保障等政策建议，并对摩托车驾驶培训考试市场进行初步研判，以期为新时代摩托车驾驶人交通安全治理提供参考。

# 附录1　北京市加强摩托车驾驶培训管理的相关举措

2022年8月31日，《北京日报》刊发《"低门槛"的摩托车驾考令人担忧》一文，对多家驾校存在"弹性"学时、能过考试就行，以及"学三轮骑两轮"的现象进行了报道。报道刊发后，行业监管部门迅速开展调查、研究。9月21日，北京市交通委员会印发《关于加强本市摩托车驾驶培训管理工作有关措施的通知》（以下简称《通知》），提出用科技手段强化摩托车驾驶培训计时管理，研究在全市驾培机构推广"两轮摩托车安全驾驶实操培训"。

（1）摩托车驾培人脸识别签到计时

为了防范学时弄虚作假，《通知》要求各驾培机构用好科技手段，强化计时管理。根据《北京市摩托车计时培训管理实施办法》，进一步细化摩托车驾驶培训学时管理有关措施。深化科技监管，加大驾驶培训线上管理力度，改造升级驾培管理系统，加装车载定位装置，优化完善约考流程，以计时管理精细化、精准化为抓手，实现摩托车培训人脸识别签到计时、培训后实时评价等功能，进一步保障学员学时权益。

（2）加强协调联动，维护市场秩序。

针对周边省市"速成团"违规培训行为，进一步深化协同监管，与周边省市交通部门加强沟通协调，联合查处外地"速成团"在北京招揽学员等违规行为，打击违规培训机构，维护驾培市场良好秩序。各区行业管理部门要督促驾培机构依法依规培训，不得组织或参与组织"速成团"相关违规活动，并提示学员不参加相关违规活动。

（3）推广"两轮摩托车安全驾驶实操培训"

摩托车学员普遍存在"学三轮挎子，却骑两轮摩托"的现象，但三轮和两轮摩托车在驾驶方式、操作技巧等方面差异较大，存在安全隐患。

《通知》要求，研究在全市驾培机构推广"两轮摩托车安全驾驶实操培

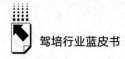
训"，在三轮摩托车规定科目的基础上，延伸增加一定学时的两轮摩托车实际操作培训，从源头强化摩托车驾驶技能。各区行业管理部门要督促驾培机构认真落实有关规定，组织教练员规范施教、认真执教，不断提升培训质量，提高学员摩托车驾驶操作技能。

《通知》还指出，各区行业管理部门要进一步加强对驾培机构摩托车培训的监督检查，联合交通运输综合执法部门，对摩托车培训机构进行"四不两直"全覆盖专项检查。发现驾培机构存在不按教学大纲培训、缩减培训内容和学时、组织或参与组织"速成团"等违规行为，责令整改，整改期间暂停招生和培训，情节严重的责令停业整顿。市行业管理部门不定期开展抽查，适时对全市摩托车培训和监管检查等情况予以通报。

## 附录2　2024年全国驾培市场运行基本情况问卷调查*

| 选项 | 选择人数 | 摩托车项目2023年培训人数同比变化 |
|---|---|---|
| 没有变化 | 128 | 11.1% |
| 增加20%以上 | 123 | 10.67% |
| 增加20%以下 | 89 | 7.72% |
| 减少 | 258 | 22.38% |
| 没有开展摩托车培训 | 555 | 48.14% |
| 本题有效填写人数 | 1153 | |

本文作者为巩建国、郝成宇、熊燕舞。巩建国，公安部道路交通安全研究中心驾驶人安全研究部主任；郝成宇，公安部道路交通安全研究中心驾驶人安全研究部实习研究员；熊燕舞，交通运输部科学研究院研究员，中国交通运输协会驾驶培训分会副秘书长。

---

* 来自中国交通运输协会驾驶培训分会调研数据。

# B.7
# "00后"学驾市场与驾校营销策略

## ——以南昌白云驾校为例

**摘　要：** "00后"是指2000年后出生的一代人，他们是数字时代的原生一代，成长在互联网普及和信息爆炸的时代。这一代人在信息获取和交流方面比前几代人适应性更强，也更加开放和多元化。在互联网和数字化的浪潮下，"00后"群体正在成为新一代消费主力军。他们已然成为可以推动商业市场的存在，同时也成为驾校市场营销需要重点关注的群体。对于当前的驾培行业来说，"00后"指的是2000～2006年出生的这批适龄消费群体，包含大学生、高考生、社会年轻人。在新的消费主力占据市场的新形势下，新驾校想要出圈，老驾校想要巩固市场份额，就需要深谙"00后"的消费市场，充分了解他们的消费观念和心理是根本，抓住"00后"的消费喜好是关键。

**关键词：** 驾培行业　驾培市场　"00后"　新媒体营销

在互联网、自媒体和数字化的浪潮下，"00后"逐渐成为新一代的消费主力军，已然成为可以推动商业市场变革的重要存在，同时也成为商业市场的需要重点关注的群体。与此同时，驾培行业也处于新老交替、整体迅速年轻化的变化之中。这种变化不仅仅指学员年龄结构的年轻化，也指驾校管理团队和教练员团队的年轻化，表现有：老一辈驾培从业者逐步退入二线，"驾二代"纷纷站上台前；思想僵化、故步自封的老教练被市场淘汰，掌握自媒体本领，能和年轻学员谈得来、玩得起的年轻教练在驾校站稳脚跟；营销手段越来越多地考虑"00后"的喜好和需求。

因此，在驾培行业的丛林法则下，"00后"学员成为市场主力这个事实，正在倒逼驾校进行自我更新。是被动适应还是自我救赎？是弯道超车抢占市场，还是自我升级保住份额？市场不相信眼泪。驾培行业只有充分了解市场和组成市

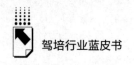

场的主力军——"00后"的消费行为习惯，才能在激烈的市场比拼中占有一席之地。充分了解"00后"的消费观念和心理是根本，抓住他们的消费喜好是关键。

本文重点阐述了驾培行业应该如何在驾校硬件、服务方式、营销手段等方面做出改变，以有效应对"00后"市场，并通过南昌市白云驾校等机构的实际探索案例，总结做出这些改变产生的效果。

## 一　白云驾校"00后"学员占比分析

对于当前的驾培行业来说，"00后"指的是2000~2006年出生的这批适龄消费群体，包含大学生、高考生、年轻社会人员。以南昌市白云驾校为例。白云驾校有5个校区，分别在南昌市的五个行政区，学员构成多样化。本文收集了2021~2023年白云驾校的总体招生数据并进行分析。从表1中可以直观看出，"00后"学员占比逐年增加，2021年占比为53.73%，2022年占比为60.75%，2023年占比为68.49%。这也意味着，对于驾校来说，人口红利几乎消失殆尽，刚性需求趋于稳定。

表1　2021~2023年白云驾校生源构成

| 报告年份 | 2000~2008年出生 | 2000年之前 | 全年已报人数 | "00"后占比（%） |
|---|---|---|---|---|
| 2021 | 12008 | 110341 | 22349 | 53.73 |
| 2022 | 10236 | 6614 | 16850 | 60.75 |
| 2023 | 15219 | 7002 | 22221 | 68.49 |

由此可见，"00后"学员已经成为驾校最为重要的生源。掌握"00后"学员资源、抢占"00后"学员市场、迎合"00后"学员的消费习惯，是驾校必须正视的事情。

## 二　"00后"消费心理、消费习惯分析

"00后"是数字时代的原生一代，成长在互联网普及、信息爆炸和自媒体爆发的时代。这一代人熟悉电子设备和数字化技术，对信息技术的认知起点很高，更善于利用互联网信息资源获取知识，在信息获取和交流方面比前几代人适应性更强，也更加开放和多元化，具有独特的价值观和消费观。

## （一）"00后"学员群体整体特点

### 1. 男女学员比例较为均衡

"00后"学员的男女比例一般比较均衡。以白云驾校为例，从表2、表3中可以明显看出，"00后"的学员男女比例变动明显小于其他年龄段学员。

**表2 2021～2023年白云驾校"00"后学员性别构成**

单位：人，%

| 2021～2023年（2000～2008年出生男、女学员报名占比） | | | | |
|---|---|---|---|---|
| 报名年份 | 男 | 女 | 全年已报人数 | 男生占比 | 女生占比 |
| 2021 | 6663 | 5345 | 12008 | 55.00 | 45.00 |
| 2022 | 5620 | 4616 | 10236 | 55.00 | 45.00 |
| 2023 | 8461 | 6758 | 15219 | 56.00 | 44.00 |

**表3 2021～2023年白云驾校其他年龄段学员性别构成**

单位：人，%

| 2021～2023年（2000年之前出生男、女学员报名占比） | | | | |
|---|---|---|---|---|
| 报名年份 | 男 | 女 | 全年已报人数 | 男生占比 | 女生占比 |
| 2021 | 4260 | 9081 | 13341 | 32.00 | 68 |
| 2022 | 2681 | 3933 | 6614 | 41.00 | 59 |
| 2023 | 2945 | 4057 | 7002 | 42.00 | 58 |

### 2. 信息获取能力强

"00后"成长在互联网时代，成熟在自媒体时代，这个群体对信息的获取和筛选能力相对较强。他们习惯在新媒体中搜索和查阅各种信息，能够初步辨别信息的真伪和价值。很多"00后"的学员报名之前，都会在网上找驾校，比较驾校的价格、位置和学员评价等。

### 3. 自主意识增强

"00后"的成长环境中，家长更加注重培养孩子独立思考、自主决策和独立解决问题的能力。"00后"人际沟通能力较强、同情心强，对社会、对环境有更高的认识。

### 4. 视野更加广泛

"00后"生长在一个逐渐全球化的时代，并通过互联网、社交媒体等途径接触到更广泛的文化和思想。他们对不同文化和不同语言的了解更多、更深，同时具有更强的国际视野和全球公民意识。

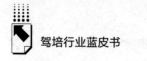

**5. 面临的竞争压力增大**

随着经济的迅速发展，社会的竞争日益激烈，"00后"面临着更大的学习和就业压力。因此，他们更加注重高质量的教育和品牌意识，更加追求专业性和实践能力。考虑到就业以及将来的生活便利，很多大学生在大学就读期间都有计划完成学车考照。

**6. 多元价值观**

随着国家发展和社会变化，"00后"对婚姻、家庭、职业等的价值观念有了新的变化。他们追求多元主义，关注性别、种族、环境等多方面的议题，具有开放、包容的心态。因此，"00后"的学员，对新奇特的事物更容易接受，对网红打卡地也非常向往，很容易被网络"种草"。

## （二）"00后"群体的消费观分析

"00后"作为新一代的消费群体，具有独特的消费习惯、消费动机和品牌偏好。

**1. 为颜值买单**

"00后"对物质背后的精神需求大过物质本身，伴随极强的好奇心和爱尝鲜的态度，他们会为好看、有趣、创意而买单。"00后"提出"颜值即正义"，因此颜值一定是"00后"选择品牌的核心原因。

**2. 为热爱买单**

圈层文化是"00后"的一大行为特点，以"热爱"为圆心，他们汇聚在一起，形成圈层文化。圈层化消费具有高黏性、高投入、高频次的特点，同时会强化社群化的消费者归属和标签。

**3. 为悦己买单**

"00后"更倾向于用消费表达自己的情感诉求与价值观，并享受在此过程中产生的自娱自乐式愉悦。随着工作压力的增加，悦己消费逐渐在年轻人群中兴起。

**4. 为情绪买单**

对于"00后"群体来说，产品和活动是否存在价值，不是看能收到多少物质回馈，而是看自己是否能收获情绪满足的瞬间。

**5. 为社交买单**

"00后"的表达欲、分享欲很强，他们期望能够通过消费行为带来社交资本，吸引志同道合的人。社会竞争日益激烈，而在独特圈子里更能展现自我，更容易获得认可和尊重。但在圈外，"00后"又表现出其"社恐"的一面，对于现实接触有拒绝交流或害怕交流的表现，但愿意主动在 QQ、微信、小红书、抖音、快手、B 站等新的社交媒体分享和互动，记录自己的生活和消费体验。因此，只有走入"00 后"认可的圈层，才能看到真正的"00 后"。

### 6. 为精神买单

常规的功能性产品已经很难满足"00 后"消费需求，他们更注重品牌背后的故事和品牌所强调的价值观。比起高档的品牌，他们更愿意去接触有文化内涵、富有创意的品牌。

另外，"00 后"还因为其独特的消费观，对于小众品牌、本土品牌和环保品牌有更多的倾向度。这和他们与众不同的特性有关，他们也更加关注本土品牌的创新和品质，在道德的高度和从众心理下会无条件支持本土品牌，以显示自己更高的品味。"00 后"还更加关注环保和可持续发展，他们在消费时会更倾向于选择环保产品和支持可持续发展的品牌。

## 三 驾校针对"00后"的外部营销策略

通过前两节的阐述，我们可以得出一个结论："00 后"学员是驾校最重要、最特别的客户群体。吸引"00 后"群体的目光、迎合"00 后"的消费喜好、让"00 后"在报考驾照时做出符合这个群体习惯的选择，以及通过各种服务得到他们的认可，从而通过他们的"圈层文化"达到更大的转介绍效果，是驾校最需要完成的任务。

所有的改变都需要在营销端见到成效。驾校应通过"00 后"行为、消费心理在驾校服务和营销中的各种映射，针对这一群体确定服务特色、营销策略和产品设计。下面我们就从如何让"00 后"看到驾校、选择驾校、认可驾校几个方面逐一进行阐述。

### （一）用网红思维打造驾校硬件和服务，以优质的内容产生曝光，让"00后""看到"驾校

所谓"看到"驾校，并不是真正地用眼睛看到驾校这个实体，而是在"00 后"的资讯视野所及之处，有驾校的存在。著名的科幻小说《三体》中有一句话："光锥之内，皆是命运。"意思是任何物质的运动速度都不能超过光速，所以光速之外的东西，和你没有关系，你的命运，只局限在光速之内。

"00 后"信息获取能力强，他们成长在互联网时代，成熟在自媒体时代，

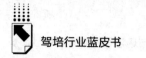

对信息的获取和筛选能力相对较强。他们习惯在新媒体中搜索和查阅各种信息，能够辨别信息的真伪和价值。如果驾校不能在新媒体中产生曝光、展现自身价值，就不能将信息更多地送达给"00后"群体，就不能吸引到他们的目光，营销也就无从谈起。因此，驾校应该首先从网红思维对驾校进行硬件改造和服务升级做出改变。

随着经济的发展，学员驾考体验逐渐趋向于平淡。"00后"的思维是活跃跳动的，对于中规中矩、一成不变的模式，他们更喜欢刺激新鲜的奇幻旅程。因此，驾校要思考，怎样的关键词才会出现在"00后"搜索驾校的习惯中，怎样的故事才会让"00后"群体听到后产生好奇心，驾校的信息在传递到"00后"群体后，怎样才产生吸引力。

"网红思维"的本质就在于以精良的内容和独特的话题吸引流量。驾校在校园环境、服务特色等方面进行"网红化"思维改造后，通过驾校校园、考场等硬件的主题化、话题化，提升驾校颜值，讲好话题故事，传播文化差异，能有效吸引"00后"的目光。在"00后""颜值即正义"的理念中，一个没有颜值、装备落后的驾校是对他们没有吸引力的，而一个主题化、环境生动的驾校，到处都是打卡点，打开手机就能拍一张发圈的照片，如果还有与众不同的教练车、标新立异的涂鸦，能产生的话题就更多了。颜值和独特，是他们愿意投来目光且驻留的重要因素。

"00后"群体面临的社会竞争压力也很大，在巨大的学习和就业压力下，他们更加注重高质量的教育和品牌，更加追求专业性和实践能力。在寻找他们喜欢的驾校时，老品牌驾校、口碑好的驾校，有传承故事、有年轻人喜好的话题点的驾校将成为他们的首选。

因此，驾校要吸引"00后"群体，要采用网红思维进行软硬件的升级，驾校根据条件和情况的不同，可能升级一个点，可能全面升级，但都要有所改变。驾校要用"00后"觉得可以赞美的颜值，产生好的话题和故事，形成良好的企业文化和品牌美誉度，再通过不断地重复曝光，去吸引他们的目光，去引发他们的好奇心。

### 案例1　白云驾校打造多个网红驾校，吸睛又吸人

为应对年轻学员对驾培的新需求，白云驾校在2021年用网红思维打造了第一个主题驾校——樟树林老城主题驾校。樟树林校区地处南昌市

中心区域，周围老社区环绕。白云驾校充分考虑这个地块的地理位置和特殊人文环境，将驾校的改造主题定为"老城主题"。

选择主题理由如下。

第一，南昌城拥有2200年的建城史，历代文献可考，历史悠久，老城之名名副其实。

第二，随着时代的发展，南昌越来越大，越来越向周边扩展。樟树林校区位于老城区，也暗合"老城"的老百姓称呼习惯，凸显了樟树林校区的地理位置优势。

第三，老城主题有更多的文化底蕴和素材适合操作，在改造和布置中有更大的选择余地。

樟树林校区确定老城主题风格后，采用能体现民国时代特征的暗红+墨绿主色调。这种大胆的用色，在现代人看来是不好看，但是在以前可能是一种色彩主流。因此，在主题驾校的文化暗示之下，在大面积使用这种基础配色后，给人带来一种非常独特的感觉。这种视觉冲击，让所有人从怀疑到肯定，再到欣赏，本身就是一种非常好的风格烙印。这种风格的主题颜色，也符合"00后"不愿意从众的心理，符合他们喜欢的小众但精致的风格。

白云驾校将报名大厅打造成民国风情的场景式大厅。在墙面设计和地板、灯具、家具的选购上，完全按照民国风格进行，还在网上购买老物件，安放在大厅的各个角落，让学员在大厅中，偶然一次抬头或一次回眸，在不经意间惊喜连连。在"颜值即正义"的"00后"眼中，每一处都是打卡点，每一个物件都是值得放到自媒体进行展示的独特物件。

在外部训练场，白云驾校以"交通工具的演变史"为主线，在广大的训练场地上，不仅有一面有交通工具的演变彩绘的高墙，还想尽办法，找到相关实物，在训练场进行展示。每一个实物都有环境作为依托，并加以展示说明，既提高了校区品味，又给学员带来很多知识。

为配合整体环境的升级，樟树林主题校区的工作人员进行了统一换装。学员在第一次接触到樟树林校区的员工时，就会发现这里的员工是不一样的，再步入校区，看到周围的环境和道具，自然而然会产生一种"这个驾校真的不一样"的感觉，从而产生一种心理暗示：这个驾校有文化，讲究，正规，天人合一，自然和谐，练车心情一定非常舒畅。

樟树林校区经过主题化改造后，通过多渠道的传播和学员的口口相

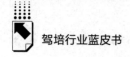

传，已经成为南昌市驾校的一张重要名片，还吸引到全国驾培同仁来实地参观考察。樟树林校区也因为主题化改造受到市场的认可，招生量价齐升，取得了很好的经济效益和社会效益。

在2022年和2023年，白云驾校又对新建校区和交大校区进行了主题化改造。将新建校区打造为田园风格主题，将交大校区打造为南昌夜景最美的驾校。这些改造，都为白云驾校带来了丰厚的回报，在"00后"群体中，白云驾校已经成为时尚和颜值的代名词。

## （二）针对"00后"学员的实际情况和心理合理设计班型与服务内容

"00后"学员大多数受到过高等教育，在和谐的家庭氛围中成长。对外敏感，内心情感丰富。很多"00后"自认为"社恐"，但和朋友在一起时，又变得比较"大胆"。因此，驾校要得到"00后"的选择，要有针对性地对这一群体设计合理班型和服务内容。

1. 建立智慧驾校，设立AI智能班，引入AI客服和AI教练员

智慧驾校既能充分利用"00后"接触互联网和熟练使用电子终端设备的优势，又能保证学员一人一车，保证充足的练车时间，还能有效避免学员与教练员之间因为不熟悉而导致的"社恐"心理，通过AI教练员不厌其烦地教学，满足"00后"自我适应、自我调整、自我提高的心理需求。同时，还可以通过智能终端的打分或奖赏功能，让"00后"学员获得满足感，使其产生"炫技"欲望，达到自觉转发的传播效果。

2. 开设周末班和先学后付班等新班型

"00后"群体往往大学生居多，大学生面临学业、就业和经济压力，没有合适的练车安排就不能吸引这个群体。因此，驾校要针对"00后"学员开设周末班、夜训班和先学后付班，以解决平时学业与练车的时间冲突。

### 案例2　华蓥市广华驾校

为认真贯彻执行国家和行业相关驾培服务模式改革要求，最大限度满足学员学车需求，驾校目前已开设了多种培训服务班：

贵宾班和普通班，VIP班、早晚周末班、预约计时培训班、先培后付班等，按市场需求制定收费标准，每天的训练时间为7：00—21：00时。

**案例3　车掌门科技"先学后付"模式的开发**

车掌门科技有限公司联合微信、支付宝以及上海各大驾校,推出先学后付学车模式。

先学后付是使用微信支付分、支付宝芝麻信用对用户的支付信用进行评分,当用户信用分达到标准后,可以免预付下单,在每次上课时进行按次支付学费。

先学后付极大地保护了学员的资金安全,学员再也不用担心驾校倒闭或卷款逃跑;学员上一次课支付一次费用,有效地提升教练的培训质量,提升学员的满意度,很好地保障了学员的权益;学员对先学后付模式更加放心,更加信赖开通先学后付的驾校,可以有效地提升驾校的招生率,降低学员后期的投诉率。

## 3. 通过参与感和仪式感,让"00后"产生正义感和满足感

"00后"正处在成年又不很成熟的懵懂期,还没有受到一些不良习气的侵袭,也没有受到所谓社会生存规则的打击。他们对正能量充满好感,对品牌文化充满好奇,对仪式感和参与感有期待和幻想。学车是一件辛苦的事情,也是一件关乎生命的事情。驾校应从驾培本质出发,确立正确的道德观,强调驾培的社会责任感,让"00后"学员认同驾校的正确的企业文化。驾校还应在"00后"学车培训期间,设计他们亲身参与的正能量活动,提高他们的参与感,并在活动中给予他们正确的教育和引导,为他们提供正义的情绪价值,从而对驾校产生价值认同。

**案例4　白云驾校"交通安全万里行"活动进商场、进学校**

白云驾校一直坚持开展"交通安全万里行"公益活动,积极宣传"珍爱生命,平安出行"的理念,增强交通参与者的交通安全意识,为建设和谐文明的交通做贡献。特别是交通安全进商场和进学校,年轻学员通过活动可以面对面地接触到更多的年轻人,让更多的年轻人特别是"00后"认识到白云驾校的品牌影响力,同时在交通安全活动中融入"00后"喜欢的元素,更容易加深"00后"的印象、得到"00后"认可。

**案例5　白云驾校特色赋能科目二开学典礼**

白云驾校每一名科目二的学员在上车前都必须参加开学典礼,通过亲自参与事故警示车教育、安全带和酒驾情景体验、车辆盲区体验、观看安全警示视频、面对面接受教练的一分钟承诺等环节,加深巩固学员

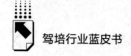

的安全文明驾驶意识，特别是年轻的学员，在面对从未经历过的教学模式时，表现得非常感兴趣，教练在做一分钟承诺的时候让他们觉得很有仪式感，也很新奇和特别，会不自觉地掏出手机拍照、录视频，有的年轻学员甚至会发朋友圈，无形之中既让年轻的学员感受到了学习驾培知识的乐趣，又让学员给驾校做了宣传。

### （三）让"00后"学员为圈层文化买单

"圈层文化"是指在某个特定领域或兴趣爱好中形成的具有一定封闭性和排他性的社群文化。"00后"群体对小众文化的兴趣会形成圈层、为了在社交媒体平台交流连接会形成圈层、为彰显个人个性和价值观会形成圈层等。形形色色的圈层文化对"00后"的消费心理和行为产生巨大的影响，这个群体更愿意为与自己圈层相关的产品和服务买单，或为同属这个圈层的同龄人的推荐买单。

因此，对于驾校来说，了解"00后"的圈层文化是非常重要的，为热爱买单、为社交买单、为精神买单都可以划归为圈层买单的范畴。驾校可以有针对性地进行相应的宣传设计和服务升级，用"00后"群体认同的宣传手法有效吸引他们，以促进"00后"对驾校产生好感和认同。

#### 案例6　枣庄运鸿驾校、高考生营销创新高

枣庄市运鸿驾校面对近年来驾培市场不断萧条和萎缩，学员报名人数持续走低的情况，瞄准高考季的有利时机，针对辖区内00后的高三届学生和职高毕业生群体，周密部署，提前谋划，实现让高考学生到驾校学车的无缝衔接。

驾校在高考前与高三级部主任做好沟通，在不影响高三学生备战高考的情况下，宣传驾校的师资和教学质量以及学驾相关信息，并针对高三考生团报学车进行优惠；为鼓励高考学子考出优异成绩，推出对高考状元进行免培训费学车的激励政策。在高考期间，驾校在考场周边设立固定宣传阵地，发放宣传单，为高考学生和家长免费发放矿泉水和油笔等；驾校所属集团公司责成下属出租车公司为高考学生提供免费接送高考学生服务，配合驾校开展招生宣传工作。在高考结束后，驾校邀请省高校著名专家为高三考生和家长进行志愿填报和就业方面分析的专题讲座，让家长和考生参观驾校教学环境并进行观摩试驾。

通过以上的推广举措和精心准备，2022年6月驾校单月招生达到1240人，其中高三毕业学生占89.71%，成为驾校招生的主力军，在本年度高考季招生工作中有的员工单月招生达到303人，创造驾校建校以来单月招生新纪录。在2023年高考季招生工作中，在疫情后大环境影响下，6月招生达到820人，整个暑假期间招生高三毕业生达到1200多人。

在高考季驾校宣传工作中，运鸿驾校推出一系列针对高三学生的学车宣传攻略，利用互联网和条幅进行线上线下广泛宣传，加之驾校在高考前期所做的宣传工作，高考期间的人文关怀和兑现高考状元免费学车的承诺，将高三学生学车招生工作推向一个高峰，实现驾校高考季招生创新驱动效应，并使驾校在高考季招生工作中取得优异成绩。

将驾校的各类信息有效触达"00后"是一件非常重要的事情。驾校的营销广告、驾校的口碑故事、驾校的正面宣传等，如果无法触及"00后"群体的目光，让"00后"不"感冒"、不认同、不关注，这种传播方法也是隔靴搔痒、徒劳无功的。

最好的做法是让正经的官宣变得"不正经"，不要老是想着树立驾校的"强者"形象，而是应该自降身段，以幽默搞笑、通俗易懂的方式进行网络推广。例如，2023年，在抖音短视频平台上，山东梁山水浒驾校"大学生驾校托儿所"系列视频引起几百万人的关注和热议。该驾校紧抓这波流量，精准定位大学生群体，引入"托儿所教学模式"，将学员"宠上天"，引起大学生的一致好评。

在"00后"群体成为驾校的消费主力之前，驾校的宣传内容往往追求"高、大、上"：宏大的视角、厚重的配音、主流的配乐、不厌其烦地优点展示等等，很多驾校一想到宣传，还停留在这些老套的宣传内容和手法上。但"00后"群体不爱看这个。要想吸引"00后"群体的目光，就必须使用他们喜欢的内容和手法进行拍摄宣传。驾校要树立"官宣要变成观宣"的思想，宣传不能感动自己，而是要吸引受众，要以能吸引"00后"消费主力群体的内容和方法进行拍摄宣传。拍搞笑段子、拍同款影视剧桥段、拍软文广告都是很好的方式。通过搞笑、模仿、悬疑、反转提高内容质量，通过购买拍摄设备提高画质，通过精辟的文案提高内容档次。

### 案例7 白云驾校官微视频内容调整

白云驾校视频号在运营过程中，经常会改编拍摄一些时下比较热门

的网络梗和大流量 IP 故事，通过输出一些"00 后"比较关注的有趣的内容，进行有效宣传，并取得了非常好的效果。比较成功的视频案例有白云驾校 2023 年春季"抽金兔"活动，结合当时爆火角色"强哥"，打造了一系列宣传视频，许多网友都表示看广告就像看电影，很有趣，白云驾校抽金兔的营销活动也因这样的宣传方式得到了广泛的传播。

## 四 驾校应对"00后"的内部营销策略

### （一）通过员工建立有效的自媒体团队增加曝光

驾校要重视员工通过微信、短视频、直播、小红书等自媒体带来的宣传效果，这是驾校一项非常重要的工作。在自媒体爆发的时代，任何人都是信息源和传播者。自媒体让过去的受众身份进行了彻底转换，人人都能成为自媒体。因此，不用好员工的自媒体功能对驾校来说是一种极大的浪费，也无法通过"00 后"习惯的资讯获取方式将驾校信息传播给这个群体。

驾校抓好员工自媒体工作要注意以下几点。

1. 熟悉平台性质，有效利用规则，持续学习优化

驾校应根据自媒体平台性质和平台受众群体的不同，向员工推荐适合自己的平台。所有的内容都应指向营销和推广，选择适合的平台，才简单易做且事半功倍。

要培训员工学习和熟知自媒体平台运营的规则和技巧，平台的规则经常改变，所以培训不是一次性的，而是要定期、长期地对员工进行培训。同时，也鼓励员工持续自我学习和改进，跟上行业的最新趋势。想获得更多流量，按规则做事是最基本的要求。在不熟悉规则的情况下盲目进行宣传，会受到平台的限制或处罚，不仅努力白费，而且会打击到员工做自媒体的积极性，得不偿失。

2. 打造员工矩阵账号，专人负责项目，建立品牌形象和风格

驾校打造员工账号矩阵应首先确定平台和风格指南。驾校应寻找运营门槛低的平台来打造员工矩阵账号，因为门槛低才能让大部分员工去运营，才能把群体效应发挥到最大。风格包括标识、颜色、字体、语言风格等，以确保所有员工在作品上的一致性和专业性。

驾校应有专人负责驾校自媒体项目及矩阵工程，负责制定内容创作计划，包括主题、话题、发布时间等，确保内容有价值、有趣、有吸引力，并与目

标受众充分相关。还要建立良好的团队协作和沟通机制，确保员工之间紧密合作，分享经验和资源。

## （二）要求员工个人宣传凸显个性

有了好的内容，传播管理非常重要。在全员打造矩阵过程中，驾校也应注意不强加人设给员工，在大同下存小异，每个人都有自己特有的 IP，让员工找到适合自己的风格，让员工发扬光大自己的特长，做好自己，这样才能长期坚持做下去。

驾校建立了自媒体团队后，通过各种帮扶和督促建立起驾校强大的全员宣传阵容。但个体的宣传必须有别于官宣，个体宣传必须迎合"00后"小众圈层心理，采用凸显个性的方式吸引"00后"。员工无论是教练员还是其他岗位都是个体，个体就有个性，员工的自媒体就必须带有个体的独特个性和视角。尤其在火爆的短视频平台，标签就代表你能进入哪些圈层。"我很黑，但我很温柔"是教学风格标签，"从业10年，帮助2000多名学员拿到驾照"是业绩标签，"我是党员、优秀退伍军人"是素质标签，"合格率名列前茅""培养过的学员没有出现一例重大事故"是质量标签等。"00后"群体的圈层不同，不同标签和个性影响的受众不同，凸显更多的个性方能触达更多的圈层、起到更好的宣传效果。

### 案例8　白云驾校结合国潮文化的内部营销活动

2023年9月，白云驾校为鼓舞团队士气、激发员工潜能、做好内部团队的营销，以"挑战自我，9月封神"为主题，隆重举行了一场"封神大战"启动仪式，组织全体员工学习"名将精神"，结合工作实际，在9月挑战自己，超越极限。在仪式中，驾校的中层人员选择带有国潮元素的戏服进行"封神"，并挑选了经典戏曲剧目作为暖场节目。这不仅让白云驾校内部员工觉得非常新颖有趣，还得到了许多年轻学员的好评，认为白云驾校年轻、时尚、有活力，非常有趣，表示就喜欢这种不一样的驾校。

## （三）鼓励和陪伴很重要，监督和激励方案很重要

做自媒体是一件长期的工作，驾校在投入自媒体运营且投入越来越高的情况下，容易产生急功近利的思想。员工由于个人素质参差不齐、网感不一，

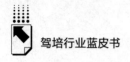

很难做到立见成效。因此，鼓励和陪伴很重要，监督和激励方案很重要。

如果不能协调好投入与效益、鼓励与批评的尺度，员工很难长期坚持下去，驾校的这项工作也会变得流于形式，最后不了了之。在员工做自媒体工作中，驾校既要进行作品数量和质量的监管检查，又要设置激励方案，从品宣和营销两方面对做得好的员工进行及时奖励。要定期检查员工的账号运营情况，在员工需要帮助的时候给出适当的建议。展开部门和员工之间的评比，营造团队对自媒体工作的热爱及你追我赶的竞争氛围。可以定期召开分享会，寻找一些自媒体工作有成效的员工进行分享，员工之间互相帮扶、互相学习。

### 案例 9　白云驾校新媒体部矩阵工作安排及部门工作制度

1. 矩阵账号员工（各岗位员工）

根据校区或部门下达的任务，按要求保质保量地完成抖音的作品发布任务，并根据自己工作情况尽量安排直播。

2. 校区/部门新媒体专员（由各校区副校长担任）

负责制定本校区/部门的每月的自媒体工作计划；

负责每周给员工准备 5 条视频文案，供员工借鉴；

每周统计一次员工的作品数据（按模板数据进行统计），每周四汇总到新媒体运营总监处；

一周至少进行一次员工作品发布情况检查，保证员工至少有 70% 作品统一风格；

鼓励员工多开直播，并做好直播数据统计工作；

多关心员工账号的运营情况并做出指导；

与运营总监及时沟通本校区/部门的账号在运营中出现的问题。

3. 新媒体运营总监

每周至少在每个校区/部门抽查五名员工的账号运营情况；

每周至少组织各校区/部门负责人召开一次线上视频会，了解各校区/部门的新媒体工作运营情况，并做出指导；

每个月面向各校区员工开展一次现场的答疑解惑工作；

对于各校区/部门的账号运营出现的问题，一定要积极处理；

每周向总经理至少汇报一次全集团新媒体工作情况；

每个月做全集团的新媒体工作质量分析表。

4. 新媒体工作激励方案

（1）员工（校区奖励）

①流量奖励：保证数量的同时，个人作品当月的总播放量在 2 万次以上的，给予 200 元奖励；

②咨询量奖励：意向咨询量为校区第一名的奖励 500 元；

③成交量奖励：成交量为校区第一名的奖励 500 元。

（2）各校区/部门新媒体专员奖励

①流量奖励：六个校区/部门人均流量排名第一的奖励 200 元；

②咨询量奖励：六个校区/部门人均咨询量排名第一的奖励 300 元；

③成交量奖励：六个校区/部门成交量排名第一的奖励 500 元。

# 五　驾校面向"00后"的互动营销策略

前文已经描述了"00后"的消费观，这个群体会为颜值买单、为热爱买单、为情绪买单、为圈层买单、为悦己买单、为精神买单。在驾校每个员工和市场上每个可能的"00后"目标市场意向学员，驾校教职员工也应该在互动营销策略方面做出相应的调整。

## （一）了解"00后"的消费观，用情绪和圈层让客户买单

在"00后"的群体中，为悦己买单和为情绪买单应划为一类，这类群体更注重自我享受，重视追求个人心理上的满足。从国风汉服、Lolita 到游戏皮肤、元宇宙虚拟偶像，从男士彩妆、氛围感香薰到微醺低嘌呤酒……以愉悦自我为核心的悦己经济理念，被越来越多的"00后"群体认同。无论是实物商品，还是虚拟体验，只要能让"00后"年轻人情绪放松、心情快乐，他们都愿意尝试一下，甚至"小奢一把"。

对"00后"来说，情绪才能定义价值。因此，驾校要从提供这个群体的情绪价值出发，进行营销方案、产品设计和服务内容的升级。

其中，最重要的就是要在驾校全体员工中树立以学员体验为结果导向的服务理念。要求每一个岗位的员工在与学员接触的各个环节，让学员有良好的体验，并通过服务传递给学员良好的情绪价值。

### 案例 10　临沂荣庆通达驾校夸奖式教学

"你是我见过最聪明的学员。"2024 年 2 月 27 日，一条"教练夸夸语

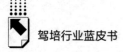
录培训视频"火爆网络，受到网友的关注。视频中，临沂荣庆通达驾校中队长赵建飞手拿语录，带领数名教练员集体朗读："我一看你就是学车的好苗子""这把方向打得真棒"，场面分外有趣。

天南海北的网友们涌入评论区，分享着彼此学车的"辛酸史"。一网友表示，自己曾因为车开得慢，被教练吐槽"蜗牛都能超过你"。还有网友说："这还是我认识的驾校教练吗？虽然过去多年，那种胆战心惊害怕出错的感觉至今都历历在目。"

在多数人看来，开车关乎自己、家人和公众的安全，是一件非常严肃的事情。因此在学车的过程中，他们绷紧神经，遇到脾气不好的教练时，更是怕上加怕，只能选择忍气吞声，却又羡慕别人家教练的"好脾气"。

"通过这样的培训，可以让缺乏自信的学员有信心来学车，营造良好的教学氛围。"荣庆通达驾校负责人王玉琦说。"夸夸语录"培训之前，驾校学员在练车的时候很容易有紧张情绪导致手忙脚乱，经过教练员的鼓励话术，这种情绪得到了有效缓解。最令王玉琦意想不到的是，一些脾气不太好的教练在培训后突然变了性子，与学员相处融洽，"这不仅提高了学员学习质量，还提高了驾校口碑。"

目前，临沂全市登记有103家驾校，光莒南县就有13家。"在激烈的行业竞争中，如何增加消费者的信任，提供优质服务，转变刻板印象成为驾校提高竞争力的首要因素。"王玉琦表示。除了"夸夸式"教学，驾校还可以通过规范教练员行为、班车接送、节日小福利等方式来提升学员满意度。

同时，严厉禁止教练员与学员发生争执。驾校教练员要以利他之心开展教学，充分尊重学员，理解学员学车不易，为学员提供有针对性的服务。

## （二）加入"00后"社交圈，埋下从众的种子

"00后"的性格既有从众心理，也有小众心理，驾校通过与其他驾校的特异化满足小众心理，用其他"00后"选择本驾校的事实顺应从众心理，营销必然取得成功。

### 1. 通过发展学生代理进行营销

对于驾校来说，"00后"的群体里在校大学生又占了绝大多数，因此，通过发展学生代理是很多驾校已经选择和正在选择的道路。学生代理群体在校园内具有较强的社交网络和传播能力，可以帮助驾校有效地推广产品或服务，

同时也为学生提供了一个锻炼自己沟通能力、营销能力和团队协作能力的机会。好的代理团队不但能够推广销售产品，还能收集反馈，引导驾校有针对性地进行业务调整。他们积极地推广和良好的服务，能够间接塑造驾校的品牌形象，提高驾校品牌的美誉度。由于这些代理本身也是"00后"，对他们的培训和锻炼，也能满足"00后"对参与感和获得感的追求，在代理的圈层里，业绩可以是他们"炫技"的资本，从而再次成为这个圈层发展的原动力。

### 2. 通过学校网站或 App 进行营销

校园网站和 App 是"00后"大学生使用频率很高的软件，它们可以帮助大学生更好地学习、生活和娱乐。驾校应重视这个阵地对"00后"的宣传效果。可以采用与 App 运营商合作的方式，了解他们的推广渠道和方式，制定出适合驾校的营销策略。有条件的还可以积极参与 App 社区，与用户进行互动，回答用户问题，提供帮助和建议，增强用户黏性和忠诚度。利用校园 App 举办线上活动，如抽奖、打卡送礼等，吸引用户参与，提高品牌知名度和用户黏性。

## （三）让驾校互动营销与国潮文化相关联

"00后"对国潮的发展产生了重要的作用。"00后"是在中国传统文化和现代文化的交融中成长起来的一代，他们对传统文化有着浓厚的兴趣和热爱，通过参与国潮，他们能够更好地了解和传承中国传统文化。"00后"在成为消费市场的主力军后，他们对产品的品质和文化内涵有着更高的要求，推动了国潮产品的升级和创新。加上"00后"是社交媒体的主要用户群体，他们通过社交媒体分享国潮产品和文化，促进了国潮的传播和互动，他们的参与和支持为国潮的发展注入了新的活力和动力。这也是"00后"群体特有的文化自信和民族自豪感。

驾校要获得"00后"群体的认同，就要在互动营销活动、服务特色上和国潮文化相关联，以吸引他们的兴趣。

驾校可以在广告宣传等方面融入国潮元素，提高产品的吸引力和独特性。可以举办与国潮相关的互动营销活动，如国潮文化展览、国潮时装秀、国潮音乐演唱会等，吸引消费者关注和参与；可以与国潮品牌、设计师、艺术家等进行合作，共同推广国潮文化和产品，扩大品牌影响力和市场份额。

总之，对于国潮，"00后"群体有比其他年龄段更强烈的热爱，驾校如果能结合国潮元素和文化，将给营销带来极大的帮助。

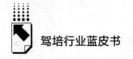

**案例11　国潮盛会——白云汉服游园会**

华服复兴运动简称华服运动，是指汉民族服装华服的复兴运动，汉民族服装叫作华服或汉服，从2003年开始，主要在年轻人的圈子盛行。白云驾校举办的大型汉服游园会，数百名年轻的汉服爱好者身着汉服，彰显了华夏儿女独特的文化底蕴，见证了白云驾校弘扬中华民族优秀传统文化的努力。白云驾校也得到了大量好评，同时也吸引了一波汉服爱好者选择报名白云驾校。

# 六　总结及展望

本文较为详细地分析了"00后"群体的消费观念和心理，并根据这些观念和心理，分析驾校如何在外部、内部和互动营销层面进行应对，阐述了驾校在面对"00后"学员人群时，具体应该采用怎么样的策略去调整、改变。

本文由于篇幅所限，仅对驾校在营销方案、服务内容、宣传手法这几个方面做出了较为详细的阐述。要更好、更全面地得到"00后"群体的认同和选择，驾校还应在员工年龄构成调整、员工教育培训、满足高考生家长需求、满足社会年轻人的需求等方面做更多的改变。

不管驾校所处城市环境、地理位置如何，不能忽视，"00后"群体已经成为驾校最大的消费群体，是驾校的主要经济来源和营销方向。更进一步来看，"05后"也已经逐渐成了驾校的主要消费群体。重视他们、研究他们、迎合他们、让他们认同，这是新时期驾校市场生存的"王道"。

本文作者为陈燕、周胜、邬伟。陈燕，中国交通运输协会驾驶培训分会副会长，江西南昌白云驾校校长；周胜，江西赣州华坚诗人主题驾校校长；邬伟，江西南昌白云驾校副校长。

# B.8
# 驾校经营的传承与创新发展

**摘　要：**　在未来5~10年，中国的驾培企业必然有相当一部分要进行代际交接班，驾培企业未来的路线选择、接班人的遴选和培养，已经成为中国老牌驾校正在面临的关键问题。本文讨论了家族企业传承的困难，包括代际差异大、"二代"接班"磨"与"合"的困难较大、"二代"顺利接棒有一定的困难以及"二代"需要建立新战功等；认为"二代"与"一代"思想观念不同，"二代"怕吃苦，个人能力难以胜任等是"二代"不愿接班的主要原因；"二代"接班一般要经历怀疑期、冲突期、妥协期、信服期四个阶段；"驾二代"想建立新战功需要做到以人为本、经营得当、管理严明。想让"驾二代"顺利传承需要做到以下几点：提前规划，避免急功近利；综合培养，兼顾专业与领导力；渐进式交接，保障平稳过渡；系统评估，确保最佳选择。

**关键词：**　驾培行业　驾培市场　家族驾培企业　"驾二代"接班

改革开放40多年以来，当初最早成长起来的民营企业包括建校多年的老驾校正在集体面临着"二代"接班的问题。我国不少驾校创立于20世纪90年代和21世纪初，很多一代驾培企业家是"50后""60后"，现在到了必须考虑"交棒"的年龄；而且在驾培行业学员、经营者年轻化的当下，他们也不得不思考驾校的传承。选择家族后代接班是绝大多数"创一代"的首选，而驾培企业"二代"（以下简称"驾二代"）接班直接决定了家族继承与否、企业存亡的状态。

然而，驾培行业正面临变革发展，竞争越来越激烈。在这种情况下，有必要对驾校的传承进行深入的分析。

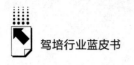
# 一 家族企业的传承之困

做企业、做老板，表面上给人的感觉是很风光。

但是，令人惊讶的是，在当前家族企业亟须传承的时候，有接班意愿的"二代"却不到20%。"后继无人、青黄不接"已成为当代中国民营企业"创一代"最担忧的事情。很多驾校经营者苦苦寻找职业经理人，却很难找到称心如意和忠诚度高的对象。"创业不易，守业更难"，这句话在当下这个时代更加突出。因为这个时代瞬息万变，从前守业，需要防备的只是自己的同行对手，但现在，对手可能来自四面八方。

综合来看，前有海鑫钢铁董事长李兆会接班后经营不善，后有双汇父子反目成仇，在中国民营企业"二代"接班案例中，成功者少，失败者多，由此看来，如何让"二代"顺利接班，使家族财富永续、企业稳步发展，成为家族企业长期探讨的话题。家族企业的传承与超越，存在四方面的困境。

第一，代际差异大是家族企业传承之困。虽然不少驾校校长，当前大部分时间都放在驾校内外部的管理与经营上，没有太多时间和精力去思考以及提前规划企业传承问题。但是，实际上，由于经济和社会环境的巨大变革，"创一代"和"二代"之间存在方方面面的巨大差异，这大大增加了企业顺利传承的难度，甚至还会导致企业落败。

第二，"二代"接班"磨"与"合"的困难较大。家族企业作为中国庞大的企业群体，随着达到退休年龄的企业创始人越来越多，接班问题成为许多家族企业的痛点和挑战。而生活在多元化和个性化时代的"二代"有许多不同的选择，越来越多的家族"二代"不愿意回家接班。但迫于孝道观念和责任感，许多"二代"被推上了接班之路。不管愿意或不愿意，接班过程中的冲突和矛盾，与父辈老员工尤其是高层领导之间的博弈，往往让许多接班的"二代"处在进退两难，做也不是、不做也不是，改也不是、不改也不是的尴尬处境中。

第三，"二代"顺利接棒有一定的困难。"一代"交棒者必须要掌握"二代"接班者的状况，并从旁协助，才能保证顺利"交棒"。只有顺利完成交接，才能保证亲手打下的江山不会崩塌，"二代"才有资格在自己的肩膀上再创辉煌！

第四，"二代"需要建立新战功。谈到"二代"接班时，新希望的刘永好曾说过这样一段话:"我们的木船在岸上搁浅了。这个时候,一些年轻人,开着钢船,航行得更远,更能够抵抗风浪。"① 国内很多企业的"创一代",已经完成了企业和家族财富的积累,同时也面临着企业和财富的传承问题。但时代瞬息万变,他们所创立的企业,现在不仅深刻经历着商业范式的转变,也需要在新经营理念的引领下做好平稳更替,在新的浪潮中开拓新的事业轨迹。对"二代"来说,这是最大的难题。

## 二 "二代"不愿接班的原因

"创一代"传承需求强烈,但"二代"接班意愿不强;同时,家族企业代际传承结果不乐观,综合来看,接班失败的是多数,接班成功的是少数。

中国第一代民营企业家集中涌现在20世纪90年代,目前,他们年龄大多集中在55岁到75岁,近7成的中国家族企业在未来5~10年将集体面临寻找接班人的难题。

虽然有越来越多的"二代"开始踏上接班之路,但并非所有民企都能顺利将企业交到下一代手中,其中决定因素就是子女们的接班意愿。那么,为何中国的"二代"们普遍不愿意接班呢?

### (一)思想观念不同

与"创一代"企业家相比,"二代"们大多接受了国内外的高等教育,普遍有留学背景,他们有自己的独立见解和想法。具有新思想新观念的新一代,更倾向于选择一条符合个人理想和兴趣,属于自己的发展道路,而父辈所提供的接班之路,只能作为备选和参考方案之一,接班并不会成为唯一的选择。

对于"创一代"企业家来说,他们当初创业根本不可能全凭自己的理想和兴趣,在那个年代,许多家族企业的创立都是创始人为了生活或寻求出路,被时代环境逼出来的。正如任正非当年创立华为一样,创立华为并非他的主动选择,而是因为在国企工作时,被骗100多万元被单位开除,而后为了生存、迫于生计才创立了华为。而"二代"们所处的成长环境与父辈相比已经发生了巨大的变化,随着时代的变化,人们的思想观念也在变化。他们不愿

---

① 《一代企业家们都羡慕的二代接班人:新希望刘畅》,众智图书馆,https://baijiahao.baidu.com/s? id=1752798305965594397,2022年12月21日。

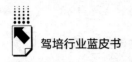

意选择一条自己不感兴趣的道路作为自己终生奋斗的目标。

大多数"二代"所学专业是金融、经济、计算机、信息技术等,与企业经营关联不大,他们希望自己所学专业能够学以致用。在此情况下,让一个对自己家族企业丝毫不感兴趣、专业又不对口的人去接班,对于"创一代"来说,并不是什么好事,因为这意味着经营风险会远大于经营机遇。

### (二)怕吃苦,个人能力难以胜任

中国民营企业大多集中在低端制造业和服务业,"二代"不愿再像父辈那样辛苦地去赚钱。当前产业正处于转型升级阶段,在激烈竞争的市场环境下,面对利润微薄、企业经营状况逐渐下滑的局面,很多"二代"更不愿意接受处境艰难的家族企业了。

很多"二代"从小在奢华的生活环境下长大,虽然父辈提供了不错的家族产业,但是行业在不断发展,市场竞争无处不在,要接班就意味着要像父辈一样去接受市场残酷的考验,对于缺乏实践经验的他们来说,未必能够吃得了这个苦。

相比之下,"二代"更愿意从事代表未来发展方向的新一代高科技产业和金融行业,如人工智能、大数据、机器人、区块链、元宇宙等。

新一代互联网技术的冲击,给传统行业带来了新的挑战,"二代"在继承家族企业后,不仅要重新规划企业的市场定位,还必须面对产业转型升级,改变传统经营模式,运用数字化、机器人等高科技、专业化的管理手段等来管理企业。这就要求"二代"不仅要掌握传统行业知识,还要拓展自己的知识领域,懂得跨界融合以及跨界经营,这种挑战不是家族企业有实力就可以一劳永逸的,新技术、新业态和新的商业模式大量涌现出来,跟上行业的变化已经很难,更可怕的是,有时竞争对手还潜伏在行业之外。

而如何应对这一系列挑战,显然许多"二代"并没有做好心理准备,因此心中无数,不敢去面对未来的挑战。但也有些在历练后可以胜任。

#### 案例 1    邵阳建华驾校"二代"接班情况

邵阳建华驾校的源头要追溯到 27 年前。改革开放的春风吹遍南国,大批有志青年踏上南下的列车,蒋新翔的父母便是其中的一对。他们辞去老家的"铁饭碗"下海经商,带着一腔热血一路把生意从农村做到武冈市。

2004 年,迎着驾培社会化的政策春风,他们开办了武冈市第一所民营驾校——邵阳建华驾校。专心做服务的建华驾校一时好评无数、风光无两，蒋新翔的父母因此赚得人生第一桶金，蒋新翔也成了妥妥的"驾二代"。企业的成功，让蒋新翔的父母更加重视孩子的教育。2007年，刚读完小学的蒋新翔被送往省会城市长沙读书。自幼受父母打拼事业、不断向外走的行为影响，蒋新翔知道唯有自己实力强劲、敢闯敢干才能获得想要的生活。

2017年毕业后，渴望证明自己的蒋新翔任职美团，负责亲子团购板块线上运营，此时的他兴致勃勃，疯狂吸取行业经验，学习互联网思维，同时也从省会城市了解到社区团购行业前景广阔，这些给他后来的创业积累了资源，打下了基础。不久后，已经深谙线上运营技巧的蒋新翔跳槽到行业知名的企服平台担任项目主管，朝六晚九、忙忙碌碌的生活没有磨掉蒋新翔的事业心，相反，每一次项目的突破和成功都推动他冲向更高、更好的成绩。正当他打算一展自己的抱负时，父母的电话把他拉回现实。经过与父母一次次的沟通，他意识到面对错综复杂的市场环境，驾培行业正向着高质量发展方向加速进发，在驾校面前有一系列挑战必须要跨越。

2020年，25岁的蒋新翔选择回到武冈。回到武冈的第一件事，就是了解教练员的工作，跟着教练员上下班，伴随着新鲜感过后，慢慢地，他发现自己对教练员这份工作的认知有了一些改变，以前觉得坐着肯定比站着舒服，但是每天坐七八个小时，长期下来晒伤、腰椎积劳成疾等多种问题成为困扰教练员工作的一大难题。长时间在阳光下教学让教练们的脸、胳膊呈黑红色，久坐也让教练们几乎都出现了不同程度的腰肌劳损，这些都再一次加固了蒋新翔认为驾培"辛苦"的印象，也引发了他想要改变这种教学模式的思考。见过外面世界的激烈竞争，也懂得时代淘汰任何一个人、一家企业时是不打招呼的，时不我与，蒋新翔有了以突破教学模式为起点的改革思路。

针对传统模式效率低、损耗大和学车体验差三大痛点，以及教练员孤军奋战的行业现状，蒋新翔提出要走"智慧教学+直营管理"的经营模式，从根本上改良以往松散制度下的旧习，建设一所学车效率高、学车环境优的驾驶学校。

建华驾校作为武冈的第一家民营驾校，多年来面对考试制度的变革，总结出了一套自己的教学技巧和模式，也积累了良好的口碑。但因管理模式的固化和诸多限制，驾校没有找到更先进的工具和管理模式来提升

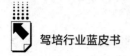

自己的效率。2021年，通过带领团队走访多地的驾校进行参观学习，蒋新翔率先决定把"模拟器+实车"模式落地，随后陆续引进10台智慧模拟器，打造成室内学习的智慧学车馆。

在学习过程中，很多教练也认识到工具带来的效率提升，但仍然有部分教练由于多年的教学习惯和工具复杂的运行模式，无法适应智慧模拟器。因此，蒋新翔决定通过多元培养的方式为驾校注入新的血液。在新员工招聘环节，蒋新翔只招收没有被教学模式固化、有思想有冲劲、愿意接受变革的年轻人，同时完成了严格的岗前培训教育与考核后才能持证上岗。截至2023年，建华驾校已经将5名平均年龄不足35岁的优秀教练投入教学中。

当地很多驾校存在挂靠、承包、直营三类混合的模式，与之对应的就是在同一所驾校里，针对不同类型的教练采用不同的薪资结构和要求标准，驾校无法统一管控，也无法统一标准。在这样的环境下，蒋新翔发现当地的驾培学费始终居高不下，平均一个学员的学费高达6000元左右，相对于周边城市4000元左右的价格非常不占优势。近年来，不少武冈的学员外流，各驾校的培训量逐年递减。为了把学员的学费降下来，带动学员的回流，蒋新翔决定从内部进行优化，将三种经营模式的教练和车辆回收，打造一个纯直营的驾校。

经过努力，建华驾校里的直营车辆已经占总车辆的50%，对于直营驾校的建设，蒋新翔依旧在全力推进。

实际上，家族企业能够传承下去的概率非常低，全世界的家族企业中能够顺利完成"二代"传承的只是少数。根据美国布鲁克林家族企业学院的研究：70%的家族企业没能传到第二代，80%的家族企业没能传到第三代，而仅仅只有3%的家族企业能传到第四代。这些数据难以置信，因此，企业传承真的不仅仅只是给企业找个接班人而已。

美国莱曼兄弟是一家全球金融服务公司，成立于1850年。随着家族成员对企业控制的减少，公司管理层未能成功传承原有的企业文化和风险管理策略。2006年，莱曼兄弟过度投资于次级抵押贷款市场，未能妥善管理其财务风险。在面临金融危机时，公司高层未能采取有效措施来缓解危机，导致公司资产严重贬值，最终申请破产保护。

# 三 "二代"接班要经历的阶段

在分析"二代"接班要经历的阶段之前,需要先分析一下"创一代"企业家的经营理念。由于经营大环境的影响,早期的企业家一直将与企业有关的人脉放在首位,而忽视了企业自身运营能力的提升。

中国家族企业发展得益于改革开放,早期多由一个个小家庭或家族,将一个个小作坊、小公司发展至法人经济体乃至上市公司、跨国企业。在快速发展的大环境下,大多数企业家来不及反应,便被时代的浪潮推着急速前行,导致很多家族企业形成了"人治""一言堂"的粗放管理模式。

随着经济的发展,当今社会已然不是企业创业当年的环境,企业今天的发展可能性更加丰富。老一代企业家按照原先的模式成功过,所以容易固执于既往的成功模式,不能根据新环境新模式及时调整策略。

家族企业与一般公司不同。一般公司的经营主要考虑法治、理性、绩效,接班人也会按照个人的能力来安排。

但家族企业不同,家族企业的治理和管理有着浓厚的"家族思维"。家族思维是什么?是人治,是感性。你之所以是接班候选人,是因为你家族成员的身份,而不是绩效与能力。你不管担任什么职务,你永远是"家里人"而不是员工。因此,家族追求的是和谐共荣,与一般公司只讲绩效的价值取向截然不同。

一家企业,如果能把"企业""家族"融合得很好,因为忠诚度高,经营绩效也高,但这是理想状态,现实中往往不容易达成。

关于接班,许多民营企业家存在认识上的误区,认为接班是一个事件,而非一个过程。但能力的培养、思想的传承以及人际关系的顺延都需要在漫长的岁月中积累。"创一代"培养晚、放手晚可能导致"二代"接班人管理能力欠缺、企业文化疏离,因而仓促接班的案例大多以失败告终。方太集团则在"带三年,帮三年,看三年"的9年历程中,将接班布局落到实处,确保"二代"接班后企业得以稳妥发展。

家族观念强对企业既有积极作用,也有阻碍作用。本着"肥水不流外人田"的心态,新人才很难进入管理团队,最终形成以家族人员为管理团队主要成员的模式,经营固化。

另外,也要清楚"二代"的特点。"二代"普遍接受过更高等的教育,见

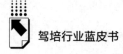

识过更多新事物，所以更钟情于新型产业，对传统行业相对排斥。由于从小到大被父母辈的光环笼罩，所以更渴望跳出掌控，希望按照自己的风格行事，急于证明自己也不差。在新时代新经济背景下，"二代"更希望通过创新来改革家族产业，比起传承，他们更愿意在家族企业的依托下创业。

而"二代"与"一代"之间的差异让他们的磨合也存在诸多困难。许多"驾二代"在分享接班心路时，笑称自己要血泪控诉传承接班艰辛路。举例如下。

> 我爸从名义上让我担任总经理，可实际上他根本没有放权，我该怎么办？
> 我父亲从来不尊重我的想法，仍旧把我当作小孩子一样看待。
> 与我们家老爷子经常吵架，无法在一个饭桌上吃饭。
> 无论我为公司解决怎样的阶段性困难，父辈永远不会觉得是我的功劳。
> 老一辈的人才梯队已经跟不上时代的发展，而我筹备的人才新梯队又很难获得他们的支持。

综合多个案例，一般可将"二代"的接班过程分为四个阶段：怀疑期、冲突期、妥协期、信服期。

### （一）怀疑期：关键词是质疑、迷茫

老一辈会怀疑你：你到底有没有本事服众？到底有没有能力接班？我辛辛苦苦地把公司从小作坊做到今天这个规模和地位，会不会在你小子手上搞垮？接班人得渡过被怀疑的阶段。在这个阶段，所有人都睁大眼睛盯着你，你就是台上的演员，这个舞台就像是一个失准的体重秤，父辈的辉煌给你巨大的压力，你根本称不准自己几斤几两！

员工会怀疑你：以前我的上级是这样做，现在你当家了，那你的做法是什么？会不会有很大改变？

接班梯队、家族同辈会怀疑你："这家伙会不会把我干掉？""你该不会一上来就让我们兄弟出局吧？"人心惶惶在所难免，因此老少两代企业家都要做好心理准备。

### （二）冲突期：关键词是压制、反抗

怀疑期后最大的问题是容易起冲突。交棒者不放心，东管西管，接班人

受到掣肘就会反抗，于是起冲突，与上一代老臣、同梯队人员或员工，都可能会有冲突。冲突激烈的情况下，团队可能需要重新整合。

## （三）妥协期：关键词是退让、尝试

经过冲突期，人员已经调整得差不多，仍留下来的人会相互妥协，形成一定的平衡。

## （四）信服期：关键词是认可、共识

再经过一段时间的磨合后，接班人得到大部分人的认可。正常来说，接班人只要能撑过三五年，就能稳定下来，在企业威望基本能达到"一代"的水平，这时进入信服期。

### 案例2　贵州吉源驾校"二代"接班情况

1999年，魏大焜的父亲魏红杰被誉为"中国车王"，在全国汽车拉力锦标赛上一战成名。深爱赛车的魏红杰认识到安全对驾驶人的重大意义，后联合团队成员，秉持"让驾驶变得更文明、更安全、更快乐"的使命创办了吉源驾校。

与其他"二代"一样，魏大焜从小就被寄予众望，2012年赴美国俄勒冈州立大学进修企业管理。2015年回国后，他一边到丰厚投资管理（北京）有限公司历练，一边创办了吉源驾校旗下品牌优优陪练。2018年，年仅24岁的魏大焜加入吉源驾校的管理团队，由此开始进入公众视野；2020年，魏大焜正式出任吉源驾校董事长，全面接过了企业管理的大旗。

老一辈的企业家做实体经济注重稳扎稳打，与父辈的想法不同的是，接受新思维专业培养的魏大焜，做事追求速度和效果，试图在互联网大发展的形势下，通过优优陪练入手驾培市场，发展纯商业化的模式。但是在资本市场的混战中，魏大焜的第一次创业陷入困境。"原来的我很浮躁，然后父亲告诉我，'经营企业的关键在于理念'"，魏大焜说。以前魏大焜很不理解父亲的话，而在后面的学习过程中，他意识到父亲说的是对的。

"只有在快时代当中慢下来，潜心给社会提供优质服务的人，才能达到经营的目的。"这是魏大焜后来从父辈的经营中学到的，也是促使他再一次认真地去理解父辈创业的力量。"每一次去比赛只想着拿冠军的时候，都是以失败告终。"父亲魏红杰通过赛事经历告诉魏大焜。"当你真

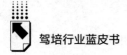

正地把基础部分，比如赛车的电脑、底盘、减震这些细节调好了，基础打牢了，看上去前期是慢了，但拿到冠军的机会能大大增加。"通过与父亲的深入交流，魏大焜意识到企业经营的每一步都需要走得很扎实，回顾了吉源驾校的发展历史，他重新思考了商业的定义。

在魏大焜成长的过程中，目睹了吉源的沉浮。早期，驾培市场还处在卖方市场，生意好做，但吉源驾校提前意识到，继续"躺赢"可能暂时还能赢，却难以长久。在父亲魏红杰的考察下，吉源驾校开始了人才管理等改革，过程中流失了很多人才，驾校发展也慢了下来，但这都没有动摇他的决心。有失必有得，慢速度沉淀下来的是市场的正向反馈，这成了吉源驾校强大的动力，在不断的良性循环下，吉源驾校最终以口碑赢得了市场。

理解了父亲忠告背后的含义，魏大焜从驾校本身的经营管理着手，完善驾校的运营管理，在与父亲就管理模式展开深入探讨、与老一辈管理者进行思维碰撞后，魏大焜采用日本实业家稻盛和夫的阿米巴经营管理模式，激励全员参与，激发个人创造力，在新冠疫情的困境下依然推动了驾校的转型升级。

为提升教练员的专业教学水平，吉源驾校还推出了专业教培技能比赛、重走长征路活动、吉源机车安驾培训等活动。吉源驾校一直在追随行业及社会热点，让教练员的曝光度与产品丰富度不断提升，在提高教练员收入的同时，鼓励教练员打造个人 IP，通过这些方式，教练员能为学员提供更好的服务。

为提升学员体验感，不让学员冒着寒风酷暑去练车，吉源驾校建设了分区明确、环境优美的智慧学车馆、吉源汽车小镇、美食街、台球室、奶茶店、休息室，让来学车的学员和朋友享受游玩般的体验。另外，将员工的餐食从食堂转移到美食街，丰富的当地美食让员工的幸福感急剧上涨。

作为"二代"接班人，魏大焜肩上的担子并不轻。"富不过三代"，曾是一些财富家族难以逃避的"魔咒"。魏大焜深知："传承不是传'财'，而要传'智'，传'财'最多传三代，而传'智'才能更持久。"

## 四　驾培企业"二代"如何顺利接班

接班首先是观念的继承，两代人的观念一定要高度统一，"创一代"的开放理念可能是对"驾二代"接班最好的加持。以下四方面"一代"和"二代"都需要认真思考。

第一，没有传，何以承？接班需要两代人的共同努力，任何一方不努力都不行。传承是两代人磨合的过程，唯有两代人"双向奔赴"，才能实现真正的传承。只有两代人共同创业，有一个共同的目标为前提，相互理解和尊重，沟通才会更顺畅。可见，"创一代"不仅要大胆放权，也要给予尊重、理解和试错空间，让"二代"充分发挥、积累经验、获得成长。

中欧家族传承研究中心联合主任李秀娟曾在文章《二代接班的"磨"与"合"之路》中写道："一代作为家族企业财富和社会资本积累的核心载体，往往扮演家族的权威，在传承中既希望二代能够早日担当大任，又认为二代仍然经验尚浅，对其并不信任，难以轻易放权，在各种事务上干预和控制过多。"[1]

第二，先传承，后超越。接手一个企业，首先要传承然后才能发扬光大。"驾二代"一定不要急着去改动前辈留下来的、宝藏一样的企业文化、使命、价值观、经营哲学等，先把它们看明白，抓住它的本质，然后深谋远虑，仔细地把未来的事情想清楚，再逐渐展开自己的经营战略。

《易经》中有四个字："潜龙勿用。"意思是说，在事业刚刚起步的时候，一定要积蓄能量，晦养厚积，否则，倘若太渴望建功立业，做事急躁冒进，便容易欲速则不达，甚至犯下大的过错。

所以，作为"二代"接班人，在慢慢接手企业的过程中，先不急着跟父辈去比一个高低，而是先去"潜龙勿用"，积蓄能量。如何积蓄能量呢？有一个方法，就是甘心去做苦活、干累活，干别人不愿意干的事情。

道在低处。在这个过程中，看起来没有做成什么大事，但是品德可以赢得人们的尊重；看起来和父辈的成就相差甚远，对父辈的战略使命等也似懂非懂，但格局境界在此过程中逐步提升，"二代"做的是更深厚、更长远的功夫。这是成大事者的心法。

接班企业，行稳方能致远。当"二代"站在前人的肩膀上时，才能看到更高更远处。这才是未来的企业家、企业接班人应该具有的格局和境界。

第三，经验可以复制，时代不可以复制。在接班人思维的背后，是父辈希望子女辈跟自己一样。老一代喜欢讲自己的成功经验，觉得年轻人不够成

---

[1] 李秀娟：《二代接班的"磨"与"合"之路》，《家族企业》杂志，http://www.cfbr.com.cn/news/1402.html，2017年10月23日。

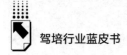

熟，对子女严格要求，生怕他们不争气，成了败家子。这来自一种强烈的基因复制的冲动，子女一代则有一种被压抑的基因突变的冲动，说到底，这就是复制和突变之间的冲突。如果环境没有变化，复制就没有问题，但如果环境变了，复制的结果就会变样，复制很快会导致退化。一个民族的退化，可能也就是一代人的时间而已。

第四，传贤还是传子？在某种程度上，接班并不仅是"传贤"还是"传子"的讨论那么简单，接班过程本身就是企业组织变革与制度安排的过程，也是战略规划、延长企业生命周期的过程。企业的接班不仅是为企业寻找管理者，也是为企业寻找领导者，培养能够不断创业的企业家，而不是一个担任管家角色的管理者。

"驾二代"接班模式应该超越简单的"传贤"或"传子"选择，而是要着眼于寻找能够引领企业持续发展和创新的领导者。这需要将接班视为一个全面的组织变革过程，不仅包括管理者的更替，还包括企业文化、经营理念和战略方向的更新。通过这样的方式，不仅能保证企业的平稳传承，还能在激烈的市场竞争中占据有利地位。

# 五　"驾二代"要建立新战功

"驾二代"顺利接班的三个关键词：以人为本、经营得当、管理严明。

我们可以将其理解为一种组织继承的模型，既有着深厚的传统意义，又充满现代企业管理的智慧。本节围绕"以人为本、经营得当、管理严明"三个关键词，深入探讨如何使接班人在接手过程中获得员工的感激、钦佩和敬畏。

## （一）以人为本

"驾二代"成为决策者的首要任务并不是树立权威，而是以人为本，做人做事慷慨、仁慈。实际措施可以包括改善工作环境，降低工作难度，使人才发现和晋升更加公平透明，以及更科学合理地分享利益。例如，通过引入更人性化的工作调度系统，改善员工培训和职业发展计划。这不仅能提高员工的满意度和忠诚度，还能为整个企业创造一种正向的、支持性的文化氛围。

## （二）经营得当

对于"驾二代"来说，"经营得当"是其接班路上的关键一步。这需要他们深入理解企业运作的逻辑，明晰事物发展的成败因素，并清楚知道应当做什么，以及谁做最适合。为了达到这一目标，"驾二代"需要加强自身的专业知识和领导技巧，比如参加高级管理培训或与业界领袖多做交流。

同时，他们还需要展现出强大的决策力和前瞻性，比如在新技术引进、市场扩展或者企业文化建设上做出富有远见的决策。这样的领导者，不仅能赢得员工的尊敬，还能在行业内树立起模范的形象。

## （三）管理严明

对企业"管理严明"对于"驾二代"来说同样重要。这不是通过恐吓或严厉手段实现的，而是通过重新审视和优化现有的规章制度来体现的。"驾二代"需要对现有的所有重点规章制度进行梳理，发现并改正其中不合理的地方，不断更新和完善以适应时代的变化。

在制定或修改制度时，应广泛征询管理层的意见，确保政策的合理性和可执行性。坚决执行规章制度，对违规者进行公平而严格的处理，既是"驾二代"建立威望的关键，也是确保企业在良好秩序中高效运行的根基。

### 案例3　南京钟山驾校"二代"接班情况

17岁留学北美，25岁归国，幸福的家庭、美满的人生组成了一条安逸平稳的成长轨迹。在完成人生几件大事之后，孙媛媛却毅然选择切换身份走入职场，面对陌生的驾培行业，她是如何迎接全新的挑战呢？

入行时正值智慧驾培发展的关键时期，新老思想的交锋是她需要调和的难点。

在孙媛媛最初接触驾驶模拟器和智能教练等培训硬件的时候，一些不乐观的声音在驾校出现。有些员工产生了思想上的动摇，对管理产生了误解，甚至担心自己被裁员。于是，孙媛媛选择从根本上找原因，用自己的切身体会与优秀应用案例向员工讲解传递新理念。

有人说智慧驾培不靠谱。她就带着一批老员工去北京考察学习，让大家看到驾校做这件事情不是为了裁员，而是为了更好地发展，让教练员既不要那么辛苦，还能够顺应时势，提升服务质量。在孙媛媛看来，无论是员工还是管理层，有想法和问题时，直接沟通是最有效的解决方法，情商与智商并用，有则改之，无则加勉。

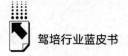

在新老思想交替之际，她用实际行动转变了员工的顾虑和误解。据孙媛媛的计划，钟山驾校从年轻人感兴趣的流行社群圈层入手，如与南京各高校联合打造智慧驾培，让高端VR驾驶模拟器走进校园，用身临其境的练车培训方式吸引大学生群体。她认为，当下的社会求新思变，一切行业都面临信息化和多元化改造，驾培行业面对新时代的学员人群，需要有新的智慧、策略与路径。

在接管钟山驾校之前，驾校在孙媛媛的印象中仅仅只是一个学车的地方。但在深入了解之后，她的想法发生了巨大的转变。在孙媛媛眼中，钟山驾校乃至整个行业更像是一个温暖的集体。她将驾校当作自己的家庭一样去用心经营，在与员工和学员的相处过程中更似亲人和朋友。从一顿饭、一次团建活动到每个月的员工生日会，都饱含着融入驾校服务管理中的一份关怀与用心。

从自我怀疑到被质疑，一步步将钟山驾校带领到一个全新的高度，孙媛媛完成了一次完美的蜕变，也为无数的"驾二代"开拓新方向、实施新理念做了领头人。

综上所述，"驾二代"接班人要通过"以人为本、经营得当、管理严明"三方面的努力，确保企业的平稳过渡，还要推动其走向更加繁荣的未来。

# 六　结束语

在民营驾培企业遇到代际传承、商业模式切换的情况下，"驾二代"接班要有新的思维，使企业在传承中发展，建立新的战功。这意味着"二代"接班需要在父辈的支持下，制定新的战略，寻找新的发展方向和目标实现的路径，要用新的思路来做好原来的事业，以新的方式建立新的战功。

第一，做强实业，避免迷茫。"驾二代"不能脱离现实，盲目崇尚高端新型行业，排斥实体经济，特别是在当下驾培市场遇到困境的情况下。只有做好实业，才能传承得更好。

第二，传承文化，价值引领。一家企业能够长期经营良好，必然是因为具有成熟的企业经营理念、先进的企业文化和价值观，企业的每一分子早已融入其中。因此，接班的"二代"不要随意去改变企业这些本质的东西，否则容易遭遇各种困难甚至打击。

第三，聘用专才，任人唯贤。"驾二代"接班后，要聘用真正的人才，让有能力的人发挥作用，否则企业终究会走向衰败。

企业传承是一个深思熟虑、长期规划的过程，而不是临时事件或者权宜之计。为了保证"驾二代"传承计划的有效性，以下几个步骤和原则至关重要。

首先，提前规划，避免急功近利。

长远规划。企业传承计划应当从接班人年轻时就开始，对接班人的培养不仅限于专业技能，还要让其对企业文化进行深入理解，对企业运营形成全面认知。

渐进式发展。接班人应逐步接触企业的各个方面，从基层职位开始，逐步上升，以便全面了解企业的运作。

其次，综合培养，兼顾专业与领导力。

多元化教育。接班人应接受包括商业管理、财务知识、市场策略等在内的全面教育。同时，也要注重提升人际交往能力、决策能力和危机处理能力。

实践经验。理论知识和实践操作相结合是保证接班人能力全面发展的关键。这包括让接班人在不同的部门轮岗，甚至在外部公司实习或工作，以获得更广阔的视野。

再次，渐进式交接，保障平稳过渡。

分阶段接手。传承计划应分阶段实施。初始阶段，接班人可以作为副职参与决策，逐渐过渡到责任更重大的职位。

透明交流。整个传承过程应透明公开，确保所有相关利益方，特别是员工、管理层和股东，对接班计划有充分的了解和信任。

最后，系统评估，确保最佳选择。

持续评估。对接班人的能力和适应性应不断进行评估和掌控。这包括定期的绩效评估、领导力评价，及其对企业文化和价值观的适应度。

备选计划。为了保证企业的最佳利益，应做好接班的备选方案。这意味着如果首选接班人未能达到预期，应有其他合适的候选人来接替。

这样系统而全面的做法，可以确保"驾二代"的传承计划不仅在理论上合理，而且在实践中可行，从而保障企业的长期稳定和发展。在驾培企业传承和领导更替中，选择合适的领导人对于维持和增强企业的市场竞争力至关重要。无论是家族内部成员还是外部职业经理人，关键在于其是否能够带领

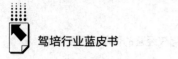

企业实现创新和持续发展。

　　本文作者为申萌萌、高雯、刘斌凡。申萌萌，湖北襄阳国安驾校校长；高雯，吉林省运输管理局从业资格培训管理处从业资格科科长；刘斌凡，湖北省黄冈市道路运输和物流事业发展中心驾培科科长。

# 运营管理篇

B.9
## 驾校全域营销与渠道拓展分析

**摘 要：** 本文分析了驾校营销渠道现状，包括传统营销渠道，如口碑传播、线下推广、实体展示、传单和户外广告；数字营销渠道，如社交媒体营销、在线论坛营销、微博营销、短视频营销；以及驾校利用大数据和人工智能优化营销策略的方法。本文提出了驾校在实施全域营销过程中面临的挑战，总结了全域营销的重要性，强调了渠道创新的必要性，对驾校运用全域营销策略，不断拓展市场，实现可持续发展进行了论述。驾校实施全域营销的措施包括利用大数据和人工智能优化营销策略、增强学员体验的个性化营销、驾校跨界合作与联盟营销、加强互动营销、利用互联网平台拓展招生渠道；未来需要更加注重以下方向，如技术创新与智能化营销、效率提升与个性化服务、环保理念与绿色营销、跨界融合与生态构建、政策导向与法规遵循。

**关键词：** 驾培行业 驾培市场 全域营销 数字化转型 消费者运营

## 一 驾校全域营销

当今是信息化和数字化的时代，驾培行业的竞争日益激烈，全域营销成

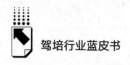

为驾校生存和发展的重要保障。全域营销，是指充分利用各种营销渠道和工具，实现全方位、多角度、立体化的营销推广。全域营销不仅意味着在线上的宣传推广，也涵盖线下的服务和体验。

在线上，驾校可以通过官方网站、社交媒体、短视频平台、搜索引擎优化等多种方式，展示自身的优势和特色，吸引潜在学员的关注。同时，通过精准定位和目标受众分析，驾校可以更加精确地投放广告，以提高营销效果。

在线下，驾校需要注重服务质量和学员体验。通过优秀的教练团队、完善的培训设施、舒适的学习环境等，让学员感受到驾校的专业和用心。此外，驾校还可以通过举办各类活动、开设特色课程等方式，增加学员的参与度和黏性，提升驾校的口碑。

全域营销的重点在于整合各种营销资源和渠道，形成合力，实现最佳的营销效果。对于驾校而言，实施全域营销不仅需要拥有专业的营销团队和策略，也需要不断创新和尝试，紧跟市场变化和学员需求，不断优化和完善营销策略。

# 二 驾校营销渠道分析

## （一）驾校传统营销渠道

在驾培行业，传统营销模式一直扮演着重要的角色。这种模式以口碑传播、线下推广、实体展示、传单、户外广告等为主要手段，为驾校带来了稳定的生源和口碑。

### 1. 口碑传播

口碑传播是驾校传统营销中的核心策略。优秀的教练员队伍和高品质的教学服务质量，能够让学员在培训过程中感受到专业与用心，从而成为口碑的传播者。这种口口相传的方式，不仅促进了驾校招生，还增强了驾校的品牌形象。

其核心在于让满意的学员成为驾校的"活广告"。通过提供优质的教学服务、完善的后续跟踪服务，让学员在学车过程中和学车后都能感受到驾校的用心与专业，从而自发地将这份满意传递给周围的人。

在互联网高度发达的今天，线上平台成为口碑传播的重要阵地。驾校可以通过建立官方媒体、社交平台等方式，让口碑传播突破地域限制，实现更广范围的覆盖。同时，结合线下活动，如举办驾驶技能比赛、开展安全驾驶宣传周活动等，线上线下联动，进一步提升营销的效果。

2. 线下推广

线下推广就是通过举办各种活动、设置招生点、投放户外广告等方式，让更多的人了解到驾校。例如，在商场、超市、地铁口、大型广场等地方设置招生咨询台，提供驾驶咨询和报名服务，吸引潜在学员的注意。

线下活动也是一种非常有效的营销方式。驾校可以组织一些与学车相关的活动，如试学试驾、模拟驾驶体验等，让潜在学员能够亲身体验驾驶的乐趣，从而激发他们学车的欲望。通过线下活动，驾校还能与学员建立更紧密的联系，为后续的招生工作打下良好的基础。

**案例 1**

青海互助县畅达机动车辆驾驶员培训有限公司面向当地4所高中和1所高职院校开展合作，扩大了招生范围，拓宽了招生渠道。在高考之前，和高中学校达成合作，在晚自习最后15分钟时间，进入高校介绍驾校的特色及优势，让学生了解驾校、认可驾校。同时，与高职院校沟通，趁着每周二下午两节自习课的时间，派通勤车把学生从学校接到驾校，让学生体验驾驶模拟器，对感兴趣的学生安排试操作机器人教练。这些举措大大增加了驾校的报考人数。

3. 实体展示

实体展示就是通过驾校的硬件设施、教学车辆和教练团队等，展现驾校的专业和实力。整洁干净的教练车、专业的教练团队等，能够给学员留下深刻的印象，提高他们学车的可能性。

4. 传单

传单作为一种传统的营销手段，仍然拥有不可忽视的市场影响力。尤其在驾校营销领域，传单以其直观、便捷的特点，成为吸引潜在学员的重要工具。

传统的传单营销往往只是单向的信息传递，而新时代的驾校传单应当注重与学员的互动。比如，可以在传单上印制二维码，学员扫码后可以参与线上互动活动，或者获得一些优惠信息。这样不仅能增加学员的参与感，还能通过线上平台扩大驾校的影响力。

传单的投放策略非常重要。应当根据目标学员群体的特点和分布情况，

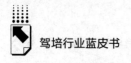

选择合适的投放地点和时间。比如，可以在高校周边、商业区等人流密集区域进行投放；或者在节假日、开学季等特定时间节点进行集中宣传。这样能让传单更加精准地触达潜在学员，提高营销效果。

5. 户外广告

驾校户外广告，以其直观、生动的特点成为吸引潜在学员的利器。无论是高速公路旁的巨型广告牌，还是城市街头的公交车身广告，都能迅速抓住行人的注意力。通过创意设计，结合驾驶培训的核心信息，这些广告不仅能引起公众的兴趣，还能传递出驾校的专业性。同时，户外广告还能与线下活动相结合，形成营销合力。比如，在热门商圈设置临时展位，提供免费的驾驶模拟体验，让潜在学员在亲身体验中感受到驾校的教学实力。这样的互动体验，不仅增加了品牌的曝光度，还拉近了与学员之间的距离。

此外，驾校户外广告还能与其他媒体形式形成互补，共同构建全方位的营销网络。通过社交媒体、线上广告等渠道，将户外广告的影响力进一步放大，形成线上线下联动的效应。这种跨媒体的营销方式，不仅提高了广告的覆盖率，还能让潜在学员从不同角度了解驾校的优势。

## （二）数字营销渠道

数字营销是一种利用数字技术和在线平台来推广产品或服务的营销方式。它通过数字化媒体渠道，如社交媒体、移动应用等，创建和传播信息，并采用多种策略进行推广。

数字营销可以帮助驾校更好地了解目标学员的需求和兴趣，通过精准的定位和营销策略，提高品牌知名度和美誉度。驾校可以通过社交媒体平台发布信息，吸引潜在学员的关注和互动。同时，利用搜索引擎优化和营销技术，可提高驾校网站的曝光率和点击率，增加潜在学员的转化率。

数字营销可以为驾校提供精准的学员获取方式。通过分析潜在学员的搜索行为、浏览记录等信息，驾校可以精准地推送相关的广告和内容，提高广告的点击率和转化率。此外，数字营销还可以通过数据分析，帮助驾校了解学员的学习进度和反馈，及时调整教学策略，提高教学质量。

1. 社交媒体营销

驾校的潜在客户群体主要是年轻人和学生，他们活跃在各大社交媒体平台上，因此，驾校应选择对年轻人影响较大的社交媒体平台进行推广。例如，利用微信、抖音等平台，发布与学车相关的作品，吸引目标群体的关注，激发学员的参与热情。

通过社交媒体，结合节假日、特殊活动等时机，推出有针对性的营销活动，如暑期学车优惠、情人节学车礼包等，提高用户转化率。还可以与社交媒体平台上的意见领袖、网红等合作，通过他们的影响力，吸引更多潜在学员关注驾校。同时，应鼓励学员在社交媒体上分享自己的学车经历，形成良好的口碑传播。

### 2. 在线论坛营销

驾校在线论坛营销已成为吸引潜在学员、提升品牌知名度和促进业务增长的重要策略。在线论坛营销的核心在于构建一个互动性强、信息丰富的平台，让潜在学员在这里获取关于驾校的各种信息，如课程设置、教练团队、教学设备、学员评价等。通过组织有趣的讨论、分享实用的学车技巧，吸引学员的关注，激发他们的学习兴趣。

通过论坛营销还可以与学员建立深度的互动关系。学员可以在论坛上提问、分享经验、交流心得，驾校可以及时回应学员的需求，解决他们的疑惑。这种互动不仅增强了学员对驾校的信任感，也为驾校提供了宝贵的用户反馈，有助于提升教学质量和服务水平。

### 3. 微博营销

微博以其独特的传播方式和广泛的用户基础，成为各行各业进行营销推广的重要阵地。微博营销，不仅仅是简单地发布信息。它需要精准的定位、有趣的内容、良好的互动和巧妙的推广策略。驾校微博营销模式需要综合运用内容创作、互动推广和广告投放等多种手段，形成一套完整的营销体系。

通过微博，驾校可以发布一些关于驾驶技巧、安全行车的小贴士，或者学员的学车故事和心得体会。这些内容既能吸引潜在学员的关注，也能增强与现有学员的互动。同时，还可以邀请一些知名的汽车博主或者驾驶专家，进行合作推广，通过发起话题讨论、举办线上活动、开展问答互动等方式，吸引学员的参与和讨论。这样不仅能够增强用户与驾校之间的黏性，还能够收集到用户的反馈和建议，为驾校的教学改进提供有益的参考。驾校还可以利用微博的广告投放功能，进行精准的用户定位和推广。通过设定关键词、选择目标人群等方式，将驾校的广告信息准确地传达给潜在学员，提高转化率。

### 4. 短视频营销

以抖音、快手等为代表的短视频平台，正成为各行各业营销的新宠。短视

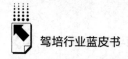

频平台用户以年轻人为主力军，他们活跃、好奇、接受新事物能力强。驾校应该针对这一特点，推出富有创意和吸引力的内容，以激发年轻人的学车兴趣。

（1）短视频展示。内容创新是短视频营销的核心。驾校可以通过制作一系列短视频，展示驾驶过程中的精彩瞬间和实用技巧，同时结合热门话题和挑战，增加用户互动和参与度，邀请学员分享自己的学车经历和心得，让更多人了解驾校的教学质量和学员的成长过程。

（2）短视频平台直播。短视频平台直播招生也是非常重要的手段。驾校员工可以化身为主播，通过直播展示专业的驾驶技能和丰富的教学经验，让学员在轻松愉快的氛围中了解驾校的教学实力和特色。

在直播过程中，可设置互动环节，如问答、抽奖等，让学员在参与互动的同时，也能深入了解驾校的课程设置、师资力量、训练场地等方面的信息。此外，还可以不定期地邀请业内专家和明星嘉宾，分享驾驶技巧和行车安全知识，让学员在娱乐中学习到更多的驾驶知识。

短视频平台直播招生模式，不仅能够扩大驾校的知名度和影响力，还能与潜在学员建立更加紧密的联系和互动。这种创新的营销方式，不仅提升了驾校的品牌形象，也为学员提供了更加便捷、高效的报名渠道。

**案例 2**

周口华夏驾校利用抖音平台的短视频和直播功能，成功实施了抖音营销策略。通过发布富有创意和吸引力的短视频内容，驾校展示了其专业的教学环境和优质的服务，同时通过直播与潜在学员进行实时互动，解答疑问并提供即时反馈。这种直观、互动的营销方式极大地提高了驾校的在线可见度和用户参与度，有效地吸引了包括新疆、山东、云南、内蒙古等地区的外地学员。

**5. 小红书营销**

小红书用户群体庞大且多元，女性占比高，主要是年轻人，集中在东部沿海的一二线城市。他们具备高教育背景、强消费能力，追求品质生活和潮流文化，热衷于分享。

在小红书上，产品种草是通过口碑传播产品价值，从而对潜在用户产生影响，提高交易转化率。

如今，消费者的偏好和需求正在悄然发生变化。小红书＆尼尔森IQ发布的《后疫情时代消费心理研究报告》指出，消费者会基于产品品质、情绪价值、性价比等不同维度来反复权衡，在"花钱"这件事情上变得更为谨慎，同时需求也变得更为多元。

当"产品要兼顾使用价值与情绪价值"的消费观深入人心时，通过提升产品力、建立品牌调性、培养用户好感度等策略，占领用户"心智"，已成为驾培行业对"00后"营销的共识。而驾校在小红书"种草"作为营销转化的起点，起到了用户触达"桥头堡"的作用。越来越多的品牌通过在小红书"种草"与用户"交心"，并探索出了一条全新的营销增长路径。

**案例3**

小红书是新兴的网络社交平台，具有用户年轻群体占比大、日均活跃度高等特点。深圳鹏城驾校鼓励全体教练员、营销服务人员在小红书平台发布学车技巧、报名分享等内容，吸引同城精准意向客户，同时增加驾校在平台上的曝光量、知名度和活跃度。

2023年，鹏城驾校全年招生数量中，小红书来源学员占比高达13.5%，仅次于老学员转介绍来源。

2024年，鹏城驾校更加注重小红书平台的矩阵搭建。目前，员工小红书账号已经超过200个，在平台上持续产出视频、帖子等优质内容，吸引意向客户。2024年至今，小红书招生卓有成效，占比高达20%以上。

### （三）驾校本地社区营销

本地社区与口碑营销，是两种高效且成本相对较低的推广方式。驾校本地社区与口碑营销模式的结合，不仅能够提升驾校的品牌知名度和学员满意度，还能在激烈的市场竞争中抢占有利地位。

本地社区是驾校与潜在学员之间的桥梁。通过参与社区活动、赞助社区项目、发布驾驶安全知识等形式，驾校不仅能够增强与本地居民的互动，更能在无形中传递出专业、负责任的形象。此外，社区内的口碑传播具有极强的信任度，一旦得到社区居民的认可，驾校的品牌形象将在短时间内大幅提升。

### （四）驾校全员营销

驾校全员营销策略的实施，不仅能够提升驾校的服务质量和品牌影响力，

还能够有效地拓宽招生渠道，增强市场竞争力。

全员营销的实施，要求驾校每一位员工都能够积极参与到招生活动中。员工可以通过自己的社交网络，向亲朋好友推荐驾校的服务，或者在工作中积极向潜在学员展示驾校的优势。为了激发员工的积极性，驾校可以设立相应的奖励机制，如为成功推荐新学员的员工提供奖金或其他形式的激励。

在全员营销模式下，驾校可通过内部培训、激励机制、团队业绩 PK 等方式，不断提升员工的营销能力和服务意识。建立完善的客户反馈机制，及时收集学员的意见和建议，以便不断优化服务质量和提升营销效果。只有真正了解学员的需求和期望，才能为他们提供更加贴心、专业的服务。

## 三　驾校实施全域营销的必要性

当前，驾培行业产能严重过剩，驾培行业形势之严峻、市场环境之复杂前所未有。实施全域营销，是应对严峻驾培市场环境的必要手段。

### （一）当前驾校面临全方位竞争

驾校间的竞争，除了车辆、场地、有无考场、有无汽车驾驶模拟器、有无"机器人教练"等方面的竞争外，更多的会涉及口碑、价格、服务、环境、培训质量、快慢等方面的竞争。

1. 有无考场的竞争

有考场的驾校，在营销宣传过程中，自然底气足："有自家考场，考场练、考场考，合格率高。"

建设社会化考场，虽然资金投入比较大，但对驾校的经营发展与竞争有积极的作用。早期社会化考场较少，考生数量多，需要"排队考试"。随着市场的变化，整体招生量减少，需要一些没有考场的驾校学员来考试，维持考场经营。因此，去谁家考场考试，会在价格上、服务上、承诺上充满竞争。

2. 教学手段的竞争

传统驾校，实车教学是培训的根本手段，随着智能化教学手段的发展，模拟器、机器人教练的逐步应用，智慧驾校运营模式逐步成熟。智慧驾校教学效率高，学员拿证速度快，从而能吸引更多学员。

3. 一校一址与多校区经营的竞争

一校一址的驾校，辐射和影响范围有限。多校区驾校方便学员，省时省力。二者如果是同等级，驾校硬件相同，考场类似，那么竞争拼的是口碑、价格与服务。

### 4.营销渠道的竞争

驾校营销已从线下宣传发展到线上推广，特别是线上直播，成为驾校营销的新阵地、新渠道。通过直播，能提升驾校的知名度、能展示驾校的形象、能传播驾校的服务理念、能了解市场需求、能掌握客户的意见反馈、能及时改进驾校工作。直播的竞争，到最后是直播人形象与专业、是流量与粉丝量、是报名人数与意向转化率的竞争。

## （二）消费者行为的变化

行业竞争越来越激烈，驾校都积极为消费者提供各种服务，这就会带来消费者行为的变化。

### 1.从看价格到看口碑和信誉

过去选择驾校，很多学员只注重报名价格。如今，网络发达、信息透明，学员除了自己实地考察外，还会咨询亲朋好友，在网上了解驾校口碑、信誉评价来决定自己的选择。

### 2.从看便利到看品牌知名度

过去，很多学员选择驾校，只要价格合适、练车方便就行。现在，越来越多的学员看重的是驾校的品牌知名度。知名度高的驾校，即使偏僻、交通不便利，也能吸引很多学员，因为他们觉得值，认为驾校能提供好的服务和教学。

### 3.从看结果到看过程

过去选择驾校，只要拿到证就行，现在学员不仅看结果，还看过程体验，有没有模拟器、有没有机器人教练、环境好不好、体验好不好、服务好不好等，都是学员考虑的问题

### 4.从看拿证速度到看教学质量与水平

过去很多人选择驾校，求的是拿证快。现在，随着安全意识的增强，选择驾校要看驾校的教学质量和教练员的水平，希望能够得到专业、个性化的培训。

### 5.从看优惠政策到看值不值

报名前，学员对学费价格进行了多家比较，但他们还是会考虑驾校提供的折扣、优惠政策及活动，自己是否得到优惠，如果享受到了，一切都是值得的。

消费者行为的变化，给驾校提出了新的要求，在营销活动中，驾校要注

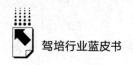

重品牌、信誉度的宣传；在重视硬件建设的同时，还要注重软件的建设，为消费者提供好的教学培训、好的服务感受。

## （三）全域营销的重要作用

激烈而又复杂的市场竞争，使得驾校营销面临着前所未有的挑战，对驾校的营销渠道建设提出了更高的要求。

互联网时代，信息透明，传播速度快，让学员有了更多的选择，如果坚守单一的线下营销，自然会失去部分学员。线上推广，特别是线上直播，成为驾校营销的新阵地、新渠道。为了竞争，驾校校长、教练、业务员全员在上班时直播，下班时也在直播。直播的竞争，到最后是直播人形象与专业度、流量与粉丝量、报名人数与意向转化率的竞争。

因此，为了吸引更多的学员，为了提升品牌知名度和市场占有率，实施全域营销就成为驾校应对竞争的必要手段。

# 四　驾校营销渠道创新与实践

当前，营销渠道的创新已成为驾校提升品牌影响力、吸引学员，并最终实现业务增长的关键因素。随着互联网技术的不断进步和消费者行为的演变，传统的营销方式已经难以满足市场的需求。因此，驾校必须重视营销渠道的创新，以适应新时代的挑战。

## （一）利用大数据和人工智能优化营销策略

随着信息技术的飞速发展，大数据和人工智能已经成为各行各业转型升级的重要驱动力。在驾培行业，这些技术的应用同样展现出巨大的潜力和价值。

1. 大数据在驾校营销中的应用

大数据技术使驾校能够收集和分析大量的学员信息、市场动态和竞争对手情况。通过对这些数据的深入挖掘，驾校可以更精准地了解目标学员群体的需求和偏好，从而制定更为有效的营销策略。

（1）学员画像分析。利用大数据分析工具，驾校可以构建详细的学员画像，包括年龄、性别、职业、收入水平、学车动机等多维度信息。这些信息有助于驾校定位潜在学员，设计符合其需求的营销活动，如针对年轻职场人士推出灵活的学车时间和优惠套餐。

（2）市场趋势预测。通过分析历史数据和市场趋势，驾校可以预测未来的市场需求，及时调整营销策略。例如，通过分析节假日前后的报名数据，驾校可以在旺季提前开展营销活动，以吸引更多学员。

（3）竞争对手分析。大数据分析还可以帮助驾校观察竞争对手的动态，包括其价格策略、服务特色、市场活动等。通过这些信息，驾校可以及时调整自己的营销策略，保持市场竞争力。

2. 人工智能在驾校营销中的应用

人工智能技术的应用，为驾校营销带来了创新的手段和工具。人工智能不仅能够提升营销效率，还能提供个性化和智能化的服务。

（1）智能客服。通过 AI 聊天机器人，驾校可以实现 24 小时在线客户服务，快速响应潜在客户的咨询。智能客服能够根据客户的问题提供标准化答案，同时收集客户数据，为后续的营销活动提供支持。

（2）个性化推荐。利用智能学习算法，驾校可以根据学员的历史行为和偏好，提供个性化的课程推荐。这种个性化服务不仅能够提升客户满意度，还能提高转化率。

（3）智能营销工具。AI 技术可以帮助驾校分析营销活动的效果，如通过自然语言处理（NLP）技术分析社交媒体上的用户反馈，优化广告内容和投放策略。此外，AI 还可以通过预测分析，帮助驾校识别最有潜力的营销渠道和方法。

3. 整合大数据和人工智能的营销策略

大数据和人工智能的结合，为驾校提供了一个全面的营销优化框架。通过数据驱动的决策和智能技术的应用，驾校可以实现更高效、更精准的营销。

（1）数据驱动的决策。驾校可以利用大数据分析结果，制定基于数据的营销决策。例如，通过分析学员的学车进度和反馈，驾校可以调整教学方法，提升教学质量，从而提高口碑和学员满意度。

（2）精准营销。结合 AI 技术，驾校可以实现精准营销。通过分析学员的行为模式和偏好，驾校可以定制个性化的营销信息，通过电子邮件、短信、社交媒体等渠道，向目标客户推送相关信息。

（3）持续优化。大数据和 AI 技术的应用，使得驾校能够持续监测和优化营销策略。通过实时分析市场反馈和学员数据，驾校可以及时调整营销活动，以确保营销资源的有效利用。

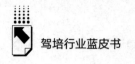

### （二）增强学员体验的个性化营销

在当今竞争激烈的驾培行业中，学员体验已成为区分不同驾校的关键因素之一。个性化营销策略的运用，不仅能够提升学员的满意度，还能够有效地吸引新学员，提高市场占有率。

**1. 了解学员需求**

个性化营销的第一步是深入了解学员的需求和期望。通过市场调研、用户访谈、在线问卷等方式，驾校可以获得关于潜在学员和现有学员的宝贵信息。这些信息包括他们的年龄、职业、学习习惯、时间安排、预算等，这些数据将为制定个性化营销策略奠定基础。

**2. 建立学员画像**

基于收集到的数据，驾校可以创建详细的学员画像。学员画像是对目标用户群体的虚拟描述，包括他们的行为模式、偏好和需求。通过用户画像，驾校可以更精准地定位服务和营销活动，确保信息和优惠能够触及最有可能感兴趣的用户。

**3. 个性化沟通**

个性化沟通是提升学员体验的关键。驾校可以通过电子邮件、短信、社交媒体等渠道，向学员发送定制化的信息。例如，对于工作繁忙的在职人员，可以推荐周末或者晚上的课程；对于学生群体，则可以提供假期集中培训的方案。此外，通过使用用户的名字、提及他们之前咨询过的问题等个性化元素，可以让用户感受到更多的关注和尊重。

**4. 定制化服务**

提供定制化服务是增强学员体验的有效手段。驾校可以根据学员的不同需求，提供个性化的课程套餐。例如，对于初学者，可以提供包含理论学习和模拟驾驶的综合课程；对于已经有一定驾驶经验的人，则可以提供加强实践技能的高级课程。此外，还可以根据用户的反馈和评价，不断调整和优化课程内容，确保教学质量。

**5. 利用大数据和人工智能**

驾校可以利用大数据和人工智能技术提升个性化营销的效果。通过分析学员的在线行为和学习进度，驾校可以预测用户的需求，提前提供相关的服务和支持。例如，通过 AI 分析学员的驾驶模拟数据，可以发现他们的弱点，并提供针对性的改进建议。

### 6. 创造互动体验

互动体验可以增强学员的参与感和满意度。驾校可以通过在线平台和移动应用，提供虚拟驾驶模拟、游戏化的学习和测试等互动体验。这些互动不仅能够提高学习的趣味性，还能够帮助学员更好地掌握驾驶技能。

### 7. 持续跟进和反馈

个性化营销是一个持续的过程，需要不断地跟进和优化。驾校应该定期收集学员反馈，了解他们对服务的满意度以及改进的建议。通过持续的沟通和反馈，驾校可以及时调整营销策略，不断提升用户体验。

## （三）驾校跨界合作与联盟营销

随着驾培行业发展和学员需求的日益多样化，传统经营模式已经难以满足市场的需求。为此，驾校可探索跨界合作与联盟营销的新模式，以寻求更广阔的发展空间和更高效的营销策略。

### 1. 跨界合作的目的与意义

跨界合作是指不同行业、不同领域之间的合作，通过资源共享、优势互补，实现双方或多方的共赢。对于驾校而言，跨界合作不仅可以拓宽服务范围，还可以提高品牌影响力，增强市场竞争力。

在互联网时代背景下，驾校的跨界合作主要体现在与互联网平台的结合，以及与其他汽车相关行业的联动。例如，驾校可以与在线教育平台合作，提供在线理论课程，或者与汽车销售、保险、维修等企业建立合作关系，为学员提供一站式的汽车服务。

### 2. 联盟营销的策略与实施

联盟营销是指驾校通过与其他企业或机构建立合作关系，共同开展市场推广活动，实现资源共享和互利共赢。这种营销方式可以帮助驾校扩大市场覆盖面，降低营销成本，提高招生效率。

在实施联盟营销时，驾校需要明确合作目标，选择合适的合作伙伴，并制定具体的合作方案。例如，驾校可以与当地的汽车销售商合作，为购车客户提供驾驶培训优惠；或者与保险公司合作，为学员提供保险折扣等。

### 3. 跨界合作与联盟营销的模式

（1）互联网驾校模式。一些驾校通过与互联网平台合作，实现了线上招生和线下培训的结合。这种模式不仅提高了招生效率，还通过标准化的教学

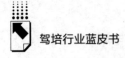

服务，提升了教学质量。

（2）汽车后市场服务联盟。驾校与汽车销售、保险、维修等后市场服务提供商建立联盟，为学员提供从学车到购车、保险、维修的一条龙服务。这种服务不仅满足了学员的多元化需求，也为驾校带来了额外的利润点。

（3）品牌联合推广。驾校可以与其他品牌进行联合推广，如与汽车制造商合作举办驾驶体验活动，或者与旅游公司合作推出自驾游套餐，通过这些活动提升驾校的知名度和吸引力。

4. 跨界合作面临的挑战与对策

尽管跨界合作与联盟营销为驾培行业带来了新的机遇，但在实践中也面临着一些挑战。例如，如何确保合作双方的利益平衡、如何有效整合资源、如何维护品牌形象等。

为了应对这些挑战，驾校需要建立完善的合作机制，明确合作目标和责任分工。同时，驾校还应加强内部管理，提升服务质量，确保在合作中能够保持自身的核心竞争力。

## （四）加强互动营销

### 1. 内容营销

通过创造高质量、有价值的作品来吸引学员。例如，发布驾驶技巧、安全知识、行业动态等内容，提升用户对驾校品牌的认知和信任。

### 2. 社交媒体广告

利用社交媒体平台的广告系统，精准定位目标用户群体，提高广告的转化率。例如，针对特定年龄段、特定兴趣的用户展示驾校的招生广告。

### 3. 用户互动

鼓励用户参与讨论、提问和分享。例如，举办问答活动，解答用户关于学车的问题；或者通过用户分享学车经历的征文比赛，提升用户参与度。

### 4. 社群营销

建立驾校的社交媒体群，如微信群、QQ 群等，通过社群内的互动交流，增强用户对驾校的忠诚度。

### 5. 线上线下结合

通过线上活动吸引用户到线下体验服务。例如，线上预约试驾体验，线下到驾校进行实际体验。

### 6. 口碑营销

鼓励满意的学员在社交媒体上分享自己的学车经历，利用用户的正面评价来吸引新的潜在学员。

### 7. 数据分析

利用社交媒体平台提供的数据分析工具，了解用户行为和偏好，根据数据调整营销策略。

### 8. 实施互动营销活动模式

（1）驾校挑战赛。举办线上驾驶知识挑战赛，鼓励用户参与并分享到自己的社交网络，设置奖项激励用户参与。

（2）直播教学。利用直播平台进行驾驶教学直播，让用户实时提问，教练现场解答，增加互动性和趣味性。

（3）用户故事分享。创建"我的学车故事"主题活动，鼓励用户在社交媒体上分享自己的学车经历，设置最佳故事奖，增加用户参与度。

（4）节日互动。在特定节日，如教师节、国庆节等，发布与节日相关的互动内容，如祝福语征集、节日知识问答等，提升用户的参与感。

## （五）利用互联网平台拓展招生渠道

随着互联网技术的不断发展，抖音、快手、高德地图、百度地图和美团等平台已成为驾校招生的重要途径。有效利用这些平台能够帮助驾校扩大宣传范围、提高品牌知名度，并有效增加招生数量。以下是针对这些平台的具体操作方法。

### 1. 短视频营销

（1）内容创作与发布。制订内容计划，定期发布与驾驶相关的短视频，内容包括但不限于驾驶技巧、安全知识、学员成功案例等。其中可以使用热门音乐和流行元素，增加视频的吸引力和传播性。定期举办"学车小知识"系列直播，邀请资深教练在线解答网友提问，增加互动性。引导驾校全员进行直播，从教学、服务、驾校环境等全方位进行宣传展示。

（2）互动与用户参与。设立"最佳学车视频"等互动话题，鼓励用户分享自己的学车经历，设置奖励机制以提高参与度。对于用户评论和私信，安排专人及时回复，提升用户体验和满意度。

（3）数据分析与优化。利用抖音和快手的后台数据分析工具，跟踪视频的观看次数、点赞数、分享数等指标，了解哪些内容更受欢迎。根据数据反

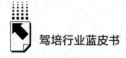

馈调整内容策略，优化视频风格和发布时间，提高内容的吸引力和传播效率。

2. 高德地图和百度地图的地理营销

（1）地图信息优化。确保驾校在地图应用中的信息完整且准确，包括地址、联系方式、服务特色等。定期更新驾校信息，如新增服务、优惠活动等，确保信息的时效性。

（2）推广与广告。利用地图平台的推广服务，针对特定区域的用户投放招生广告，提高驾校的可见度。在地图搜索结果中优化关键词，如"附近驾校""快速学车"等，提高搜索排名。

（3）评价管理。鼓励满意的学员在地图平台上为驾校留下正面评价，提升驾校的信誉度。定期检查并回应用户评价，对于负面评价及时处理和改进。

3. 美团等在线服务平台的合作

（1）服务上架与优化。在美团等平台上上架驾校的各类课程和服务，提供详细的介绍和透明的价格。定期更新服务信息，确保与驾校实际情况一致，避免信息滞后导致的学员不满。

（2）促销活动与优惠。与平台合作推出限时优惠、团购折扣等促销活动，吸引用户在线下单。设计专属的优惠券或折扣码，通过平台发放，提升用户黏性和转化率。

（3）用户反馈与服务改进。积极回应用户在平台上的评价和建议，及时改进服务，提升用户的满意度。定期分析用户反馈，找出服务中的问题和改进点，持续提升服务质量。

# 五　全域营销的整合与执行

在当今信息化、网络化的新时代，驾校经营要想享有更多的份额，保生存、求发展，应尽快实现全域营销，占住所有渠道。同时，为了让驾校全域营销发挥有效作用，还必须重视全域营销的整合与执行。

## （一）全域营销整合的作用

线上、线下全域营销需要一定的人力、物力和财力，如果缺乏有效的整合，不仅不能带来正向的作用，而且会增加成本。重视全域营销的整合，能加强营销的作用。

首先，通过全域营销的整合，能够提升驾校品牌的知名度。驾校全域营销，可以在各地区、各领域、各人群中传播驾校的品牌形象、服务品质、教学特色、师资力量，强化社会的认同，帮助驾校吸引更多的潜在客户，再通过对意向客户的跟踪，将其及时转化为有效客户，扩大市场份额。

其次，全域营销的整合，可以更好地满足学员的需求。全域营销有利于驾校多渠道了解、掌握客户的需求；有利于精准掌握客户意见和建议，及时解决驾校存在的问题，提供符合学员需求的服务。

最后，全域营销的整合能降低成本。针对驾校同行业竞争态势、招生的时机、营销政策，及时调整营销渠道，合理组织人员开展营销，节约成本。

## （二）制订全域营销计划

全域营销计划的制订，能增加营销的竞争力，提升驾校品牌形象，同时能带来持续的学员增量。

### 1.市场分析

分析市场是了解驾培市场的过程，为制订驾校全域营销计划提供依据。

（1）分析生源市场。驾校所处的地域及周边城乡人口数量、年龄结构、出行方式；与驾校的距离及交通便利情况；同行业驾校分布情况；每年学员报名人数。对生源市场的了解，驾校可以合理选择营销渠道，近距离，人口密集，应选择线下宣传，以地推为主，面对面直接交流，效果好、成交快；远距离，但交通方便，可以采取线上营销方式，合理分配人力，组织全域营销。

（2）分析竞争对手。要知悉所在区域的驾校，了解对手的优势和劣势，全面掌握对手招生班别的设置、收费、培训模式、教学师资、业务流程、营销策略、练车场远近、有无科目二和科目三社会化考场、学员服务与承诺，从而扬长避短，找到自己的优势，改善自己的劣势。

（3）分析市场趋势。不同时期，驾培市场的需求也不同，农忙季生源下降；农忙后，生源增加；年终生源减少，年后生源增加；秋季生源减少，高考后生源增加。驾校应把握市场趋势和发展，及时组织到村镇宣传，增设墙体广告、洽谈代理；及时组织到街道、商圈、校区宣传，收集意向；及时选择晚上黄金时间开设抖音、快手直播等；及时利用公众号，宣传驾校理念、政策和各项活动方案，实施全域营销。

### 2.市场定位与目标

掌握市场情况，根据驾校自身特点，服务定位在自身可培训车型的学员群体。

（1）驾校优劣势。驾校建校时间、驾校规模、社会化考场、智能辅助教

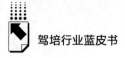

学系统的应用、一次性收费、诚信经营、教练服务好、单人单车、拿证快、早晚练车、双课时练车、女教练、包教包会、线上教学、班车接送、外地学员免费、提供住宿等，都可以成为影响学员报考的因素。

（2）差异化定位。近几年，随着智慧驾校的建设与发展，模拟器、机器人教练在一些驾校逐步应用，很多驾校在营销中把这作为亮点，吸引客户。如果驾校没有模拟器、机器人教练，在营销中应避开竞争对手的长处，突出实车教学培训的体验：直接、简单；教练指导，更具人性化，同样能赢得客户。

### （三）营销渠道的整合管理

营销渠道的整合管理，必须符合驾校的营销目标、营销策略和营销预算。

1. 营销目标

（1）全域营销目标。驾校全员参与营销，微信，每天必须明确转发朋友圈多少次、增加多少个群；参与地推人员，每天必须增加多少个好友，发展多少个意向客户；参与抖音、快手直播人员，每日增加多少粉丝数，发展多少个意向客户；驾校公众号每日转发数量。

（2）市场份额目标。根据驾校历年招生情况、招生人数在同行业中占比情况，明确市场份额目标，不断提升竞争力，通过有效全域营销，保持或增加市场份额。

（3）驾校品牌知名度目标。包括所在地区驾校行业排名争取在前几名；金牌教练任教；有专业女教练；个性化教学通过率高、拿证快；诚信经营、学车无忧、智慧驾校等。

2. 营销策略

影响驾校营销效果的主要因素是口碑、价格、培训的模式、服务的承诺、拿证快慢等方面。

（1）价格策略。制定收费价格，根据驾校的品质与条件，比竞争对手有优势，价格可以高一些。同时，公示培训服务的特色，如星级教练或金牌教练、一对一教学、一次性收费等。

（2）促销策略。驾校营销中，结合当地的生活、文化、节日、习惯等适时组织促销，如赠送免费1小时体验卡、优惠券、砸金蛋、抽红包、赠送礼品、把爱带回家、团报优惠等，通过全域营销渠道宣传出去，形成报名好时机、机不可失、失不再来或一年就这一次的氛围，达到促销的效果。

（3）品牌建设策略。驾校的品牌建设，首先，分析同行业竞争对手的品牌建设情况，要力争你有我优，你无我有，从而实现品牌定位。其次，进行品牌形象设计，提升品牌的知名度和美誉度，为驾校品牌长期发展奠定基础。最后，通过全域营销渠道进行推广。

（4）渠道建设策略。渠道建设的重点是避开竞争对手所长，充分发挥自己的优势。如果竞争对手擅长抖音、快手直播，自己就应该多重视组织微信、地推、公众号、短视频营销宣传，做到比对手勤、比对手频、比对手快。在渠道管理时，每天都要有布置、有要求、有跟踪、有总结，讲究方法、讲究效果。同时，本着竞争对手有、自己也要有的原则，竞争对手擅长抖音、快手直播，自己应错开对方直播时间进行直播，或者组织多人直播，同时，加大投入，让平台多推流量，以多胜少，占领直播渠道，获得营销的优势。

3. 营销预算

整合管理必须符合营销预算，常见营销渠道及费用情况见表1。

表1 常见营销渠道及费用情况

| 营销渠道 | | 涉及的项目与费用 |
|---|---|---|
| 线上 | 百度、360 | 付费投流 |
| | 公众号 | 认证费 |
| | 直播间 | 支架、灯光、触摸屏等设备费用 |
| | 主播人员 | 兼职或专职人员工资 |
| | 抖音直播 | 每投流1次最少100元 |
| | 快手直播 | 每投流1次最少30元 |
| | 微信 | 微信群、朋友圈适时转发，不计费用 |
| | 小红书 | 不计费用 |
| | 百度 | 付费宣传 |
| 线下 | 地推 | 人工费、车辆油料费、宣传资料费 |
| | 转介绍 | 学员、亲朋好友沟通，不计费用 |
| | 代理 | 小卖店、街道商店、校园代理赞助费 |

营销渠道的整合管理，必须针对一段时间内（一个月或一个季度）的营销做好三项分析：一是每个渠道的成本分析；二是营销渠道带来的生源分析；三是与历史同期未采取全域营销招生量变化的分析。

通过上述分析，驾校可找准最有利的营销渠道，进行整合，调整人力、物力、财力分配，发挥主渠道的营销作用。

（四）营销效果的监测与评估

对营销效果的监测与评估能够更好地促进全域营销，增加市场营销的竞争力。

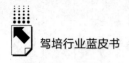

### 1. 明确渠道营销完成时限

全域营销要明确完成时限，占领各营销渠道，提高全域营销的竞争力。举例如下。

（1）每日早、中、晚转发1次微信朋友圈；

（2）短视频每周发表5个以上作品；

（3）每日直播，时间每次应保持在2小时以上；

（4）线下宣传每周3次，每次应保持在2小时以上；

（5）小红书上每周发表3~5篇。

### 2. 营销渠道执行监测与评估

全域营销重在效果，驾校要设专人负责监测与评估，监测与评估内容如下。

（1）朋友圈每人每日转发的情况，格式、内容符不符合要求，产生几个意向，增加了几个微信群；

（2）短视频每周发表情况，内容符不符合要求，点评参与的人数及浏览量；

（3）直播落实情况，时间符不符合要求，在线人数、粉丝增量、有无意向；

（4）地推宣传，设置几个代理，建了几个网点，增加了几个意向；

（5）小红书上文章发表情况，点评参与的人数及浏览量。

通过监测与评估情况，及时收集、掌握反馈信息，调整驾校目标定位、调整完成时限及内容。对在规定的时限内没有完成或没产生意向客户、浏览及粉丝数没有增量的情况进行总结，并分析其原因，及时改进方法，确保计划有效实施。对于营销中产生意向多的渠道，应多总结、多推广。同时，对驾校员工，要充分发挥其长处，让喜欢直播，且直播在线人数多、效果好的人多直播；让喜欢走街串巷、善于面对面沟通交流的人，多进行地推宣传；让擅长微信上沟通的人，多建群、多发朋友圈。从而实现全域营销效果最大化，有可能的情况下占据最大市场份额。

## 六　典型营销案例分析

### （一）兴隆驾校促进营销案例

长春市兴隆驾校是一级机动车驾驶员培训机构，有14所分校。在2023年7月以前，兴隆驾校只有一个科目二社会考场，在行业竞争中，硬件不占有优势。

但是，驾校注重营销典型的培养，提升了竞争力，确保市场份额占据前三名。

1. 营销英模团的建立

兴隆驾校营销英模团自 2021 年 11 月成立以来，每当招生困难的时候，驾校都会倡议英模团成员"开枪""开炮"上场（开枪是招小车学员 1 人；开炮是招大车学员 1 人），为了调动更多员工的积极性，驾校在不同的季节，根据市场情况，开展向营销英模团成员挑战的活动，从而让更多的人充满激情，参与营销活动，实现全员营销。

2. 营销典型的树立

2022 年，受疫情的影响，兴隆驾校个人招生在百人以上的有 15 人，这一成绩来之不易，因此，驾校要树立并表彰招生百人的营销英雄典型，2023 年新春佳节之际，驾校兑现了对 15 名招生百人营销英雄的奖励。2023 年初，驾校开展争当百人营销英雄活动，共有 85 人积极报名参与，年终时有 32 人实现招生百人目标，其中有 2 人招生在 300 人以上、有 5 人招生在 200 人以上。2024 年除夕夜，驾校对百人营销英雄进行了奖励。2024 年初，兴隆驾校继续开展百人营销英雄的申报活动，有 70 人积极参与。

3. 直播营销典型的培养

长春驾培行业抖音、快手直播发展得很快。早期，有的驾校校长亲自上场直播，带动了同行线上营销的竞争。兴隆驾校总经理高彬亲自带领，积极应对：一是聘用短视频、线上直播专业人员 1 名，对驾校全员进行短视频、直播专业知识与技巧的培训；二是号召各校区校长及骨干先参与直播，并明确各校区直播时间，公司每日检查执行情况；三是开展评比奖励活动，对增粉多、点赞多、关注多、意向多的直播人员奖励直播音响等设备。在典型的带动下，在短短的半年时间内，线上直播由不会到会、由没有到个个校区都有，发展迅速，有的员工上班直播，下班也直播，改变了形象，更重要的是宣传了驾校，增加了品牌知名度，提升了营销渠道的竞争力。

## （二）驾来也驾校的创新实践与市场探索

自 2017 年成立以来，驾来也驾校以其创新的商业模式和精准的市场定位，迅速在驾培行业中脱颖而出。专注于服务大学生群体，该驾校通过私域营销策略和大学生创业加盟模式，吸引了超过 5000 名大学生自主创业，确立了其在高校市场的领导地位。

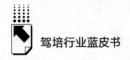

随着中国社会经济的快速发展，汽车已成为家庭的常见配置，驾驶技能也随之成为一项必备的生活技能。在众多驾校品牌中，驾来也驾校以其独特的大学生市场策略和商业模式，快速崛起并成为行业的领先者。

驾来也驾校由一支对驾培行业有着深刻洞察的创始团队创立。团队通过对大学生市场的精准把握，确立了以服务大学生为主的市场定位。凭借对大学生需求和消费习惯的深入了解，驾校迅速在高校市场中建立了领先地位。几年发展下来，驾来也驾校已覆盖全国16个城市，拥有超过50家分校。在提升教学质量和服务水平的同时，驾校不断创新营销策略和商业模式，以适应市场的变化和消费者的需求。

### 1. 市场策略

驾来也驾校采取私域营销策略，通过建立微信群、QQ群等社交平台，与大学生建立紧密联系。这些平台使驾校能够及时了解学生需求，提供个性化服务，并有效进行口碑营销。此外，驾校还推出了大学生创业加盟模式，为大学生提供创业机会，同时支持驾校的快速扩张。加盟模式利用大学生的社交网络和创新能力，实现品牌和市场的双重扩张。

### 2. 产品与服务

针对大学生的需求，驾来也驾校推出了多种班型，如周末班、假期班等，以适应大学生灵活的学习时间。同时，提供一对一教学、夜间练车等服务，提升教学质量和学生的学习体验。驾校还定期组织驾驶技能比赛、安全驾驶讲座等活动，增加与学生的互动和黏性，丰富学生的校园生活，同时增强品牌影响力。

### 3. 创业模式

驾来也驾校的创业加盟模式为大学生提供了低门槛、高回报的创业平台。大学生通过加盟成为分校负责人，利用驾校的品牌、资源和经验开展创业项目。驾校为大学生提供全面的创业支持，包括培训、资金、市场推广等，降低创业风险，提高成功率。

### 4. 理念与文化

驾来也驾校坚持"驾来也，不止于学车"的理念，认为驾校不仅是教授驾驶技能的地方，更是培养安全意识、责任感和自我管理能力的平台。通过提供优质的教学和服务，驾校希望学生在学车过程中得到更多的成长和收获。

驾来也驾校的成功案例为驾培行业提供了宝贵的经验。通过精准的市场定位、创新的营销策略、符合需求的产品和服务，以及独特的创业模式，驾校实现了快速的发展和市场扩张。未来，驾来也驾校将继续坚持创新，不断提升服务质量，为更多的大学生提供优质的驾驶培训服务。

### （三）金驰驾校用智慧驾校为营销助力

四川省金驰驾校自成立以来，一直致力于提供高质量的驾驶培训服务。随着科技的发展，金驰驾校不断引入创新技术，提升教学水平和服务效率。在营销策略上，金驰驾校也采取了一系列创新措施，以吸引更多学员并提升品牌形象。

**1. 数字化营销平台**

金驰驾校利用数字化营销平台，如社交媒体和官方网站，宣传其全车型培训资质和综合训练场地的优势。通过线上渠道，驾校能够覆盖更广泛的潜在学员群体，同时提供方便快捷的报名和咨询服务。

**2. 智能化体验营销**

通过引入驾驶模拟训练舱和机器人教练，金驰驾校为潜在学员提供了独特的智能驾驶体验。这种高科技的体验营销不仅提高了学员的学习兴趣，也增强了驾校的科技形象。

**3. 个性化推广活动**

金驰驾校根据学员的不同需求，提供个性化的培训方案。例如，针对初学者，驾校推出了由模拟训练舱到机器人教练车的渐进式学习路径。这种个性化的服务让学员感受到更加贴心的关照，从而提高了学员的满意度和口碑传播度。

**4. 合作营销策略**

金驰驾校与周边企业建立合作关系，如汽车销售、维修企业，为学员提供购车优惠和售后服务。此外，与社区中心合作开展交通安全教育活动，提升了公众对驾校的认知和信任。

**5. 成功案例分享**

金驰驾校通过分享学员的成功案例和考试合格率，展示了其教学质量和培训效果。这种正面的口碑营销不仅增强了现有学员的信心，也吸引了更多新学员的加入。

通过这些营销创新内容，金驰驾校不仅提升了自身的教学水平，也成功地扩大了市场份额，提高了品牌知名度。未来，金驰驾校将继续探索和实施更多的营销创新策略，以满足学员的需求，提升服务质量，为社会培养更多优秀驾驶人。

### （四）清远市粤通驾校的市场推广

清远市粤通机动车驾驶人培训有限公司是 2016 年成立的大中型客货车一

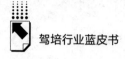

级培训驾校,是目前广东省最大规模的大车培训基地,年培训能力约 9000 名学员,已形成集 A1、A2、A3、B1、B2、C1、C2、C6 全车型的培训服务体系以及考试服务体系;同时运营管理打古大车考场(年考试能力 3 万人次)。粤通驾校实施考培一体化创新经营,将培训与考试进行了高效无缝对接。其营销方式多样,涵盖线上营销、传统媒体营销、线下营销。

**1. 线上营销**

(1)组建公司线上直播小组(抖音/视频号),每天进行常态化直播,提升公司的知名度和获客机会。

(2)强化短视频营销,拍摄关于学员心声、驾校和考场优势、教学视频、驾驶技巧、道路安全文明知识、搞笑段子等短视频,通过抖音、视频号等社交平台进行发布,增加公司曝光度和线索,2023 年视频号累计播放量 95 万,抖音号 8~12 月累计播放量 70 万,其中 10 万+播放量视频 3 个。

(3)微信公众号及朋友圈招生营销,微信公众号每月发布量保持 20 条以上;2023 年公众号增加粉丝约 3000 个,朋友圈发布招生海报每月 15 条以上。

**2. 传统媒体营销**

(1)参加电视台和清远交警举办的"百日零违法、文明交通好榜样"活动,提升线上的曝光度和线下的参与度,同时获得"团体奖"。同时,参与电视台的贺年视频拍摄,通过电视台自媒体等渠道进行传播。

(2)接受清远电视台关注度最高的金牌栏目《百姓关注》采访,宣讲关于报名学车如何避免受骗等内容,受到广泛的传播,省内驾培行业同行也积极转发相关视频,这提升了公司在行业的信任度和知名度。

**3. 线下营销**

(1)参加清远市 2023 年机车旅游文化节活动,为广东省各地市的机车爱好者设置报名咨询点和志愿服务点。

(2)参与清远交警在许广高速清新服务区设置春运暖心驿站活动,为回乡民众提供便民服务,提升了公司的知名度和美誉度。

# 七 未来发展方向

结合 2024 年驾培行业的发展趋势以及国家提出的"新质生产力"概念,驾校的营销方向应当更加注重创新、效率、环保和智能化。"新质生产力"强调的是通过技术创新和模式创新来提升生产力水平,这为驾校营销提供了新的思路和方向。

### （一）技术创新与智能化营销

在未来的驾校营销中，技术创新将成为核心驱动力。智能化营销不仅仅是利用现有的互联网技术，更是要结合物联网、5G 通信、人工智能等前沿技术，实现营销的智能化和自动化。例如，利用智能分析系统，通过大数据分析学员行为，预测市场趋势，实现精准营销；利用自动驾驶模拟器，结合自动驾驶技术，提供更安全、高效的驾驶培训体验；利用虚拟现实技术进行模拟驾驶教学，提高学员的学习兴趣和培训效果。

### （二）效率提升与个性化服务

"新质生产力"的提出，也意味着驾校营销需要更加注重效率和质量的提升。个性化服务将成为驾校吸引和留住学员的关键。

第一，进行高效课程设计：根据学员的不同需求和水平，设计个性化的培训课程。

第二，设计灵活的学习模式：提供线上与线下结合的学习模式，满足学员灵活学车的需求。

第三，建立即时反馈系统：通过智能设备收集学员学习数据，提供即时反馈和改进建议。

### （三）环保理念与绿色营销

环保已成为社会发展的重要趋势，驾校营销也需要积极响应国家的绿色发展战略。第一，多使用电动车等新能源教练车，减少驾校运营过程中的碳排放；第二，做好绿色驾驶培训，推广节能减排的驾驶习惯，培养学员的环保意识；第三，致力于建设绿色校园，创设节能环保的驾校环境，提升驾校的整体形象。

### （四）跨界融合与生态构建

跨界融合是"新质生产力"的重要表现，驾校营销也应该探索与其他行业的合作机会。例如，通过与汽车制造商合作，开展新车试驾、安全驾驶培训等活动；通过与保险公司合作，为学员提供优惠的汽车保险服务，增加学员的满意度和忠诚度；通过与科技公司合作，引入先进的教学设备和技术，提升教学质量和效率。

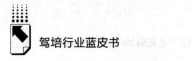

驾培行业蓝皮书

## （五）政策导向与法规遵循

在"新质生产力"的背景下，国家政策和法规的变化将直接影响驾校营销的策略和方向。第一，在政策适应性方面，密切关注国家关于驾培行业的政策动向，及时调整营销策略。第二，在法规合规性方面，确保所有营销活动都符合最新的法律法规要求。第三，在社会责任方面，积极承担社会责任，通过公益活动等方式提升驾校的社会形象。

# 八 结语

在"新质生产力"的推动下，驾校营销的未来研究方向应当聚焦技术创新、效率提升、环保理念、跨界融合以及政策导向等方面。通过不断的研究和实践，驾校能够更好地适应市场变化，提升服务质量，实现可持续发展，为驾培行业的整体进步和创新提供新的动力和方向。

**参考文献**

[1]《一种新的营销方式：营销科技赋能下的全域营销》，知乎，https：//zhuanlan.zhihu.com/p/510558082，2022年5月7日。

[2]《最全拆解｜风很大的全域消费者运营究竟是什么?》，知乎，https：//zhuanlan.zhihu.com/p/357769512，2021年3月17日。

[3]《线上线下、跨端融合，阿里巴巴全域营销进入2.0时代》，凤凰网，https：//ishare.ifeng.com/c/s/7saGTuDkhrM，2019年12月20日。

[4]《以用户数据为燃料，加速车企数字化营销的"最后一公里"》，汽车消费网，http：//www.ccw.com.cn/channel/industrydigital/2022-02-18/23636.html，2022年2月17日。

本文作者为周永川、陈祖豪、李虎。周永川，驾来也集团董事长、中国"互联网+"创业大赛评审专家、云南财经大学创业导师、天使投资人；陈祖豪，吉林省长春市兴隆驾驶员培训有限公司校长；李虎，四川省金驰驾校校长。

# B.10
# 智慧驾校建设与运营管理分析

**摘　要：** 智慧驾校运营就是将数字化、智能化等技术应用到驾校工作中，在教学服务、增效降本、营销管理、安全保障等方面全方位提供技术支持。智慧驾校的推广应用时间并不长，但其对驾培生产力的促进非常明显。与传统驾校相比，智慧驾校在教学质量、服务水平、经营管理等多方面呈现出明显优势。智慧驾校的智能教学可增效降本，取得较好的经济效益。智慧驾校可实施高级驾驶培训，培养高素质驾驶人，获取良好的社会效益。智慧驾校可实施"一人一车、预约计时"培训模式，提升教学服务质量，促进驾校口碑和品牌升级。这些有利因素的叠加，可增强驾校市场竞争力，也能促进驾培行业高质量发展。

**关键词：** 驾培行业　驾培市场　智慧驾校　智能化教学　科技驾培

近年来，人工智能、大数据、物联网等先进技术应用越来越广泛。智慧物流、智慧高速公路、智慧医院、智慧机场、智慧校园等一大批创新型项目纷纷亮相。在这种趋势的引领下，智慧驾校的应用推广也驶入了快车道。智慧驾校运营就是将数字化、智能化等技术应用到驾校工作中，在教学服务、营销管理、节能降耗、安全保障等全方位提供技术支持。智慧驾校的推广应用，不仅可提升驾校市场竞争力，还可以促进驾培行业高质量发展。

## 一　智慧驾校发展历程

智慧驾校推广应用时间并不长，但其对驾培行业发展的推动作用非常显著。从最初"互联网+驾校"到"智能教学"，再到"智慧驾校"，发展一直较快，并创造了良好的经济效益和社会效益。

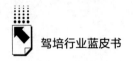

### （一）"互联网+"与"智慧驾培"（2012~2016年）

2012年是"智慧驾培元年"。这一年，苏州市交通运输局发布《智慧驾培经营市场准入招标公告》，标志着"智慧驾培"正式出现。

这一时期，智能手机开始普及，"移动互联"时代正式到来。在这样的背景下，"互联网+"这一理念被推广应用，"互联网+驾校""互联网+教学""互联网+约车""互联网+招生""互联网+服务""互联网+考试"等创新应用模式纷纷出现。所谓的"智慧驾培"就是这些新型应用模式的统称。

"智慧驾培"的理念是，学员可通过手机预约、网上预约、电话预约等方式，自主选择教练员和训练时间，还可通过手机进行服务评价。依托这一理念，上海荣安驾校、苏州交运驾校、张家港港城驾校等驾校推出"一人一车、自选学车时间、自选教员、先学后付"的学车新模式。在这些驾校的引领下，驾培行业掀起了一股创新热潮。

2016年，江苏省交通运输厅官网发布报道文章《我省大力推广应用"智慧驾校"新模式，力推"互联网+"智慧驾培服务》。文章称，智慧驾校是驾校管理端、管理平台端以及驾培网站三位一体的智慧驾培体系，实现驾校信息资源与运管、公安部门共享，满足智慧驾培信息化需求。这是"智慧驾校"一词第一次出现在人们的视野中。

### （二）"人工智能"与"智能教学"（2016~2020年）

2016年，中央电视台"新闻直播间"栏目播出"机器人当教练，驾考学员通过考试"报道。这一事件，标志着驾培行业开始进入"智能教学"时代。"机器人教练"是人工智能、5G物联互通等先进技术与驾驶培训融合的产物。

2017年，"人工智能"被写入政府工作报告，同年国内首个机器人主题驾校在江西赣州诞生。从那时起，"机器人教练"不断升级迭代，生产企业和应用驾校越来越多，装置机器人教练的教练车（下称"智能教练车"）对教学效率的促进作用越来越明显。

这一时期，驾培行业产能过剩导致的恶性竞争制约了智能教学的落地。由于驾校的经营思路不同，对"机器人教练"的应用理念也产生了差异。有的驾校确立了"双模式教学"理念，即"智能教学"模式与"人工教学模式"的相互融合，成功地提升了教学效率、降低了培训成本；也有的驾校将

"机器人教练"当成营销的噱头,不仅应有的作用没有发挥出来,反而成了驾校经营恶化的催化剂。

## （三）"数智科技"与"智慧驾校"（2020年至今）

2020年至今,在"数智化"理念的影响下,"智能教学"升级成为"智慧驾校"。"智能教学"与"智慧驾校"的最大区别是,前者追求的是"教学效率"的提升,后者以驾校"经营管理"转型为目标。这一时期,智能教学"产品性能"和"应用方法"都有了较大提升,与此同时,多个关于智慧驾校的政策、标准也相继颁布。这些因素叠加在一起,将智慧驾校的发展推向一个新的高度。

1. 智慧驾校应用理念和建设目标确立

"数智化"可以简单地理解为"数字化"与"智能化"的结合。"智慧驾校"的数智化应用理念是,对驾校运营产生的大数据进行分析处理,助力驾校经营管理,为驾校创造更大的价值和更强的市场竞争力。

这一时期,一大批"传统驾校"成功转型为"智慧驾校",并取得了良好的经济效益和社会效益。它们的成功经验表明,"购买智能产品,提升教学效率"只是智慧驾校建设的第一步,"搭建智慧驾校运营管理系统,提升驾校市场竞争力"才是智慧驾校追求的终极目标。

2. 智慧驾校相关政策和标准相继颁布

这一时期,多个省市相继颁布政策支持智慧驾校的应用推广。例如,山东省交通运输厅、山东省公安厅联合下发《关于推进驾驶监督服务与考试系统联网对接工作的通知》（鲁交城市〔2020〕5号）；河北省道路运输管理局颁布《关于推广应用人工智能机器人教练促进我省驾培行业转型升级的指导意见》（冀运管驾〔2020〕32号）；湖南省道路运输管理局颁布《关于开展机动车驾驶培训机器人应用促进我省驾培行业转型升级的指导意见》（湘运管驾培发〔2021〕104号）；广东省交通运输厅颁布《关于开展机动车驾驶"智能驾培"试点工作的通知》（粤交运字〔2023〕7号）。国务院安全生产委员会办公室发布《关于印发〈"十四五"全国道路交通安全规划〉的通知》（安委办〔2022〕8号）,提出探索VR、人工智能等新技术在驾驶考试管理中的应用,也对智慧驾校的发展起到了促进作用。

与此同时,智慧驾校相关标准也制定完毕,目前正在征询意见中。2023年10月,交通运输部颁布《教练车智能辅助教学系统技术条件（征求意见稿）》。

这份标准规定了教练车智能辅助教学系统的一般要求、功能要求、性能要求和试验方法。2024 年 4 月，中国交通运输协会颁布《智慧型驾校通用技术要求》（T/CCTAS 103-2024）。这份标准适用于智慧驾校的建设和运营管理，主要规定了智慧驾校的基本要求、智慧教练场要求、设施设备要求、软件管理系统要求、安全要求、数据分析要求等内容。这些标准的制定，为智慧驾校相关产品生产企业提供了产品标准，也为智慧驾校建设提供了技术依据。

3. 智慧驾校相关产品性能和质量提升

这一时期，智慧驾校相关产品的功能越来越完善，越来越实用，产品质量越来越好，产生的经济效益和社会效益越来越明显，受到驾校的广泛欢迎。这主要是得益于以下原因。

（1）智慧驾校相关技术升级迭代。由于智能教学产品得到了广大驾校的欢迎，相关的生产企业越来越多。以百度、驾考宝典为代表的科技公司也纷纷入局，带来更好的技术和更多的人力、财力、物力。驾考宝典凭借其深厚的驾考行业经验和先进的技术，为智慧驾校的发展提供了强大的支持。其精准的教学内容、高效的学习模式以及便捷的用户体验，得到了广大驾校和学员的认可。可以预见，在这类科技公司推动下，智慧驾校相关产品的技术性能和产品质量还将持续进步。

（2）智慧驾校相关产品"定制化"开发。以往，生产企业在设计和生产智慧驾校相关产品时大多"以自我为中心"，也就是说企业生产什么样的产品，驾校就用什么样的产品。如今，各生产企业的理念逐渐转变为"以驾校为中心"，生产企业可根据驾校的需求，为驾校"量身定制"生产智慧驾校相关产品。例如，可按照驾校要求，将教学方案、考场视景等内容预置到智能教学设备中。

（3）智慧驾校应用技术逐渐成熟。购置智能教学设备只是智慧驾校建设的第一步，与之匹配的"智慧驾校应用技术"应当同步实施，方能保证智慧驾校转型成功，并产生良好的效益。

"智慧驾校应用技术"也称"智慧驾校运营管理技术"，指的是智慧驾校运营管理采用的应用理念、应用方式方法和工作程序等。"智慧驾校应用技术"直接关系智慧驾校运营效果。同一款智能教学产品在 A 驾校使用效果不佳，在 B 驾校却发挥出了令人满意的效果，根本原因是 A 驾校的"智慧驾校应用技术"运用不到位。"智慧驾校应用技术"的作用是引导智慧驾校科学运营管理，并促进智慧驾校相关产品性能提升。它发源于驾校，是众多的智慧驾校管理人员、教练员在工作实践中积累的好经验、好方法的集合。

"智慧驾校应用技术"主要包括智能化教学流程设计、智慧驾校队伍建设、智慧教练场管理、智能教学质量管控、智慧驾校学员管理等一系列智慧驾校运营管理体系。目前，各智慧驾校、生产企业、行业协会都在对"智慧驾校应用技术"进行深入研究。"智慧驾校运营管理技术"的理论体系和应用方法正在趋向成熟，这对智慧驾校的推广应用起到了极大的促进作用。

**案例 1**

2023 年，中阳县福安机动车驾驶员培训学校引进了智能客服系统，做到了学车服务规范化、标准化，为学员定制专属学车规划，到每一个节点就提前通知学员下一步该做什么，学员什么都不用操心，跟着智能客服的规划完成学车流程，最终顺利拿证，整个过程省心又高效，变被动服务为主动服务，学员满意度大大提高。智能客服系统可以自动为学员规划流程，督促学员学习，节省了人力成本，服务标准、服务质量得到了实打实的提升。

4. 智慧驾校规模化应用已经开始

中国交通运输协会驾驶培训分会发布的《全国驾培市场运行情况与营商环境调查（2023~2024 年）》显示，34.52% 的被调查驾校使用了智能教学产品。很多驾校开始了规模化应用。北京市海淀驾校装备 260 余台机器人教练和 260 余台汽车驾驶培训模拟器；河南新乡市华晟驾校装配了 40 台机器人教练和 81 台汽车驾驶培训模拟器；唐山玖龙驾校配备了 38 台机器人教练和 129 台汽车驾驶培训模拟器；汉中小鹿易驾驾校配备了 60 台机器人教练 54 台汽车驾驶培训模拟器。这些驾校起到的示范作用，以及它们在实战中积累的好经验、好方法，极大地促进了其他驾校进行智慧驾校建设和转型，也预示着智慧驾校推广应用进入快车道。

## 二　智慧驾校的定义和构成要素

智慧驾校建设是一项系统工程，很多工作需要同步进行，包括产品开发、运营管理、团队建设、研究总结、应用推广等。要做好这些工作，首先要明确智慧驾校的定义和构成要素。

### （一）智慧驾校定义

《智慧型驾校通用技术要求》对智慧驾校的定义是，"智慧驾校（Smart

Driving School）是基于人工智能、云计算和物联网技术，根据驾校运营、驾驶教学、过程监管特点建立数字化运营平台、智能化教学服务设备、高可靠学时系统等智慧化系统，提升营销、培训、服务、管理等工作质量的一种创新型驾校"。

## （二）智慧驾校构成要素

根据《智慧型驾校通用技术要求编制说明》的说明，智慧驾校主要由"智能设备""管理软件""数据处理平台""信息通信设备"四大板块构成（见图1）。

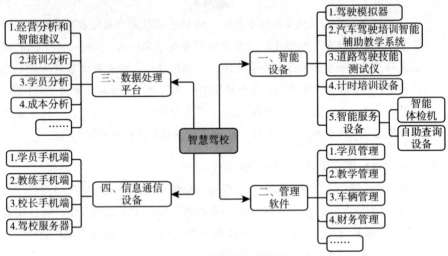

图1　智慧驾校构成要素

智慧驾校最核心的部分是"数据处理平台"，它相当于智慧驾校的"大脑"。它运用人工智能、大数据、云计算等关键技术，对智慧驾校智能终端采集的大数据进行分层级处理和分析，为驾校相关人员提供智慧建议和工作提示。

## 三　智慧驾校的作用和应用意义

智慧驾校的推广应用时间并不长，但对驾培生产力的提升非常明显。与传统驾校相比，智慧驾校在教学质量、服务水平、经营管理等多方面具有明显优势。

### （一）智慧驾校与教学效率

"智慧驾校"模式本质上是科技助力驾培生产力的提升。由"智能驾驶模拟器""机器人教练""路考仪"等智能教学设备组合使用形成的"智能教学模式",不仅可以提升培训质量、降低培训成本,还可以减少教练员聘用数量。

## 案例 2

2023 年 11 月 5 日,浙江省交通运输厅官网登出一篇题为《居全省首位!杭州 7381 人跟"机器人"教练学出科目二》的报道。

该报道称:"近年来,为满足社会对安全、高效、个性化的驾驶培训服务需求,运管中心致力于推动驾培行业的科技创新。

2021 年 6 月,省、市行业管理部门和人民交通出版社联合开展的《浙江省驾驶培训机器人教练应用研究》课题正式立项,杭州交投机动车驾驶员培训(桐庐)有限公司、杭州长运智汇机动车驾驶员培训有限公司、杭州翔力机动车驾驶员培训有限公司作为先行试点驾培机构。

截至目前,以上三所驾校累计通过科目二机器人教练车培训学员 7381 人,科目二考试合格率达到 83%,比传统人工培训提高了 15% 左右。实践证明,驾培机器人能够有效地提高学员的学习效率,降低教练的工作强度,同时提升学员的驾驶技能和安全意识。"

## 案例 3

据河南平顶山利民驾校校长杨建正介绍,自从他们引入智能教学设备后,培训效率显著提升。很多年轻学员通过模拟驾驶培训,实车练习 6 小时左右就能达到考试要求。科目二考试合格率由 70% 提升至 85%～90%,油耗降低了约 30%,教练员减少 5 人。

## (二)智慧驾校与教学安全

驾校教学安全事故屡见不鲜。学员不具备独立驾驶能力,驾驶教练车稳定性差,容易造成安全事故。从整体上看,驾校无论规模大小、建校时间长短、管理是否规范,基本上都发生过不同严重程度的教学安全事故。

智慧驾校发生教学安全事故的概率比传统驾校要小得多,这是因为"汽车自动刹车技术"被运用到智能教练车上。根据《教练车智能辅助教学系统技术条件(征求意见稿)》的要求,教练车智能辅助教学系统(机器人教练)应具备预警与防护功能。

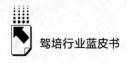

1. 预警功能

安全预警是为了给学员在危险事件发生前预留足够的响应时间，提醒学员对其不安全行为进行纠正或对即将发生的危险及时采取措施，以规避风险并帮助其养成良好的安全驾驶习惯。有下列情况之一时，教练车智能辅助教学系统（机器人教练）将发出预警：

（1）起步前未关闭车门；

（2）起步前和行驶中未按规定系安全带；

（3）行驶速度超过最高行驶速度限值；

（4）起步前或行驶中未正确使用转向灯或未按规定观察左右后视镜；

（5）驾驶中双手脱离转向盘、低头挂挡和拨打手持电话；

（6）从车内打开车门时未扭头观察车辆后方交通情况以及未使用右手打开车门等。

2. 安全防护

智能教练车装配的"汽车自动刹车辅助系统"可在发生危险时自动启动，保障教学安全，其主要安全防护功能见表1。

表1　智能教练车安全防护功能一览

| 序号 | 防护功能 | 主要功能 |
|---|---|---|
| 1 | 油门误踩防护 | 车辆在不该加速的情况下的突然加速时,能对车辆进行熄火和制动 |
| 2 | 自动刹车防护 | 车辆前方或后方出现障碍物或行人时,自动刹车系统会在学员没有反应之前进行制动 |
| 3 | 车辆后溜防护 | 车辆前溜或后溜 30cm 以内可检测出车辆溜车,并进行自动刹车 |
| 4 | 车速限制防护 | 可根据安全需要设置车速限制,一旦超过设定车速,车辆就会自动制动减速,之后会报警、停车 |
| 5 | 电子围栏防护 | 电子围栏技术可以设置教学区域,教练车超出规定区域、偏离设定轨道时,必要时可紧急停车 |
| 6 | 实时监控防护 | 通过后台监控系统,可以与车内人员进行对话,发现车辆异常,可采取远程制控制方式,对车辆进行限速或熄火 |

## （三）"智慧驾校"与"教学模式"

驾校的培训模式可分为"一车多人"的传统模式和"一人一车"的预约

计时模式。毫无疑问，预约计时模式更受学员欢迎，更符合驾培行业发展潮流。"智慧驾校"模式为实施预约计时模式打下了坚实基础。

1."一车多人"培训模式的弊端

"一车多人"培训模式下，教练员、学员和教练车组成了一个独立的教学单元，教学环境相对封闭，不易被监督。教练员是教学的组织者和主导者，非常容易形成"以自我为中心"的工作心态。"吃拿卡要"和粗暴教学这两大顽疾，正是在这种教学模式下产生的。

2."一人一车、预约计时"培训模式实施情况

很多驾校都在尝试将"一车多人"教学模式，转变为"一人一车、预约计时"模式。驾培市场竞争的持续加剧，使得驾校教学模式改革意愿愈发强烈。2015年前后，这种改革达到了高潮，以上海荣安驾校和张家港港城驾校为代表的驾校取得了成功。

2015年，国务院颁布《关于推进机动车驾驶人培训和考试制度改革的意见》（国办发〔2015〕88号），对推行预约计时培训提出了要求。从那时起，很多驾校都在积极探索培训模式转型，然而成功者寥寥无几。时至今日，"一车多人"培训模式仍然是主流。

造成预约计时培训模式推行困难的最主要、最关键的原因是，预约计时模式的"教学效率"过低，这是由于很多学员约车间隔时间较长，且"一人一车"训练效果不如"一车多人"模式。

教学效率低会导致"三不满"：学员不满、教练不满、驾校不满。教学效率低，必然导致学员约车困难、拿证速度慢，所以学员不满意；教学效率低，必然导致教练员收入下降，所以教练员不满意；教学效率低，必然导致驾校成本增高，所以驾校不满意。"三不满"的叠加，必然导致预约计时模式推行举步维艰。

3.智慧驾校为实施"预约计时"培训模式创造了条件

智慧驾校为实施预约计时培训模式打下了坚实基础，这是因为智能化教学实现了"三化"：高效化、标准化、少人化。

高效化是指智能教学设备已数次更新迭代，对教学效率的促进非常显著。标准化是指智能教学设备的教学程序预置驾校的"标准化"教学教程。少人化是指智慧驾校模式下，教练员人数减少。

智能教学的"标准化"和"高效化"，为学员"自选训练时间、自选教练员"创造了良好条件。"少人化"教学，最大限度地避免了教练员对学员自主

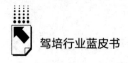

约车的影响。这些因素正是实行"一人一车、预约计时"培训模式的根基。

智能教学让"一人一车、预约计时"模式得以实行，满足了学员的需求，保障了教练员收入，为驾校创造了效益。学员满意、教练满意、驾校满意，教学模式改革定然成功。

### （四）智慧驾校与驾校招生

大多数驾校对教练员招生的依赖性较强。智慧驾校模式下，一名教练员带教多台"智能教练车"，教练员的需求量减少。这难免让人产生了一个担忧，那就是"教练员减少，对招生工作有影响"。例如，某驾校原有教练员 30 名，年招生 2000 人，人均招生约 67 人。升级智慧驾校后，教练员减少为 25 人。若保持年招生 2000 人，那么人均招生就要上升为 80 人。以此来看，招生难度的确变大。调研表明，转型成功的智慧驾校，都没有因教练员数量减少而使招生数量下降。

**案例 4**

2023 年 12 月 13 日，由中国交通运输协会驾驶培训分会、中国交通运输协会培训中心主办的第七届全国驾培行业冬季行业暨驾校实干企业家大会在珠海隆重举办。河南新乡骅晟驾校校长彭廷俊以"骅晟智慧驾培战略布局"为题做了主旨发言。

据彭校长介绍，骅晟驾校 2021 年开始实施智慧驾校转型。在三个校区推行 AI 智能教学。现在新乡市区有 3 个校区、8 个模拟驾驶学车馆。引入驾考宝典智慧教学模式以来，取得了很好的效果。从传统教学到 AI 智能教学的转换很成功。科目二合格率由传统教学的 70%~75% 提升至 85%~90%，油耗降低 20% 左右，人员成本降了 2/3。实行 AI 智能教学以后，科目二教练员减少了 30 多人。2023 年的招生量和往年持平，略有增长。

像新乡骅晟驾校一样的智慧驾校有很多，它们进行智慧化转型后，教练员人数都减少了，但招生数量并没有受到影响，主要原因如下。

**1. 科目三教练员对招生工作的支撑**

智慧驾校运营模式下，减少的只是科目二教练员，科目三教练员并没有减少。从理论上讲，科目三教练员完全可以把原来属于科目二教练的学员转介绍争取过来。从这个角度来看，智慧驾校模式不会对招生工作产生大的影响。

**2. 模拟驾驶教练员对招生工作的支撑**

模拟驾驶教练员招生工作优势要大于实车教练员。原因是，相较于实车教练员，模拟驾驶教练员接触学员早、接触时间长，而且模拟驾驶教学环境更方便与学员沟通。

首先，模拟驾驶教学前置于实车进行。所以，模拟驾驶教练员首先接触学员，对于招生来讲，就占据了先天优势，正所谓"近水楼台先得月"。

其次，模拟驾驶教练员与学员接触时间远长于实车教练员。大多数驾校都采取"分科目教学"，所以实车教练员只教一个科目；而模拟驾驶教练员不仅教授"科目二模拟驾驶"和"科目三模拟驾驶"，有些驾校还会要求他们教授"防御性驾驶"。所以，模拟驾驶教练员与学员的接触时间比实车教练员长。由于模拟驾驶教学的介入，实车学时大为减少，实车教练员与学员接触时间也就相应减少。从这个角度讲，模拟驾驶教练员与学员的"黏性"更强。

最后，模拟驾驶教练员的工作环境更适合与学员沟通招生工作，更适合邀约意向学员到教学现场沟通，还可以利用汽车驾驶模拟器让学员"试学试驾"，从而增加准学员报名的概率。模拟驾驶教练员线上营销也具有优势，他们拍短视频或做直播也比实车教练员方便得多。

所以，模拟驾驶教练员招生工作都会很出色，前提条件是"足够努力"。

**3. 计时预约教学模式对招生工作的支撑**

"智慧驾校"为实施"一人一车，预约计时"教学模式创造了条件。学员可以自选训练时间、自选教练，在"一人一车"的模式下训练。所以，学员满意度得到了有效保障。传统训练模式是"一车多人、排队练车、服从安排"。两者相较，"一人一车，预约计时"训练模式在招生上具有天然优势。如果对这种训练模式加以包装和宣传，一定会成为驾校招生的亮点。

**4. 模拟驾驶门店对招生工作的支撑**

模拟驾驶门店是智慧驾校常采用的一种教学组织形式。有规划地开设模拟器门店，会扩大驾校的辐射范围、扩大驾校影响力。模拟驾驶门店不仅方便了学员训练，也起到促进招生的作用。所谓"家门口的驾校""空调房里练车"，不是空话和噱头，而是事实，这会对学员报名起到相当大的促进作用。

## （五）智慧驾校与市场竞争力

智慧驾校实行的智能教学可增效降本，取得较好的经济效益。智慧驾校

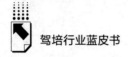

可实施高级驾驶培训，培养高素质驾驶人，获取良好的社会效益。智慧驾校可实施"一人一车、预约计时"培训模式，提升教学服务质量，促进驾校口碑和品牌升级。这些有利因素的叠加，可增强驾校市场竞争力，也能促进驾培行业高质量发展。

**1. 智慧驾校可抗衡恶性竞争**

根据《中国驾培行业发展报告（2023）》，截至2023年2月，全国共有驾校20416所，教练员105.06万人，教练车84.56万辆。以此计算，每年可培训学员5000万人以上。公安部交通管理局公布的数据表明，2023年全国新增驾驶人只有2750万人。也就是说，当前驾培行业产能闲置率接近50%。

在如此严峻形势之下，恶性竞争在所难免。有些驾校的招生价格一降再降，没有底线；有些驾校放弃直营，采取挂靠经营。这些行业乱象给规范经营的驾校造成了巨大的压力。

智慧驾校最大的优势是"提升培训效率、降低培训成本"，所以利润空间得以保证，积累了抵御"价格战"的资本。同时，智慧驾校可利用自身优势，争取"经济效益"和"市场占有率"这两个不同的经营目标，达成驾校经营战略。

**2. 智慧驾校可实行先进教学模式**

智慧驾校适合实行"预约计时、一人一车"模式，这是"以学员为中心"的教学服务模式。普通驾校由于缺乏技术手段，难以实行先进教学模式，目前仍以教练员主导下的"一车多人"教学模式为主，这种教学模式本质上是"以自我为中心"的教学模式。所以，转型智慧驾校、实施"预约计时、一人一车"模式，就是在走差异化之路，这会让驾校取得竞争优势。

**3. "智慧驾校"可助力驾校"挂靠转直营"**

长期以来，驾培市场存在两种不同的经营模式："直营模式"和"挂靠模式"，两者是矛盾和对立关系。由于驾校与挂靠教练员之间没有劳动关系，挂靠教练车也由教练员购买，所以驾校对他们无实际管理权。正因如此，挂靠教练员的经营行为比较随意，他们凭借培训成本低的"优势"，往往会把招生价格一降再降，而这正是价格战的源头。他们还会将学员"串报"，哪家驾校收取的费用低，他们就带学员到哪家驾校报名。所以，挂靠教练员让驾校丧失了市场竞争的主动权。此外，挂靠教练员往往将教练车当成私家车使用，给驾校造成了极大的安全风险。鉴于挂靠经营的危害，很多存在挂靠经营的驾校都尝试"挂靠转直营"，但大多数都以失败告终。

"智慧驾校"为驾校"挂靠转直营"创造了条件。第一，智慧驾校培训成本低，可用价格杠杆撬动招生；第二，利用"预约计时、一人一车"模式带动招生；第三，智慧驾校培训效率高，学员拿证快，可创造好口碑，进而带动招生；第四，模拟驾驶教练员可争取更多学员转介绍；第五，智慧驾校可采取一名教练员带教多台智能教练车的模式，教练员收入有保障。

### （六）"智慧驾校"与"道路交通安全"

驾校培训可分为"初、中、高"三个等级。普通驾校只能进行"初级驾驶培训"，而智慧驾校可以进行中、高级驾驶培训。因此，智慧驾校对道路交通安全的贡献远大于普通驾校。

"初级驾驶培训"就是"应试教学"，教练员教学以"学员考试合格"为教学目的，只教与考试有关的内容。

"中级驾驶培训"就是按照教学大纲规定，利用汽车驾驶模拟器进行夜间驾驶、恶劣条件下的驾驶、山区道路驾驶、高速公路驾驶等内容的教学。

"高级驾驶培训"就是超出教学大纲规定的教学内容，如"险情预测与分析及防御性驾驶""紧急情况处置"等内容。对这些内容，教学大纲只要求进行理论教学即可，而智慧驾校的科技手段可为这些教学内容提供模拟驾驶教学支持。

《智慧驾校通用技术要求》规定，智慧驾校需配置互动型（Ⅱ型）汽车驾驶模拟器或配置动感型（Ⅲ型）汽车驾驶培训模拟器。《虚拟现实智能型汽车驾驶培训系统技术要求》（DB11/T 2167-2023）针对以头戴式显示设备作为驾驶视景系统的动感型汽车驾驶培训模拟器（简称VR驾驶模拟器），提出了更细致和更严格的要求。符合这些标准的汽车驾驶模拟器，可被称为"智能驾驶模拟器"。

智慧驾校的学员可以利用智能驾驶模拟器进行防御性驾驶和紧急情况处置等中高级驾驶训练。未配置智能驾驶模拟器的传统驾校，则不具备中高级驾驶培训的条件，只能开展初级驾驶培训。显而易见，智慧驾校越多，培养的优秀驾驶人就越多，进而对道路交通安全产生积极影响。

## 四　智慧驾校相关产品配置

当前，智慧驾校相关产品生产企业众多，驾校选择的余地较大，但产品的性能、质量以及服务存在着差异，驾校应认真甄别。

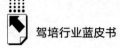

驾校购置的智慧驾校相关产品应符合有关标准。购置的驾驶模拟器，应为符合《汽车驾驶培训模拟器》（JT/T 378-2022）的要求的互动型（Ⅱ型）汽车驾驶模拟器或动感型（Ⅲ型）汽车驾驶培训模拟器。购置的"机器人教练"应符合《教练车智能辅助教学系统技术条件（征求意见稿）》要求；其他相关事宜应参照《智慧驾校通用技术要求》（T/CCTAS 103-2024）。购置智慧驾校相关软硬件产品，应注重"三实"原则，即"实效""实际""实惠"。

## （一）实效

所谓"实效"，指的是智慧驾校相关产品能够助力驾校实现提升"增效降本"的实际效果。为此，智慧驾校配置的智能教学产品应具备实景建模、实用方法、实感操作、实战培训的功能。

### 1. 实景建模

实景建模就是汽车驾驶培训模拟器应预置驾校要求的"考试场实际视景"。学员训练时，看到的视景与考试场的视景基本一致。在模拟驾驶训练中，学员就会对考试场地有一定的熟悉程度，这对提升考试合格率起到了积极作用。

### 2. 实用方法

实用方法指的是智能教学设备应当预置驾校提供的教学教案。就是说，驾驶模拟器和"机器人教练"教学程序中操作参考"点位"应与教练员教学保持一致。对学员考试结果负责的是驾校和教练员，最了解当地考试环境的也是驾校教练员，因此，生产企业应当按照驾校要求，对智能教学设备的教学程序进行定制开发，保证驾校的需求得到满足。

### 3. 实感操作

实感操作指的是汽车驾驶模拟器的操纵感受应与驾驶实车感受基本一致。

一是各操纵部件操纵感与实车基本一致。方向盘、变速杆、手刹、离合器踏板、制动踏板和加速踏板操纵感受应与实车操纵感受基本一致。

二是操纵各机件时，模拟器视景变化与驾驶实车视觉应高度相同。例如，进行模拟驾驶训练时，利用离合器半联动控制车速，通过观察模拟器屏幕应能明显地感知车速变化，其感受应与操纵实车控制车速的感受高度相同。

三是模拟驾驶训练时，视觉和听觉感受与驾驶实车感受高度相同。通过屏幕或 VR 眼镜可看到仿真的驾驶场景，还能听到环绕音效，由远及近的来往车声、刹车声等声音应当逼真。

### 4. 实战训练

实战培训指的是驾驶模拟器不仅要具备教学大纲规定的教学内容。也要具备实战安全驾驶训练内容，如"爆胎处置""侧滑处置"等应急情况处置，以及"高速公路防御型驾驶""山路防御性驾驶""城市道路驾驶"等防御性驾驶训练。

## （二）实际

所谓"实际"指的是，驾校应根据自身实际情况进行智慧驾校建设。

一是规模实际，购置智能教学产品的数量应当根据驾校培训量和当地学时管控情况决定。

二是方式实际，驾校可根据自身情况，分阶段进行智慧驾校建设，先购入汽车驾驶模拟器，实施模拟驾驶训练；条件成熟后购入机器人教练，打造完整的智能教学模式。

三是运营实际，与智慧驾校相关产品配套的"智慧驾校运营管理体系"是保证驾校智慧转型成功的决定性因素，除了积极学习其他驾校先进经验外，更应该根据自身实际情况进行搭建。

## （三）实惠

实惠通常指价格合理、质量好、性价比高等优势。购置智慧驾校相关产品，驾校若想得到最大的实惠，就应该综合考虑产品的应用价值、企业实力、产品口碑、购买方式四个方面，不能单纯考虑价格。

### 1. 应用价值

智慧驾校运营过程产生的数据是驾校的宝贵资产。理论上讲，驾校的数据资产能够为驾校创造价值和利益，不仅可以提升经营管理水平，也可以帮助驾校延长产业链，充分利用学员资源做好汽车后市场。

许多驾校并没有认识到"数据资产"的重要性，所以在购置驾校管理系统（软件）、机器人教练、驾驶模拟器等智慧驾校产品时，选择了不同的厂家的产品，而不同厂家智能产品产生的数据，无法兼容和贯通，造成了事实上的数据资产浪费。

因此，为了便于驾校数据资产的收集、分析和利用，并让其为驾校创造更多的价值，在购置驾校管理系统（软件）、机器人教练、驾驶模拟器等智慧驾校产品时，应当考虑使用同一家厂商的产品。

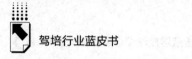

## 2. 企业实力

选择实力强、知名高的生产企业，产品性能和质量都能得到保障，也能得到良好的服务，如产品定制开发、智慧驾校实施方案、智慧驾校校园设计、产品质量三包等。

## 3. 产品口碑

随着使用智能教学产品的驾校越来越多。产品口碑效应逐渐明显。已经使用智能产品的驾校和教练员，对产品的性能质量和售后服务是最了解的。因此，欲采购智能产品的驾校应当听取他们的意见，也应本着"货比多家"的心态，多收集产品的信息再做决定。

## 4. 购买方式

很多企业实行了灵活的销售方式。分期付款、以租转售、租赁使用和合作经营等模式纷纷出现。驾校可根据自身情况灵活选择购买方式。

# 五　智慧驾校教练员队伍打造

一所成功的智慧驾校，必然要有与之相匹配的优秀教练员队伍。智慧驾校教练员不仅要具备《机动车驾驶教练员技能和素质要求》（JT/T 1471）中提到的素养，还要具备运用智能教学设备教学的能力。打造一支能力强、素质高的教练员队伍关系智慧驾校的运营效果。

## （一）模拟驾驶教练员的培养

模拟驾驶教练员的工作对教学质量、培训成本、招生数量都有决定性的影响。也可以说，模拟驾驶教练员的工作关系智慧驾校运营的结果，所以需要优中选优。

### 1. 设专职模拟驾驶教练员

毫无疑问，"专职教练员"和"兼职教练员"身份不同，教学效果肯定也不同。专职模拟驾驶教练员的设置不会给驾校造成成本增加，因为模拟驾驶教学能够为驾校创造良好效益。

### 2. 岗前培训要严格

模拟驾驶教练员的岗前培训，与实车教练员培训的内容和方式是一致的。主要培训内容为职业道德、纪律作风、服务意识、教学技能、招生方法。培训后应严格考核，成绩合格者跟随实车教练员和模拟驾驶教练员实习。实习期结束后，转正考核通过后方可上岗。

3. 规范管理模拟驾驶教练员

驾校应制定《模拟驾驶教学管理规定》，对模拟驾驶教学进行规范和管理。如教练员如何备课，如何利用模拟器进行讲解、示范和指导学员等。

4. 严格绩效考核

驾校应对模拟驾驶教练员进行教学质量评估，以此制定其薪酬发放办法。

驾驶模拟器自带测试功能，可对学员的驾驶基本功进行测试，仅以此作为评判教练员教学质量的标准是不严谨的。

调研表明，很多学员训练时间较短，但可以通过测试，其驾驶基本功并不扎实；此外有些教练员为了自身利益，在测试时为学员提供帮助。倘若如此，模拟教学就无法为实车教学提供支持，限制了机器人教练的作用，也会影响智慧驾校运营效果。

为保证教学质量，对模拟驾驶教学质量的评测应考核两项指标，一是学员训练时间，二是模拟测试，这两项考核指标都合格方可保证教学质量。模拟驾驶教练员的教学考核奖金应在学员通过正式考试后发放。

## （二）实车教练员培养

教练员的工作特点决定了他们非常容易形成"以自我为中心"的工作心态。这是因为教练员的工作环境相对封闭，教练员、学员和教练车组成了独立的教学单元，教练员教学随意性较大，容易形成以"自我为中心"的教学风格。所以，将他们培养成符合智慧驾校要求的教练员具有一定的难度。可采取下列方法，培养实车教练员。

1. 教育培训，改造队伍

很多智慧驾校转型初期，都遇到了教练员不认可、不配合的情况。导致这种情况发生的原因有四个：一是认知误区，很多教练员对智慧驾校认知不足，他们不了解也不相信智能化教学的作用；二是自负心态，很多教练员对自己的教学能力过于自信，他们不相信智能教学的教学质量会比自己高；三是危机意识，有些教练员担心实行智能教学后，会影响自己的收入甚至下岗；四是教学方法差异，智能教学设备的教学方法与教练员不一致。

鉴于以上原因，驾校应当对教练员进行教育培训。

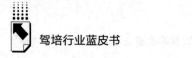

"教育"指的是要改变教练员对智慧驾校的认识和看法。为此，驾校可组织教练员外出到转型成功的智慧驾校学习，让他们亲眼所见智慧驾培的效果，倾听智慧驾校教练员的教学心得，并了解智慧驾校教练员的收入水平。

"培训"指的是要让教练员掌握与智慧驾校相关的教学和工作能力，包括运用智能教学设备教学的能力、智能教学设备维护保养能力、智能教学环境下服务学员的能力。为保证培训质量，所有教练员都要经过考核，成绩合格才能上岗。

## 2.新老搭配，优化队伍

新老搭配的教练员队伍更利于智能化教学的开展。调研表明，很多新教练员从事智能教学都能取得较好的工作成绩，甚至比老教练还要优秀。

### 案例5

教练员小冯今年30岁，是一名新教练员，还处于实习期。2023年2月，他成了第一季度培训冠军，并创造了驾校的最高培训纪录。他1人带教3台机器人教练车，一季度合格率达86%，排名全校第一；一季度共培训学员96人，排名全校第一。

一名新教练取得如此优秀的成绩，可谓"一战成名"，这让很多老教练自叹不如。冯教练入职还不到半年时间，教学能力并不强，教学经验也不丰富，之所以成为培训冠军，是因为他做到了"四个主动"。

#### 一、主动加班

春节后是驾校的培训高峰期。冯教练看到学员比较多，于是主动加班。每天早上7点钟就开始了一天的工作，晚上7点钟以后才下班。学员考试的前一天，他都工作更长时间。每天中午，他总是"扒拉两口饭"接着干，很少休息。

#### 二、主动联系学员

有很多学员的"学习积极性不强"，冯教练会主动联系他们，详细询问学员有关情况，并结合学员的工作特点为他们制定"专属学车方案"，以保证他们的训练质量。

#### 三、主动指导学员

冯教练认为，虽然"机器人教练"能够进行辅助教学，但学员的进步离不开教练员的指导。有些老教练员认为，教练车上有"机器人教练"，自己根本不用多管。冯教练觉得这个想法是对学员的不负责。所以在训练前、训练中，他都会主动为学员进行讲解和示范，有时训练后也会为个别学员单独进行辅导。冯教练认为，"讲解、示范、指导、讲评"是教练员的教学基本功，应当坚持不懈地进行锻炼，作为一名新教练更应如此，正所谓"拳不离手、曲不离口"。

**四、主动查看分析训练数据**

冯教练非常注重学员的训练数据。他经常用手机看培训记录，对学员的训练学时、训练次数、出错项目和出错率等数据进行分析，并根据这些数据，分析学员的特点，并进行针对性的训练。

# 六　智能教学管理

智能教学管理是智慧驾校运营管理的核心问题之一，不仅关系教学效率和教学质量，也关系智慧驾校运营效果，包括一名教练员带教智能教练车的数量、模拟驾驶教学门店运营管理等问题。具体来讲，智能教学管理包括教学模式选择、模拟驾驶教学组织、实车训练组织等内容。

## （一）采用预约计时培训教学模式

智慧驾校模式为实施"一人一车，预约计时"培训模式创造了条件。所以，驾校应将"以教练员为中心的"的一车多人模式，转型为"以学员为中心"的一人一车、自选时间、自选教练的"预约计时"培训模式，让驾校在市场竞争中占据优势。

## （二）模拟驾驶教学

模拟驾驶教学关系实车培训质量，关系驾校培训成本，也关系智慧驾校运营效果。为了保证模拟驾驶培训质量，应对模拟驾驶教学内容、流程以及教学组织形式进行设计。

模拟驾驶教学的组织应与驾校所在地的学时管理相匹配。教学大纲规定模拟驾驶培训学时为 6 小时，为训练学员驾驶基本功，实际学时应当超出大纲规定的学时。有些地区对采用高等级驾驶模拟器训练的学时做出专门规定，如某市规定，采用 VR 动感式（Ⅲ型）驾驶模拟器，学时为 16 小时。驾校若具备这样的教学条件，实车训练也应据此设计。

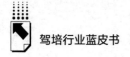

### 1. 模拟驾驶教学内容和流程

根据教学大纲要求和驾校教学实际情况，模拟驾驶教学应当与实车教学穿插进行，主要教学内容和教学流程如图2所示。

**图2　驾校主要教学内容和教学流程**

安全驾驶模拟教学是模拟驾驶教学的最后一个环节，主要内容包括高速公路驾驶、夜间驾驶等实用驾驶技能，模拟雨、雪、雾等恶劣天气下驾驶，以及突然被追尾、轮胎爆胎等突发状况的应急处置操作训练。这些内容虽然不是考试内容，但其重要性不言而喻。驾校如果以"培养中国好司机"为目标，就必须利用驾驶模拟器对学员进行安全驾驶模拟教学。

### 2. 模拟器门店运营管理

模拟器门店是近年来兴起的一种新型模拟器驾驶教学模式。模拟器门店不仅能方便学员就近参加模拟驾驶训练，还能助力招生工作开展。因此，这种模式受到广泛关注，成为驾培行业的新热点。

模拟器门店模式的实施，一定要有与之匹配的运营管理理念和方法。开设模拟器门店的首要任务是为了更好地服务学员、方便学员训练，在此基础上，其招生作用会逐渐显现出来，且越来越明显。

经验表明，模拟器门店运营应该分三步走。第一步以方便学员训练为主，顺便招生；第二步是让门店有人气，让模拟器教练有黏性；第三步是以门店为中心辐射周边地区，拓展招生。

## （三）智能教练车教学

智能教练车具备教学功能和自动刹车功能，所以一名教练员完全可以带教多台智能教练车。对此，有两种主要观点。第一种观点认为，一名教练员带教的智能教练车越多越好，因为这样可以节省人力成本；第二种观点认为，应用智能教练车的主要目的是更好地服务学员、降低教练员劳动强度，况且教练员数量对驾校的招生工作影响较大，所以一名教练员带教的教练车不宜过多。究竟采取什么方式，应根据驾校自身实际情况决定。

调研表明，一名教练员带教智能教练车的数量取决于以下因素。

### 1. 模拟驾驶教学质量

模拟驾驶教学质量越高，学员的驾驶基本功就越扎实，教练员能带教的智能教练车数量就越多。

### 2. 智能教练产品性能

机器人教练的产品性能对带教智能教练车的数量影响较大。装有"分步停车教学功能"的智能教练车，可最大限度地保证带教智能教练车数量。

### 3. 训练场设置和管理

一般情况下，训练场会设置多条训练路线，每条训练路线都有独立且完整的训练科目，可将不同训练进度的学员分配到不同训练路线上训练。例如，一号训练路线的学员为初训学员，二号训练路线的学员为学习超过3天以上的学员。这种训练模式下，教练员可将主要精力放在一号训练路线上，从而让一名教练员带教的智能教练车数量增多。

### 4. 教学方式

有的驾校实行分工配合式教学，即两名教练员配合教学。教练甲带教倒车入库和侧方停车两个科目，教练乙带教坡道定点与起步、曲线行驶、直角转弯。这种分工配合式模式，可让教练员带教智能教练车的数量增多。

# 七 结束语

当前，智慧驾校还处于发展阶段，但人工智能对驾培生产力的促进已经非常显著。与传统驾校相比，智慧驾校在教学质量、服务水平、招生数量和市场竞争力等多方面呈现出了明显优势。

可以预见，智慧驾校相关产品性能和产品质量还将不断提升，智慧驾校应用技术还将持续进步；智慧驾校建设与运营管理的好方法、好经验不断涌现。智慧驾校对驾培行业发展的推动作用还将进一步加大，并创造更大的经济效益和社会效益。科技驾培势不可当，智慧驾校定会向普及阶段发展。假以时日，一大批智慧驾校成长起来，定会改变当前驾培市场的基本格局，促进驾培行业稳定健康发展。

本文作者为冯晓乐。冯晓乐，中国交通运输协会驾驶培训分会专家委员会主任。

# 后 记

时光荏苒，转眼间又是一年。回首过去，我国机动车驾驶培训行业在传统与现代气息的交织中，历经40余载风雨洗礼，已然展现出崭新的面貌。在《中国驾培行业发展报告（2024）》中，我们全面梳理了过去一年的行业发展脉络，深入剖析了市场变化趋势，并围绕驾培机构质量信誉考核、学费第三方资金监管以及智慧驾校建设等核心议题展开了深入探讨，希望为行业的未来发展提供有益的参考与启示。

当前，驾培市场正经历着一场深刻的自我变革。随着学员年轻化趋势的加剧，以"00后"为代表的新一代学车群体正逐渐成为市场的主力军。他们对新媒体、智能科技产品和教学服务的需求呈现个性化、多样化的特点，这给驾培行业带来了新的挑战与机遇。同时，智慧驾培的兴起也为行业注入了新的活力。智能驾驶模拟器、机器人教练等科技化装备在驾培行业的应用越来越广泛，极大地提升了教学质量和效率。

然而，我们也清醒地认识到，驾培行业作为传统行业，在面临新机遇的同时，也面临着诸多挑战。如何摆脱传统增长方式和发展路径，通过科技创新、制度创新、管理创新，创造出以高科技、高效能、高质量为特征的先进生产力，成为摆在我们面前的重要课题。因此，我们需要以更加开放的姿态拥抱新技术、新理念，积极探索驾培行业转型升级的新路径。

在这份报告中，我们全面回顾了驾培行业的成长轨迹，深入剖析了市场动态与发展趋势。报告从总报告的行业发展状况与预测，到行业管理篇的质量信誉考核、资金监管等议题，再到市场发展篇的摩托车驾驶培训市场、"00后"学驾市场行为等分析，以及运营管理篇的驾校全域营销、智慧驾校建设等内容，全方位、多角度地展现了驾培行业的现状和未来。

当前，驾培行业正迎来转型升级的关键时期。智慧驾培模式的兴起，为行业注入了新的活力。如何以科技创新为引领，推动行业高质量发展，仍需矢志探索。

木仓科技作为行业一员，始终站在科技创新的前沿，积极探索智慧驾培模式的发展。我们深知，驾培工作不仅关乎个人的驾驶技能提升，也直接关系道路交通安全与社会和谐稳定。因此，我们始终坚持"培养安全文明的合格驾驶员、为国家道路交通安全助力"的使命，将这一理念贯穿于每一个产品和服务的细节之中。

在拓展发展宽度的同时，我们更加注重深耕细节，不断优化产品性能，提升用户体验。我们开发的驾驶模拟器、AI 教练等智能硬件产品以及驾校智慧管理 PaaS 系统，不仅为驾校的转型升级提供了有力支持，也为培养安全文明的高素质驾驶员奠定了坚实的基础。

同时，我们也积极参与行业交流与合作，与主管部门协会、驾校、教练员等各方共同探讨驾培行业的发展方向。通过分享经验、交流心得，我们不断生发新的思路和灵感，为行业的发展贡献自己的力量。

值得一提的是，我们与协会共同编撰的《智慧型驾校通用技术要求》团标近期已正式发布。这一团体标准包括智慧驾校的总体要求、智慧教练场、智慧教学设施设备、智慧驾校管理系统、安全要求、数据分析等内容，在国家大力发展数字经济的背景下，为智慧驾校的建设和运营管理提供了明确清晰的指导。这不仅标志着我国智慧驾培迈出了坚实的一步，也为行业的数字化转型升级提供了有力的技术支撑。

在此，我们要感谢所有为驾培行业发展付出辛勤努力的同仁，交通强国建设离不开每一位合格驾驶员的参与和贡献，是你们的坚持与努力，共同铸就了行业的辉煌。同时，我们也要感谢广大学员对驾培行业的信任与支持，是你们的期待与需求，推动着行业不断前行。

展望未来，我们充满信心与期待。我们将不断探索和创新，为培养更多具备高素质、高技能的驾驶员而努力，为交通强国建设贡献我们的智慧和力量。在新的起点上，让我们携手共进，书写驾培行业的辉煌篇章，共同推动我国交通运输事业的繁荣发展。

木仓科技智慧驾培和道路交通安全研究院

2024 年 4 月 9 日

# 皮 书

## 智库成果出版与传播平台

### ❖ 皮书定义 ❖

皮书是对中国与世界发展状况和热点问题进行年度监测，以专业的角度、专家的视野和实证研究方法，针对某一领域或区域现状与发展态势展开分析和预测，具备前沿性、原创性、实证性、连续性、时效性等特点的公开出版物，由一系列权威研究报告组成。

### ❖ 皮书作者 ❖

皮书系列报告作者以国内外一流研究机构、知名高校等重点智库的研究人员为主，多为相关领域一流专家学者，他们的观点代表了当下学界对中国与世界的现实和未来最高水平的解读与分析。

### ❖ 皮书荣誉 ❖

皮书作为中国社会科学院基础理论研究与应用对策研究融合发展的代表性成果，不仅是哲学社会科学工作者服务中国特色社会主义现代化建设的重要成果，更是助力中国特色新型智库建设、构建中国特色哲学社会科学"三大体系"的重要平台。皮书系列先后被列入"十二五""十三五""十四五"时期国家重点出版物出版专项规划项目；自2013年起，重点皮书被列入中国社会科学院国家哲学社会科学创新工程项目。

# 皮书网

（网址：www.pishu.cn）

发布皮书研创资讯，传播皮书精彩内容
引领皮书出版潮流，打造皮书服务平台

## 栏目设置

◆ **关于皮书**

何谓皮书、皮书分类、皮书大事记、
皮书荣誉、皮书出版第一人、皮书编辑部

◆ **最新资讯**

通知公告、新闻动态、媒体聚焦、
网站专题、视频直播、下载专区

◆ **皮书研创**

皮书规范、皮书出版、
皮书研究、研创团队

◆ **皮书评奖评价**

指标体系、皮书评价、皮书评奖

## 所获荣誉

◆ 2008 年、2011 年、2014 年，皮书网均
在全国新闻出版业网站荣誉评选中获得
"最具商业价值网站"称号；

◆ 2012 年，获得"出版业网站百强"称号。

## 网库合一

2014年，皮书网与皮书数据库端口合
一，实现资源共享，搭建智库成果融合创
新平台。

皮书网

"皮书说"
微信公众号

权威报告·连续出版·独家资源

# 皮书数据库
## ANNUAL REPORT(YEARBOOK)
## DATABASE

## 分析解读当下中国发展变迁的高端智库平台

### 所获荣誉

- 2022年，入选技术赋能"新闻+"推荐案例
- 2020年，入选全国新闻出版深度融合发展创新案例
- 2019年，入选国家新闻出版署数字出版精品遴选推荐计划
- 2016年，入选"十三五"国家重点电子出版物出版规划骨干工程
- 2013年，荣获"中国出版政府奖·网络出版物奖"提名奖

皮书数据库

"社科数托邦"
微信公众号

### 成为用户

登录网址www.pishu.com.cn访问皮书数据库网站或下载皮书数据库APP，通过手机号码验证或邮箱验证即可成为皮书数据库用户。

### 用户福利

- 已注册用户购书后可免费获赠100元皮书数据库充值卡。刮开充值卡涂层获取充值密码，登录并进入"会员中心"—"在线充值"—"充值卡充值"，充值成功即可购买和查看数据库内容。
- 用户福利最终解释权归社会科学文献出版社所有。

社会科学文献出版社 皮书系列
SOCIAL SCIENCES ACADEMIC PRESS (CHINA)

卡号：471626573836
密码：

数据库服务热线：010-59367265
数据库服务QQ：2475522410
数据库服务邮箱：database@ssap.cn
图书销售热线：010-59367070/7028
图书服务QQ：1265056568
图书服务邮箱：duzhe@ssap.cn

# S 基本子库
## UB DATABASE

## 中国社会发展数据库（下设 12 个专题子库）

紧扣人口、政治、外交、法律、教育、医疗卫生、资源环境等 12 个社会发展领域的前沿和热点，全面整合专业著作、智库报告、学术资讯、调研数据等类型资源，帮助用户追踪中国社会发展动态、研究社会发展战略与政策、了解社会热点问题、分析社会发展趋势。

## 中国经济发展数据库（下设 12 专题子库）

内容涵盖宏观经济、产业经济、工业经济、农业经济、财政金融、房地产经济、城市经济、商业贸易等 12 个重点经济领域，为把握经济运行态势、洞察经济发展规律、研判经济发展趋势、进行经济调控决策提供参考和依据。

## 中国行业发展数据库（下设 17 个专题子库）

以中国国民经济行业分类为依据，覆盖金融业、旅游业、交通运输业、能源矿产业、制造业等 100 多个行业，跟踪分析国民经济相关行业市场运行状况和政策导向，汇集行业发展前沿资讯，为投资、从业及各种经济决策提供理论支撑和实践指导。

## 中国区域发展数据库（下设 4 个专题子库）

对中国特定区域内的经济、社会、文化等领域现状与发展情况进行深度分析和预测，涉及省级行政区、城市群、城市、农村等不同维度，研究层级至县及县以下行政区，为学者研究地方经济社会宏观态势、经验模式、发展案例提供支撑，为地方政府决策提供参考。

## 中国文化传媒数据库（下设 18 个专题子库）

内容覆盖文化产业、新闻传播、电影娱乐、文学艺术、群众文化、图书情报等 18 个重点研究领域，聚焦文化传媒领域发展前沿、热点话题、行业实践，服务用户的教学科研、文化投资、企业规划等需要。

## 世界经济与国际关系数据库（下设 6 个专题子库）

整合世界经济、国际政治、世界文化与科技、全球性问题、国际组织与国际法、区域研究 6 大领域研究成果，对世界经济形势、国际形势进行连续性深度分析，对年度热点问题进行专题解读，为研判全球发展趋势提供事实和数据支持。

# 法律声明

　　"皮书系列"（含蓝皮书、绿皮书、黄皮书）之品牌由社会科学文献出版社最早使用并持续至今，现已被中国图书行业所熟知。"皮书系列"的相关商标已在国家商标管理部门商标局注册，包括但不限于LOGO（ ）、皮书、Pishu、经济蓝皮书、社会蓝皮书等。"皮书系列"图书的注册商标专用权及封面设计、版式设计的著作权均为社会科学文献出版社所有。未经社会科学文献出版社书面授权许可，任何使用与"皮书系列"图书注册商标、封面设计、版式设计相同或者近似的文字、图形或其组合的行为均系侵权行为。

　　经作者授权，本书的专有出版权及信息网络传播权等为社会科学文献出版社享有。未经社会科学文献出版社书面授权许可，任何就本书内容的复制、发行或以数字形式进行网络传播的行为均系侵权行为。

　　社会科学文献出版社将通过法律途径追究上述侵权行为的法律责任，维护自身合法权益。

　　欢迎社会各界人士对侵犯社会科学文献出版社上述权利的侵权行为进行举报。电话：010-59367121，电子邮箱：fawubu@ssap.cn。

社会科学文献出版社